广视角 · 全方位 · 多品种

权威 · 前沿 · 原创

皮书系列为
"十二五"国家重点图书出版规划项目

中国新能源产业发展与安全报告（2011~2012）

ANNUAL REPORT ON CHINA'S NEW ENERGY INDUSTRIAL DEVELOPMENT AND SECURITY (2011-2012)

主　编／李孟刚

社会科学文献出版社
SSAP
SOCIAL SCIENCES ACADEMIC PRESS (CHINA)

图书在版编目（CIP）数据

中国新能源产业发展与安全报告．2011～2012/李孟刚主编．
—北京：社会科学文献出版社，2012.12
（产业安全蓝皮书）
ISBN 978－7－5097－3920－4

Ⅰ.①中…　Ⅱ.①李…　Ⅲ.①新能源－能源工业－研究报告－中国－2012　Ⅳ.①F426.2

中国版本图书馆 CIP 数据核字（2012）第 253796 号

产业安全蓝皮书
中国新能源产业发展与安全报告（2011～2012）

主　　编／李孟刚

出 版 人／谢寿光
出 版 者／社会科学文献出版社
地　　址／北京市西城区北三环中路甲 29 号院 3 号楼华龙大厦
邮政编码／100029

责任部门／财经与管理图书事业部（010）59367226　　责任编辑／张　扬
电子信箱／caijingbu@ssap.cn　　责任校对／邓　敏
项目统筹／恽　薇　蔡莎莎　　责任印制／岳　阳
经　　销／社会科学文献出版社市场营销中心（010）59367081　59367089
读者服务／读者服务中心（010）59367028

印　　装／北京季蜂印刷有限公司
开　　本／787mm×1092mm　1/16　　印　　张／19
版　　次／2012 年 12 月第 1 版　　字　　数／235 千字
印　　次／2012 年 12 月第 1 次印刷
书　　号／ISBN 978－7－5097－3920－4
定　　价／59.00 元

产业安全蓝皮书学术委员会

副主任

王稼琼　首都经济贸易大学校长、教授

吴念鲁　中国人民银行研究生部博士生导师、教授

吴晓求　中国人民大学金融与证券研究所所长、教授

叶茂林　北京市教育委员会委员

张国祚　中国文化软实力研究中心主任、教授

周道许　中国保险监督管理委员会政策研究室主任

课题实施单位　北京交通大学中国产业安全研究中心(CCISR)

课 题 组 组 长　李孟刚

课题组副组长　郭艳红

成　　　　员

郭艳红　李天舒　李　霞　吕晓岚
冯　琦　李　娟　连　莲　李琳凤
李政全　清　宁　唐　石　王海波
王庆东　王　旭　杨　超　叶旭亭
赵金洁　曾　鑫

执　　　　笔　郭艳红　李天舒　李　霞　吕晓岚

总　　　　撰　李孟刚

审　　　　稿　郭艳红

本书受教育部专项任务“中国产业安全指数研究”（项目编号：B09C1100020）资助

主编简介

李孟刚 男，1967 年 4 月出生，山东省博兴县人，中共党员；经济学博士、交通运输工程和理论经济学双博士后；北京交通大学教授、博士生导师、国家社科基金重大招标项目首席专家、新华社特约经济分析师、国家社科基金评审专家、中国博士后科学基金评审专家。

现任北京交通大学中国产业安全研究中心（CCISR）主任、北京市哲学社会科学北京产业安全与发展研究基地（省部级科研平台）负责人、首席专家；兼任中国产业安全论坛秘书长、《管理世界》常务编委、《管理现代化》编委会副主任、《中国国情国力》编委会副主任、《中国流通经济》专家指导委员会委员、《北京交通大学学报》（社科版）编委委员。2009 年 12 月入选教育部新世纪优秀人才支持计划。

博士学位论文《产业安全理论的研究》入选“2009 年全国优秀博士学位论文提名论文”；专著《产业安全理论研究》（经济科学出版社，2006）先后获得 2008 年第十届北京市哲学社会科学优秀成果奖（省部级）二等奖、2009 年高等学校科学研究优秀成果奖（人文社会科学）二等奖；主编《产业经济学》并由高等教育出版社作为研究生教材出版，2011 年被评为“北京高等教育精品教材”。

在《光明日报》（理论版）等权威学术报刊发表论文 80 余篇，多篇被《新华文摘》、人大报刊资料复印中心全文转载；主持或参与撰写的高水平内参报告获得党和国家领导人的专门批示，相关政策建议多次被有关部委采纳。

作为首席专家主持国家发改委“十二五”规划前期重大研究课题“我国‘十二五’粮食安全保障体系构建研究”；2008年作为首席专家中标国家社科基金重大招标项目“应对重大自然灾害与构建我国粮食安全保障体系对策研究”；主持的国家级、省部级科研课题还包括国家社科基金重点课题、中国博士后科学基金特别资助项目、国家商务部部级课题、教育部重大研究专项课题、国家保险监督管理委员会部级课题等。

摘　要

在低碳时代背景下，面对新一轮国际竞争，新能源被赋予了抢占未来战略制高点的重任。新能源成为世界各国在哥本哈根气候峰会谈判过程中的重要筹码，大力发展新能源已成为世界大多数国家的共识。由于石油危机、环境危机、气候危机，国际社会对新能源的发展更加关注。伴随着世界能源储量分布集中度的日益增大，对资源的争夺将日趋激烈，争夺的方式也更加复杂，由能源争夺而引发冲突或战争的可能性依然存在，从而对新能源的开发利用也成为各国的焦点。

我国作为能源使用增加最快的国家，最有条件也最有必要使用更多的新能源。目前，我国能源消耗过高、能源结构扭曲状况突出，这是实现节能减排面临的巨大难题，加快新能源开发利用是突破瓶颈的关键一环。我国新兴能源资源丰富，具有大规模发展的资源保障。从可利用资源的角度看，风能、太阳能、生物质能和海洋能等都具有发展到每年数亿吨标准煤的水平。从整体上看，目前我国新兴能源利用技术与国外差距不大，在有些领域处于国际领先水平。

2010 年，我国新能源产业发展现状是：①新能源增量在多个领域取得长足发展。我国风电装机容量连续 4 年成倍增长，2010 年底新增和累计风电装机容量均居全球第一位；太阳能光伏发电产业发展迅速，产量已占全球四成；沼气年产量约 130 亿立方米，列居世界前列。②“十一五”以来，我国在新能源发展的关键技术方面获得许多突破，一系列产业化推广示范工程的启动加速了新能源技术及产品的应用，尤其在风电、太阳能光伏发电等领域。③新能源发电并网瓶颈难题未破，尤以风电最为典型。④新能源产业法律法规和政策不断深化并出现结构性调整，从总体宏观目标的制定到细分产业发展的路径规划相继出台。

2010年，我国新能源产业面临的安全形势和问题是：①我国风电产业由于受国家多年的政策保护，在风电技术方面取得了长足的进步，特别是带动风电产业持续发展，基本形成了完整的产业链，为我国风电市场提供大部分的装备。但存在国产风电机组设备质量难以保障，电网建设滞后等问题。②太阳能光伏产品的国内市场还没有完全放开，尽管我国晶体硅太阳电池的产量已达到世界第一，但是国内的光伏产品90%以上都销往国外，生产和需求过度依赖国外市场使国内的光伏企业难以应对市场波动带来的风险。我国光伏产业电池技术具有国际竞争优势，但与国际先进水平相比，我国光伏产业在很多方面仍存在较大差距，如多晶硅关键技术仍落后于国际先进水平，晶硅电池生产用高档设备仍需进口，薄膜电池工艺及装备水平明显落后等，国际竞争压力也在不断升级。③我国生物质能产业的大多数技术尚处于初期，缺乏核心技术和设备，过度依赖国外进口；产业化和商业化程度低，缺乏持续发展能力；产业成本过高等。④长期以来，我国没有把地热的位置摆到应有的地位，对地热能的开发利用并未给予足够重视；在跨入市场经济后，由于没有市场需求，技术上未取得新的进步；人力资源缺乏、研究力量薄弱，缺乏既懂地面技术、又懂地下勘探的高层次、复合型的地热人才。

未来中国新能源开发利用的战略目标是：到2020年，风能、太阳能等新兴能源要成为能源总需求中增量部分的主力军，加上水能共提供约6亿吨标准煤，占一次能源消费总量的15%；到2030年，新兴能源要成为主流能源之一，加上水能共提供20%以上的一次能源消费量。我国大力发展新能源，对于改善我国能源结构、抢抓世界新一轮能源革命先机、降低二氧化碳排放、增加就业、培育新的优势产业、转变经济增长方式、实现经济的科学和可持续发展，具有重大意义。

本报告共分三大部分：

第一部分，新能源产业概况。主要介绍2010年世界与中国新能源产业发展形势及面临的问题和挑战。

第二部分，对新能源产业发展状况进行分析研究。对风能、太阳能、生物质能、地热能等产业就其国内外环境、产业竞争力、控制力、依存度、发展力等方面进行研究分析，并提出相应对策建议。

第三部分，新能源产业发展趋势。分别对风能、太阳能、生物质能、地热能等产业发展趋势进行预测分析。

本书整体框架与章节提纲由李孟刚设计，第一、二、三、六章由郭艳红撰写，第四章由李天舒撰写，第五章由李霞撰写。

中国产业安全研究中心的工作人员王沁、徐柠杉、李然等为教材的出版、编辑等环节做出了不小的贡献，在此一并致谢！

在本书的编写过程中，我们借鉴了有关著者的大量专著、教材和其他资料，在此谨表示诚挚的谢意！

本报告通过分析近年来的数据，揭示了中国新能源产业发展与安全的变化趋势，在定量分析的同时，本报告补充了一些相应的案例分析，提出了一些对策建议。

Abstract

In the context of low - carbon era, the new energy is given the heavy task to seize the strategic high ground in the future, in the face of a new round of international competition. The new energy has become an important bargaining chip of various countries in the world in the negotiations process at the Copenhagen climate summit and the vigorous development of new energy has become the consensus of most countries in the world. Due to the oil crisis, the environmental crisis and the climate crisis, the international community begins to pay more attention to the development of new energy. Along with increasing concentration in the distribution of the world's energy reserves, the competition for resources will become increasingly fierce and the competition is revealed in more complicated ways, the possibility of conflicts or wars triggered by an energy contention still exists and thus the development and utilization of new energy has become the focus of various countries.

As the country with the fastest growth in energy use, China has the best conditions to use new energy. It is also most necessary for China to do so. At present, China's energy consumption is too high, with prominent energy structure distortions which is a huge problem for realizing the energy conservation and emission reduction. Accelerating the development and utilization of new energy is the key to break through the bottleneck. China's emerging energy resource is rich with resources supporting for the large-scale development. From the point of view of the resources available, the wind, solar, biomass and ocean energy, etc. have developed to the level of a few million tons of coal per year. Overall, China's emerging energy technology's gap with foreign countries is not large, with some remaining at the international advanced level in certain areas.

In 2010, China's new energy industry development status: ① New energy incremental progress has been made in many areas. China's installed capacity of wind power remained doubled for four consecutive years, new and cumulative installed wind power capacity topped in the world at the end of 2010; solar photovoltaic industry has developed rapidly with the production accounting for four percent of the world and biogas annual production was about 13 billion cubic meters, ranking front row in the world. ② Since the "Eleventh Five-Year Plan" period, many breakthroughs have been made in the key technologies in the new energy development and the start of a series of industrial promotion and demonstration projects has accelerated the application of new energy technologies and products, particularly in the fields of wind power, solar photovoltaic power generation. ③ the new energy power generation and network bottleneck problems still remained, especially for the wind power which is the most typical. ④ new energy industry laws and regulations and policies continue to deepen and structural adjustments have been made, the formulation of the overall macro objectives and the segments industrial development path planning were introduced.

In 2010, China's new energy industry faces the following security situation and problems: ① China's wind power industry protected by the state policy for many years has made great strides in wind power technology, especially in the field of driving the sustainable development of the wind power industry, basically formed a complete industry chain, providing most of the equipment for China's wind power market. However, there are problems, for example, the quality of domestic wind turbine equipment is difficult to guarantee; the grid construction is lagging behind and so on. ② The domestic market for solar photovoltaic products has not yet fully liberalized, although the production of crystalline silicon solar cells in China has reached the top level in the world, more than 90% of the domestic photovoltaic products are sold abroad. The production and demand has over-reliance on foreign markets so that domestic PV companies are difficult to deal with the risks of market fluctuations. China's PV industry battery technology has international competitive advantages; compared with the international advanced level, there are still a large gap in China's PV industry in many ways, such as polysilicon key technologies, which are still lagging behind the international advanced level. The high-end equipment used in the production of crystalline silicon cells still needs the imports, the film battery technology and equipment level remains significantly behind and the pressure of international competition is also escalating. ③ Most of the technologies of biomass energy industry in China is still in its infancy, such as lack of core technology and equipment with over-reliance on foreign imports; the low degree of industrialization and commercialization, lack of sustainable development capability and too high industry cost. ④ For a long time, our country has not placed the geotherm in its rightful place and the development and utilization of geothermal energy has not been given enough attention; after entering the market economy, because there is no market demand, no new progress is technically made, there is the lack of human resources, weaknesses in research force, with no more high level complex geothermal talent mastering the terrestrial technologies and understanding the underground exploration,.

The strategic objectives of China's new energy in terms of development and utilization in the future: By 2020, the wind, solar and other emerging energy will become the main force of the incremental part of the total energy demand, coupled with hydro energy, providing a total of approximately 600 million tons of standard coal and accounting for 15% of the total consumption of the primary energy; by 2030, the emerging energy will become one of the mainstream energies, coupled with hydro energy, providing a total of more than 20% of primary energy consumption. Our development of new energy is of great significance to improve China's energy structure, seizes the opportunities of a new round of energy revolution in the new world, reduce the carbon dioxide emissions, increase employment, foster new competitive industries, changes the mode of economic growth and achieve the scientific and sustainable development of the economy.

The study is divided into three parts:

The first part includes the overview of the new energy industry. It mainly introduces new energy industry development situation and the problems and challenges faced by China and the world in 2010.

The second part provides the analysis and research of the new energy industry development. The research has been made on the industries such as the wind, solar, biomass, geothermal energy in terms of the environment both at home and abroad, industrial competitiveness, dominance and dependence and development force and also put forward suggestions.

The third part outlines the new energy industry development trend. Forecast analysis has been made on the industry trends such as wind, solar, biomass and geothermal energy respectively.

The book's overall framework and the chapter outlines are designed by Li Menggang and the first, second, third and sixth chapters are written by Guo Yanhong, the fourth chapter by Li Tianshu and the fifth chapter by Li Xia.

I would like to express my sincere thanks to Wang Qin, Xu Ningshan and Li Ran, the staff of the Center for Studies in Chinese Industry Security who have made great contributions to publish and edit the textbook!

Thanks also for those authors of monographs, textbooks and other materials we learned from in the writing process of the book!

By analyzing the data in recent years, the report reveals the trend of China's new energy industry development and security; while making the quantitative analysis, the report complements the corresponding case analysis and puts forward some suggestions.

目录

𝔹Ⅰ 第一部分 新能源产业概况

𝔹Ⅱ 第二部分 新能源产业发展分析

CONTENTS

Ⅰ Part Ⅰ Overview of The New Energy Industry

Ⅱ Part Ⅱ Analysis on The Development of New Energy Industry

Ⅲ Part Ⅲ Development Trend of The New Energy Industry

第一部分
新能源产业概况

Overview of The New Energy Industry

B.1
新能源产业发展概况

第一节　世界新能源产业形势

一　新能源主要类别

新能源是指传统能源之外的各种能源形式，目前处在开发利用或正在积极研究、有待推广的能源，有太阳能、风能、生物质能、地热能、海洋能等。

（一）太阳能

太阳能利用包括太阳能光伏发电、太阳能热发电以及太阳能热水器和太阳房等热利用方式。

1. 光伏发电

根据其与电网的连接方式，可分为独立光伏系统和并网光伏系统两大类。经过多年的发展，光伏发电目前是一种较为成熟、可靠的技术，并已经逐渐从过去用于独立的系统，朝大规模并网方向发展。2010 年，全世界光伏电池产量为 120 万千瓦，累计已安装了 600 万千瓦。

2. 太阳能热发电

已经历了较长时间的试验运行，基本上可达到商业运行要求，目前总装机容量约为 40 万千瓦。太阳能热利用技术成熟，经济性好，可大规模应用，2010 年全世界太阳能热水器的总集热面积已达到约 1.4 亿平方米。

3. 太阳能热利用

太阳能热利用技术主要是太阳能热水、太阳能采暖制冷、太阳房和太阳灶等技术。太阳能热水器是目前太阳能利用技术中最为成熟的技术，应用普及率较高，到 2010 年年底全球太阳能热水器安装量约 1.68 亿平方米，其中我国占 9000 万平方米，约占 53.6% 左右。太阳能制冷和采暖技术，尚在研发之中，估计在 2020 年左右可以投入商业化利用。太阳房和太阳灶适合在农村和边远地区应用，使用量较小。

（二）风电

风电包括离网运行的小型风力发电机组和大型并网风力发电机组，技术已基本成熟。近年来，并网风电机组的单机容量不断增大，2010 年新增风电机组的平均单机容量超过 1000 千瓦，单机容量 4000 千瓦的风电机组已投入运行，风电场建设已从陆地向海上发展。到 2010 年年底，全世界风电装机容量已达 6000 万千瓦，最近 5 年来平均年增长率达 30%。随着风电的技术进步和应用规模的扩大，风电成本持续下降，经济性与常规能源已十分接近。

（三）生物质能

现代生物质能的发展方向是高效清洁利用，将生物质转换为优质能源，包括电力、燃气、液体燃料和固体成型燃料等。生物质发电、垃圾发电和沼气发电等。到 2010 年年底，全世界生物质发电总装机容量约为 5000 万千瓦，主要集中在北欧和美国；生物燃料乙醇年产量约 3000 万吨，主要集中在巴西、美国；生物柴油年产量约 200 万吨，主要集中在德国。沼气已是成熟的生物质能利用技术，在欧洲、中国和印度等地已建设了大量沼气工程和分散的户用沼气池。

（四）地热能

地热能利用包括发电和热利用两种方式，技术均比较成熟。到 2010 年年底，全世界地热发电总装机容量约 900 万千瓦，主要在美国、冰岛、意大利等国家。地热能热利用包括地热水的直接利用和地源热泵供热、制冷，在发达国家已得到广泛应用，近 5 年来全世界地热能热利用年均增长约 13%。

（五）海洋能

潮汐发电、波浪发电和洋流发电等海洋能的开发利用也取得了较大进展，初步形成规模的主要是潮汐发电，全世界潮汐发电总装机容量约 30 万千瓦。

二　各国政府发展新能源达成共识

（一）全球各国发展目标

虽然气候变化谈判没有就量化目标达成一致，发达国家对进一步的减排指标并不积极，但是各国对于应对气候变化的决心是坚定的，大力发展可再生能源是世界各国共同的目标。欧盟在已经明确 2020 年和 2050 年可再生能源比例分别达到 20% 和 50% 的基础上，又在探讨 2050 年实现 100% 可再生能源的可能性；美国提出到 2030 年清洁能源达到 30% 的目标；日本政府推出了绿色能源新政，提出了到

2050年依靠提高能源效率和发展可再生能源减排温室气体80%以上；澳大利亚提出了2020年可再生能源满足20%电力需求；我国提出到2015年，可再生能源在能源消费的比重达到11.4%，到2020年达到15%的发展目标。

根据欧洲可再生能源委员会的统计，目前全球可再生能源消费量（含水电）占一次能源需求的13%，其中在发电总量中占18%，在供热总量中占26%。他们估计到2050年可再生能源将满足全球50%的一次能源需求，其中70%的电力将来自于可再生能源（含水电），装机容量为7100吉瓦，年发电21400太瓦时。近来有些研究机构还在研究和探讨2050年实现100%的可再生能源的可能性。

（二）世界各国发展新能源情况

1. 美国

美国总统奥巴马大力推动新能源战略，希望通过发展新能源产业重振衰退的美国经济，并把新能源产业打造成美国未来经济的新增长点。为此，美国政府和国会以各种方式对新能源产业予以大力扶持。

美国通过立法制定能源政策，引导新能源的使用。能源政策主要以财政优惠的形式出现，如税收抵扣、减税、免税和特殊融资等。2010年5月，美国政府推出的能源部2010财政年度预算案当中，有264亿美元用于能源部的能效与再生能源。这项预算旨在大规模扩大使用再生能源，同时改进能源传输基础设施。最近美国的能源政策还向核能、化石能源生产、清洁煤技术、再生发电以及节能和提高能效提供了数十亿美元的减税优惠。此外，美国政府十分重视基础研究工作。在一揽子经济刺激计划中有300亿美元资金提供给美国能源部用于可再生能源和提高能源使用效率方面的研发。2010年7月美国通过“千万屋顶计划”，2013～2021年投资5亿美元，对私人住宅及商业建筑的太阳能发电系统进行补贴。受补贴政策刺激，2009年美国风能发电增长了39%，总量达到35159兆瓦。

（二）欧盟

欧盟委员会在2010年3月提出了到2020年可再生能源20%和太阳能发电12%的目标，并宣布将在2013年之前投资1050亿欧元支持欧盟地区的“绿色经济”。鉴于新能源前期研发和初期生产成本较高，尚难与传统能源同台竞争，欧盟国家普遍动用补贴手段予以扶持。

（三）德国

德国政府2010年9月召开新闻发布会公布，德执政联盟高层就一项着眼2050年的能源计划达成一致，计划延长了德国核电站运营期限，并规划到2050年可再生能源发电量达到电力消耗总量的80%。受补贴政策影响，德国的新能源产业发展迅猛。目前，从装机容量来看，德国是全球最大的太阳能市场，风能发电2009年也仅次于美国。根据德国贸易投资署发布的新闻公告，2010年1~8月，德国新增光伏装机容量超过48万千瓦，远超2009年全年的380万千瓦。2010年新增太阳能光伏装机容量已经接近全球装机容量的一半。

三　各国发展新能源的基本特点

（一）风能、太阳能仍然是投资重点和热点

风能、乙醇、生物燃油以及太阳能等一直以来作为备用能源方式的新能源，成了有竞争力的能源形式。近十年来，全球太阳能的消费呈平稳状态，而乙醇燃料和风能的消费呈快速增长态势。其中太阳能、风能、氢能和燃料电池以及生物质能的发展速度快，产业前景好。

新能源领域投资活跃将进一步促进全球新能源市场的持续繁荣。2009年，风电和太阳能投资占了清洁能源投资总额的70%以上，可以看出，技术相对成熟的风能和太阳能仍然是产业投资重点。

（二）发达国家仍是新能源市场主力，新兴国家成为投资重点

新能源产业发展从发达国家开始，长期以来，发达国家一直是利用新能源的主力军。以风电为例，欧洲的风电装机占了全球装机总额的60%以上，核心的风机技术也集中在欧洲。不过随着全球环保意识提高，原油价格在2008年上半年的持续上涨，欧洲等发达国家对新能源产业支持力度的下滑，诸如印度、中国等新兴国家也成为新能源发展的重要力量。发达国家知名新能源企业在新兴国家投资建厂，VC、PE等投资机构纷纷涌入。2010年，新兴国家仍然成为新能源投资的热点。

（三）新能源产业战略特征日趋显著

金融危机之前，全球各国将发展新能源产业作为国家的替代能源战略，目的是降低对石油的依赖程度。金融危机之后，新能源产业的战略特征越来越明显，各国将新能源产业作为本国应对危机、寻找新的经济增长点、承担温室气体排放责任的手段。新能源产业已经从单纯的替代能源角色上升至国家摆脱危机、占领未来经济新增长点的举措。金融危机之后，各国发展新能源产业的战略特征越来越明显。

第二节　中国主要新能源产业形势

在低碳时代背景下，面对新一轮国际竞争，新能源被赋予了抢占未来战略制高点的重任。在新能源的发展上，竞争的不仅是技术，更重要的是政策，是机制。我国作为能源使用增加最快的国家，最有条件也最有必要使用更多的新能源。因此，唯有顺应能源结构的调整，制定适合我国能源需求的新能源政策，我们才有可能与西方国家站在同一条起跑线上。

目前，我国能源消耗过高、能源结构扭曲状况突出，这是实现节能减排面临的巨大难题。加快新能源开发利用是突破瓶颈的关键一

环。我国新兴能源资源丰富，具有大规模发展的资源保障。从可利用资源的角度看，风能、太阳能、生物质能和海洋能等都具有发展到每年数亿吨标准煤的水平。从整体上看，目前我国新兴能源利用技术与国外差距不大，在有些领域处于国际领先水平。随着新兴能源利用技术不断进步和发展，常规能源开发成本上升，特别是考虑碳减排成本之后，新兴能源竞争力将持续增强，在我国整体能源结构中的作用会逐步提高。

一　我国新能源发展现状

（一）新能源增量在多个领域位居世界前列

近年来，我国新能源利用取得长足发展。我国风电装机连续4年成倍增长。2010年年底风电装机容量达到44733万千瓦，位居世界第二。全球每三台新安装的风电机组，就有一台在中国。目前，全国七大“千万千瓦级”风电基地的建设进展迅速，从内蒙古、新疆的大漠到江苏的沿海与近海地区，共有24个省、自治区建立了自己的风电场。2010年，上海东海大桥海上风电场投入运营，成为迄今欧洲之外的第一个海上风电场。

我国自2005年《可再生能源法》颁布以来，太阳能光伏发电产业发展迅速，产量已占全球四成。太阳能热水器总集热面积达到1.45亿平方米，沼气年产量约130亿立方米，均居世界前列。

（二）在关键技术方面有所突破

“十一五”以来，我国在新能源发展的关键技术方面获得许多突破，一系列产业化推广示范工程的启动加速了新能源技术及产品的应用。

在风电领域，目前我国已掌握1～3兆瓦双馈式变速恒频风电机组系列的设计技术；1.5兆瓦直驱永磁风电技术已实现大批量生产；自行设计开发的1.5～2.0兆瓦风电机组叶片，实现国内整机厂商的批量生产。

在太阳能光伏发电领域，完成了兆瓦级聚光光伏电站的设计，此外还有多个10兆瓦级别的荒漠并网光伏电站正在设计建设中。自主研制成功具有国际先进水平的250千瓦和500千瓦级别的并网光伏电站，并实现了空间运行。

（三）产业政策不断深化并出现结构性调整

近年来，我国新能源产业法律法规和政策不断深化，从总体的宏观目标的制定，到细分产业发展路径规划。如前几年出台的《可再生能源法》、《可再生能源中长期规划》和《可再生能源“十一五”规划》，从宏观层面制定了新能源“十一五”发展原则、目标和重点。对于风电产业，我国前几年出台的产业政策涵盖了从项目建设、资金管理、产业化、上网电价、行业准入等方方面面。具体的政策包括:《发改委关于风电建设管理有关要求的通知》、《关于完善风力发电上网电价政策的通知》、《关于印发促进风电产业发展实施意见的通知》、《海上风电开发建设管理暂行办法》、《风电设备制造行业准入标准》等。

近两年，中国新能源产业政策在不断深化的同时，也出现结构性调整。2009年，国家部委首次出台了针对光伏产业发展的系列政策。2010年，《关于加快培育和发展战略性新兴产业的决定》，将新能源作为战略性新兴产业之一，新能源被确定为国民经济先导产业之一。今年6月份发布实施的《产业结构调整指导目录（2011年版)》，国家首次将新能源作为单独门类，列入指导目录的鼓励类。在所涉及的新能源产业中，力推太阳能、生物质能，风电则列入“风电与光伏发电互补系统技术开发与应用”这一子项中。其他风电装备被列为机械门类，列入指导目录的鼓励类。

（四）发电并网瓶颈难题未破

经历了“十一五”期间高速发展之后，新能源发电均遇到了并网瓶颈的问题，其中尤以风电最为典型。由于风电的不稳定性，远距

离输电需与火电或水电捆绑，电网企业缺乏接收的积极性。因为风电规模比例越大，电网的风险、附加的服务越大。依照现有的电网架构和调峰能力，国家电网电力科学研究院预测，2020 年风电并网容量最多达到 1 亿千瓦，而国家规划的装机容量目标是 1.5 亿 ~ 2 亿千瓦，有 1/3 甚至更多的装机容量无法并网。因此，未来新能源的产业化发展需要电网在接入方面做出相应配合。然而，目前电网建设规划和已成型新能源发展规划之间存在错位。

（五）政策手段与市场机制仍需协调发展

政府为了鼓励新兴能源产业发展，出台补贴政策，但不适当的补贴政策可能会扭曲价格的市场信号机制，不利于产业良性发展。以风电为例，很多补贴政策都制定于风电发展初期，当时的核心技术多是引进外资，关键设备依赖进口。而目前，随着技术的进步和完善，我国风机生产能力不仅满足了国内市场需要，某些企业已经开始供应欧美市场，因此，初期的补贴政策应该随形势取消或者调整，以促进我国风电产业和市场的国际化。

此外，还存在个别企业为获取补贴虚报新能源项目等行为。在风能和光伏发电上网电价确定过程中，特许权招标“低价者得”就存在诸如恶性竞争、以降低质量为代价来压缩成本等问题，行业竞争亟待规范。

二　我国重点产业发展规划

根据我国经济社会发展需要、能源需求形势、化石能源供应前景、温室气体减排压力、新兴能源的资源保障和技术条件，未来五年主要新能源行业的发展目标初步确定为：力促水电发挥新能源的主体作用，将风电作为新能源的重要新生力量，将太阳能作为后续潜力最大的新能源产业，同时推动生物质能多元化发展。光伏发电装机目标为 500 万千瓦，风电装机目标为 9000 万千瓦。但预计光伏和风电产业超越目标的可能性很大。未来五年还应大力落实电网接入政策，加

快电网配套设施建设进程，以满足可再生能源产业高速发展对电网的需求。我国新能源未来五年应力求与电网发展进行衔接，重点解决大型风电基地等新能源的并网瓶颈问题。

由国家发改委上报国务院的《新兴能源产业发展规划》，该规划提出，从2011年至2020年，将累计增加投资5万亿元，每年可增加产值1.5万亿元。其中风电投资约为1.5万亿元，太阳能投资约为2000亿~3000亿元。按照“到2020年非化石能源占一次能源消费总量的比重达到15%左右”的比例来推算，到2020年，我国新能源的消费总量约为8亿吨左右标准煤，其中水电的消费总量为4亿吨标准煤，核电为2亿吨标准煤，风电为1亿吨标准煤，太阳能和生物质能为1亿吨标准煤。到2020年，核能、风能、太阳能等新兴能源要成为能源总需求中增量部分的主力军，加上水能共提供约6亿吨标准煤，占一次能源消费总量的15%；到2030年，新兴能源要成为主流能源之一，加上水能共提供20%以上的一次能源消费量。

由国家能源局牵头编制的新能源“十二五”规划初稿和中国电力企业联合会牵头编制的《电力工业“十二五”规划研究报告》的数据可以看出（对比表1-1），国家对新能源的投入巨大，新能源将成为“十二五”规划主角。从目前的势头来看，新能源产业的发展在“十二五”期末将远超预期，未来充满无限可能。

表1-1 新能源装机容量规划目标

单位：千瓦

—	可再生能源“十二五”规划	电力“十二五”规划	
	2015年	2015年	2020年
核　电	超过5000万	4294万	9000万
风　电	9000万	1亿	1.8亿
太阳能	500万	200万	2000万
天然气	3000万	—	4000万

“十二五”期间，在国家产业政策引导下，中国新能源市场在产业调整中总体将保持快速增长态势。发展重点将由之前的以风电为主转变为新能源产品多元化并重发展，太阳能将成为发展速度最快的产业之一，生物质能产业有望大规模启动。

新能源是否能够大规模替代常规能源的核心因素，是其成本和环境影响。从用途来看，新兴能源可分为三类：发电、热利用和燃料。新兴能源利用的经济成本、技术障碍也因其用途不同而不同。“十二五”期间新能源开发利用的重点包括以下方面。

（一）规范市场秩序，大力推广太阳能热利用

无论是规模、市场成熟度，还是核心技术、品牌实力等，我国太阳能光热产业都领先于世界，是我国少数拥有自主知识产权的民族产业之一，但产业集中度低，而且许多企业没有相应的质量保证和售后服务体系，严重影响了产业的平稳健康发展。为此，要扶优扶强，逐步提高太阳能热水器产业的集中度。规范太阳能热水器产品市场，鼓励和推进太阳能热利用企业的重组、整合和规模化经营，提高太阳能热利用产品质量和企业技术水平。进一步开发太阳能与建筑结合的集成技术，包括工程规划、产品设计与供热、采暖和制冷的三位一体系统设计，使太阳能成为安全、稳定、可靠的建筑用能。

（二）稳定陆上风电运行，积极开发海上风电

“十二五”期间，风电发展的战略任务是：突破风电关键技术，强化产业体系建设。着力在以下关键技术领域取得突破：大功率风电机组总体优化设计、风电机组关键零部件的智能化加工和质量控制、风电与电网相互影响评估、风电并网高压直流输电技术、风电场大规模蓄能、大功率海上风电机组研发、海上风电机组基础设计和施工、海上风电机组运输与安装等风电产业关键技术。加紧制定风电行业标准，规范制造业的发展，提高我国风机的质量。

（三）启动国内光伏发电市场，消除太阳能光伏产业软肋

我国是光伏太阳能生产大国，产量连续4年居世界第一。光伏产业已经成为我国具有国际竞争力的新兴战略产业之一。但相对于光伏产业和国际光伏发电市场，我国光伏市场发展缓慢。要积极推动国内光伏市场，由光伏生产大国变为光伏消费大国。当前要重点加强太阳能级硅材料提纯，加强高效太阳电池、光伏系统以及多晶硅浇铸炉、线切割机、等离子体增强化学气相沉积设备（PECVD）等关键设备的研制，提高晶硅原材料的自给率。启动国内市场，不仅需要加强智能电网建设，为光伏入网运行打下基础，同时也要借鉴日本、德国、美国等发达国家的做法，制定光伏发电上网电价，推动国内太阳能电站建设。

随着国外光伏产业政策逆转，中国光伏产业政策升温，未来3~5年，中国将成为全球光伏市场增长最快的国家之一。这意味着，未来几年，中国光伏产业竞争重心将从上游制造环节转移到下游的市场应用环节。如何借助国内发电集团、国有投资集团等央企的资源优势，获取更多的项目投资机会，成为目前光伏企业战略的核心。“国”“民”联合，仍将是未来光伏市场建设中的主旋律。

在国家政策引导下，预计两年，国内光伏市场将出现井喷。2013~2015年，光伏市场将进入相对稳定的发展阶段。到2015年，中国光伏装机有望超过10吉瓦。

（四）因地制宜发展生物质能和地热能产业

生物质能的多样化决定了我国生物质利用的多种技术路线和多种模式。一是要大力发展沼气，根据我国的国情，把发展沼气作为解决农村能源问题的重要途径。以沼气为纽带的生态农业建设不仅能够获得高效清洁能源，而且可以有效地治理环境污染，恢复自然生态。要积极探索沼气工业化发展模式。现阶段政府要持续地对沼气工程给予

政策和资金方面的支持，等培育市场成熟后再通过宣传、培训，把沼气产业推向完全化的市场。二是积极发展生物液体燃料。从长远的技术发展方向和技术选择来看，燃料乙醇技术发展的重点是纤维素制乙醇；生物柴油发展的重点是生物质气化生产，费托合成技术生产柴油或其他生物质液化生产生物柴油技术。地热能利用重点放在发展大型公建和居民的地源热泵空调系统。

三　面临的问题与对策

（一）我国能源面临的问题

1. 能源需求增长迅速

随着能源需求快速增长，我国能源供给面临诸多挑战。目前，我国已是世界第一煤炭生产与消费国，第一大电力生产和消费国，第二能源生产与消费国，第二石油消费国，是仅次于美国的最大石油进口国。自2000年开始，中国能源消费年均增长速度接近10%，是1980～2000年年均增速的两倍。2006年中国政府开始实施降低GDP能源消费强度的措施，提出了2010年单位GDP的能源消费比2005年降低20%，并付诸行动。虽然政府提出的目标基本实现，但是能源消费总量仍持续增加，2010年能源消费总量为32亿吨标准煤，比2005年增加了10亿吨标准煤，已经超过了国内外多家机构对我国2020年能源需求的预测值。

未来相当长的时期内，我国仍将采取快速平稳的发展政策，《国民经济“十二五”发展规划纲要》提出，“十二五”期间GDP增速为7%，预计今后相当长的时期内，能源消费总量仍会持续增加。如果不从现在起就采取积极、有效的措施解决能源需求问题，并实现能源供应的低碳化、清洁化，那么能源、环境问题将会制约我国经济、社会的可持续发展，由此国家把构建安全、稳定、经济和清洁的能源供应体系放在十分重要的位置上。

2. 能源供应形势严峻

与其他化石能源资源相比，我国的煤炭资源相对丰富，但由于其开发受到赋存条件、水资源条件、生态环境、安全因素以及运输条件和环境容量等多方面的限制，能被有效开发利用的煤炭资源量明显不足。我国油气资源较为贫乏，根据中国工程院的预测分析，我国石油产量2020年将达到最大值，约2亿吨，2030年和2050年将分别减少到1.8亿吨和1.4亿吨，2030年以后我国石油进口依存度达到70%以上。我国天然气需求从2006年的500多亿立方米增加到2030年的3000亿立方米，预计到2015年，我国天然气需要进口30%，2030年需要进口50%以上。

自1993年开始，我国成为石油进口国，“十一五”期间平均每年进口增长5000万吨，对外依存度超过50%，石油供给的贸易依赖已经成为不可改变的事实；自2009年中国已成为煤炭净进口国，2010年煤炭的净进口量超过了1.4亿吨，天然气在我国一次能源中的比重只有4%，2010年天然气进口100多亿立方米，估计在今后相当长的时间，我国的煤炭、石油、天然气和铀资源对外依赖程度将会持续增加。

能源安全问题凸显，单纯依靠化石能源难以实现经济、社会和环境的协调发展。许多国家都把能源对外依存度高低作为对能源安全风险控制的重要指标，美国虽为超级大国，也一直为降低能源对外依存度做出努力，采取发展可再生能源，开发页岩气和近海油气资源来降低对外依存度。我国必须考虑提高可再生能源比例，满足日益增长的能源需求，这种转变既是自身发展的需要，也是作为世界能源大国的责任。

3. 应对气候变化与温室气体减排压力

国际能源署预测，由于中国强劲的经济增长，发电行业以及工业对煤炭的严重依赖，中国二氧化碳排放总量在2004～2030年会增加

一倍多。中国作为二氧化碳头号排放国，已经在气候变化谈判过程中受到来自其他国家特别是美国和欧盟的巨大压力，要求中国应当承担更多的排放大国的减排责任。

虽然气候变化谈判没有就量化目标达成一致，发达国家对进一步的减排指标并不积极，但是坎昆气候变化谈判最终使各国在应对气候变化问题上达成了共识。按照京都议定书和公约进行双轨谈判制，虽然未来的谈判之路还很漫长，对中国来说，控制能源消费、发展低碳能源既是自身转变发展方式，实现可持续发展的需要，也是对国际社会负责任大国的表现，在“十二五”和未来更长的时间，我国将动员全社会的力量，实现降低碳强度目标。

按照现在我国的发展目标，到 2020 年 GDP 翻两番，能源消耗翻一番，15% 非化石能源比例，温室气体的排放量至少增长 60% ~ 70%。目前，中国的温室气体排放大约为 80 多亿吨，占全球温室气体排放的 23%，如果再增长 60% ~ 70%，将会达到 130 亿 ~ 150 亿吨，占世界温室气体排放约 40%。面对减排的国际压力，要求中国必须采取严格的措施控制二氧化碳排放，因此一定要下决心大力发展可再生能源等低碳能源。用 5% 的荒漠可安装超过 50 亿千瓦（5000 吉瓦）太阳能光伏发电系统，年发电量可以达到 6 万亿千瓦时，是美国 2010 年发电量总和的 1.5 倍，相当于我国 2015 年预测的发电量总和。

（二）对策建议

尽管近年来中国新能源产业发展突飞猛进，在发展过程中，也暴露出一系列问题，如新能源项目并网问题，并网后带来的安全事故问题。这些问题的出现，影响了新能源产业发展进程。针对以上问题，我们认为，只有完善现有的新能源产业政策、标准，加强新能源技术投入与管理，才能为新能源产业健康可持续发展提供保障。

1. 完善新能源发电配额制度，形成新能源项目开发与市场消纳协调发展

在目前的电力体制下，建立完善的新能源发电配额制度是新能源产业发展的有效保障。

目前，我国新能源发电配额制度遵循《可再生能源中长期发展规划》的规定，规划要求权益发电装机总容量超过500万千瓦的投资者所拥有的非水电可再生能源发电权益装机总容量，到2010年和2020年应分别达到其权益发电装机总容量的3%和8%以上。该规划只对发电企业，并未对下游的电网企业如何收购新能源发电量进行约束。导致出现电网不愿意收购新能源发电，新能源有电不能并网的问题。

为解决新能源并网问题，国家需要尽快出台针对发电企业和电网企业的新能源发电配额制度，明确国网和南网配额标准、收购新能源发电项目的范围、收购价格等内容。

2. 规范新能源产业标准，加强新能源项目运行可靠性管理

标准体系建设是新能源产业健康发展的保证。从国家出台的新能源政策基本是规划在先、标准体系在后。这种政策路径导致在发展初级阶段，新能源企业数量剧增，产能迅速扩张，而技术体系建设未能跟上规模发展步伐，导致新能源项目运行后期出现质量安全问题。

从产业发展初期规范新能源产业标准，实现产业规范标准与产业规划同步实施。产业标准建设包括新能源项目准入、项目设计、项目运行、项目质量、项目运维等内容，以进一步提高新能源准入壁垒，加强新能源项目设计预审和项目运行可靠性管理，为新能源健康发展提供保证。

3. 加强新能源示范项目建设，从技术、管理、运行等方面落实示范效益

新能源示范项目建设是规模化建设的前提。目前，国内虽然建设大批新能源示范项目，由于示范项目投资主体目标不同，项目究竟具有多大的示范效益还有待论证。为实现国内新能源项目规模化建设，建议国家主管部门组织投资主体在进行大规模建设新能源项目之前，进行大型示范项目建设。并设置技术、管理、运行等示范指标，规避新能源项目规模化建设后期出现质量、运行等问题。

首先，在加快发展新能源的同时，坚定不移地实行节能优先战略。我们必须把节能优先放在突出位置，着力转变经济发展方式，调整和优化经济结构，加强节能管理，使节能工作取得更加明显的成效。

其次，要大力推进新能源科技创新。在后金融危机时代，世界各国都高度重视培育新能源产业，把它作为抢占未来经济发展制高点的重要抓手。必须大力推进新能源科技进步和自主创新，组建国家新能源科技研发实验中心，推动新能源科技不断取得新的突破。

再次，优先开发利用具有资源优势的新能源。中国新能源资源品种齐全、数量多，太阳能、风能、生物能、氢能以及其他新型能源都具有巨大的开发潜力，应该充分发挥这方面的资源优势。

最后，尽快制定出台支持地方加快新能源产业发展的配套政策。以风电为例，由于国家增值税转型改革，风电装机规模越大，地方财政减收越多。建议通过中央财政转移支付对地方财政收入少收部分给予全额补助，调动和保护地方政府发展新能源的积极性。同时对风电就地输出、就地消化给予一定扶持。

第二部分 新能源产业发展分析

Analysis on The Development of New Energy Industry

B.2 中国风能产业发展与安全研究

第一节 风电产业现状

一 世界风电发展现状

2010 年全球风电产业，在金融危机仍在蔓延的条件下维持了快速增长，不仅超过了 2009 年，同时也比近十年的平均增速提高了 4 个百分点，达到 32%；当年新增的速度高出了近十年平均速度 10 个百分点，达到了 41%。欧盟、美国和亚洲仍然是世界风电发展的主体，美国、中国、德国、西班牙和印度各国的位次虽有变化，但依然坚守世界风电五强的地位。2010 年，中国的新增装机容量跃世界第

一位，但是要想超越美国成为世界第一风电大国还需时日。在过去一年中，尽管海上风电提速，但是陆上风电仍然是风电开发的重点，占全部风电装机的98%以上，海上风电仅占1.3%左右。风机的大型化倾向抬头，世界前十名企业都在大力研发5兆瓦以上的风机。从技术路线发展趋势来看，大型化促使了直驱直流永磁技术的发展。

（一）发展现状

据全球风能理事会（GWEC）的统计数据显示，1996～2010年期间，世界风电累计装机的平均增长速度达到了28.6%，显示了快速、持续增长的势头。2010年，全球风电累计装机容量达到了158吉瓦，当年累计增速达到了31.9%，比常年平均增速水平提高了3.3个百分点。

2010年，全球风电新增装机容量达3834万千瓦，增长率高达42%，比1996～2010年期间的多年平均值高出了10多个百分点。全球金融危机的大背景下，风电产业仍然继续保持了快速发展的态势，再次证明，风电产业不但已经成为世界能源市场的重要力量，而且在拉动经济增长和创造就业方面，也发挥着越来越重要的作用。据全球风能理事会估算，2010年全球风电装机容量总产值已达到450亿欧元，相关从业人员约有50万人。

（二）区域分布状况

到2010年年底，世界上有100多个国家开始发展风电，累计装机超过100万千瓦的国家有17个，排位前十名国家的累计装机都超过了300万千瓦，前五名都超过了1000万千瓦，前三名的国家都超过了2000万千瓦。

2010年风电累计装机位于前10名的国家分别是：美国，中国，德国，西班牙，印度，意大利，法国，英国，葡萄牙，丹麦。新增装机位于前10名的国家分别是：中国，美国，西班牙，德国，印度，意大利，法国，英国，加拿大，葡萄牙。

2010年全球新增装机前10名国家中，除中国、美国、印度以外，其他7个国家均属于欧洲。在累计装机排名中，中国以微弱优势超过德国排到了第二位，但与排名第一位的美国仍有将近1000万千瓦的差距。德国排名第三位，西班牙排名第四位。

欧洲、美洲和亚洲仍然是风电发展的支柱地区，在2010年全球3834万千瓦的新增装机中，亚洲、北美和欧洲的新增装机均超过1000万千瓦，作为全球最主要的风电市场，亚洲、北美和欧洲风电装机的增长有力地推动了全球风电产业的发展。

2010年，亚洲超过美洲和欧洲，成为风电发展重要的新兴市场，主要依靠中国和印度市场拉动。其间，中国新增装机1380万千瓦，累计装机2580万千瓦，印度新增装机130万千瓦，累计装机1090万千瓦，此外在亚洲地区，紧随其后的是日本和韩国，日本新增装机17.8万千瓦，累计装机210万千瓦，韩国新增装机11.2万千瓦，累计装机34.8万千瓦。

北美市场，美国新增装机达999.6万千瓦，累计装机3500万千瓦，依然保持总装机全球第一的位置；加拿大新增装机达到95万千瓦，打破该国以往年度新增装机的纪录，以330万千瓦的总装机容量排名全球第11位。墨西哥的风电发展势头良好，2010年新增装机容量达到117万千瓦，累计装机220万千瓦，实现倍数增长。

欧洲市场中，德国依然保持领军地位，新增装机190万千瓦，累计装机2580万千瓦，位列全球第三。西班牙以250万千瓦的新增装机容量成为欧洲新增装机最多的国家，累计装机容量1910万千瓦，位列全球第四。意大利（新增装机110万千瓦，累计装机490万千瓦）、法国（新增装机110万千瓦，累计装机450万千瓦）和英国（新增装机110万千瓦，累计装机410万千瓦）紧随其后。

2010年一些风电发展欠发达地区也有很多可喜的发展。拉丁美洲新增装机容量达62.2万千瓦，累计装机容量突破100万千瓦大关，

达到127万千瓦。尤其是南美大国巴西，2010年新增装机26.4万千瓦，累计装机60.6万千瓦，宣告进入风电发展的新阶段。巴西政府在2010年末举行了首次风电项目招标，预计在未来两年开工建设71个风电项目，合计180万千瓦，2010年还开始更大规模的招标项目。巴西政府的招标活动预示着该国的风电市场将进入一个高速发展的阶段。

大洋洲的发展规模与去年持平，新增装机容量约为50万千瓦。其中澳大利亚实现了历史最高的新增容量40.6万千瓦，累计装机达到170万千瓦。新西兰新增装机容量17.1万千瓦，累计装机约50万千瓦。

非洲和中东市场依然是全球风电发展最为缓慢的地区，2010年新增装机容量仅23万千瓦，但非洲很多国家都已开始着手风电发展计划，如肯尼亚、埃塞俄比亚、坦桑尼亚等将在未来3~4年内累计建成大约100万千瓦的项目。

欧盟、美国和中国2009年的累计装机容量分别是7620万千瓦、3506万千瓦和258万千瓦，新增装机容量分别为1050万千瓦、999万千瓦和1380万千瓦，三国之和分别占全球累计和新增装机容量的88.1%和88.5%。由此看来，风电发展虽然不再是少数国家的游戏，但是欧盟、美国和中国风电市场现阶段依然左右着世界风电发展的大局。

（三）风电产业的区域特征

2010年，风电机组整机制造企业前十名占全球风电市场累计总额的81%和84%，而风机制造业推陈出新的趋势也逐步显现。维斯塔斯、GE、歌麦飒、Enercon和西门子等传统品牌，在世界累计市场份额中占67%，占据主导地位，但是2010年新增市场份额中的比例已经下降到47%。苏斯兰、华锐、金风和东方汽轮机等一批新兴企业，在世界风机市场的竞争中开始崭露头角，虽然在世界累计市场份额中仅占14.5%，但是在2010年新增市场份额中已占据30%以上。

2010年，风电产业的发展，尤其是制造业的发展日趋国际化，但是区域品牌的优势仍在发挥巨大的作用。在德国市场中德国品牌企业占据市场份额的74%，其他品牌只占26%，如果包括维斯塔斯等欧洲品牌的市场份额，本土品牌的市场份额高达94.5%。西班牙风电市场中，西班牙本土品牌的市场份额高达51%，如果将欧洲品牌计算在内，西班牙本土品牌的市场份额高达91%。美国和印度市场的国际化水平最高，但是美国市场上GE和Clipper的市场比例也高达44.7%。在印度市场上，苏斯兰等印度品牌企业的市场份额也高达59.5%。中国风电市场的竞争，随着本土品牌的兴起，本土化的比例也在不断提高，2009年本土化的品牌的市场比例已经提高至87%，比2005年的40%提高了40多个百分点。

（四）海上风电发展

1991年，自丹麦建立世界上第一座海上风电站以来，世界海上风电的发展一直踟蹰不前，主要原因是技术复杂，安装、运行、维护的成本高，一直不被开发商看好。但是，欧洲和美国在海上风电技术的研发一直没有停滞，海上风电的技术难关不断地被攻破。同时随着欧洲，特别是丹麦、德国等国家的陆地风电资源基本开发完毕，减排和提高可再生能源比例的要求，使得海上风电的发展被提上议程。直到2008年，世界海上风电开始有了新的飞跃，2008年至2010年连续三年海上风电新增容量超过了50万千瓦，两年的安装量超过了过去累计装机容量的总和。

1. 海上风电的区域特征

欧盟是海上风电技术领先的地区，占世界海上风电装机容量的90%。2009年欧盟海上风电投资15亿欧元，当年安装海上风电199台，新增容量57.7万千瓦，比2008年的37.3万千瓦，净增了20多万千瓦，同比增长54%。到2009年年底，欧盟累计建成了38个海上

风电场，安装了328台海上风机，累计装机容量为211万千瓦。

发展最快和最好的国家也均在欧洲，英国、丹麦，分别占世界海上风电份额的44%和30%，2009年新建成的海上风电集中在英国（28.3万千瓦）、丹麦（23万千瓦）、瑞典和德国（均为3万千瓦）以及挪威（2300千瓦）。同时2010年5月，德国第一座深海风电场建成投产，装机容量6万千瓦，距离海岸线50公里，成为距离陆地最远的海上风电场。

看到欧盟海上风电发展提速，其他国家和地区也在效仿，首先是我国2009年海上风电实现了零的突破，上海东海大桥10万千瓦海上风电项目计划在2010年4月底全部建成，安装34台单机容量3兆瓦的海上风机。2010年已全部安装并网，成为上海世博会一道亮丽的风景线。此外，美国的海上风电经过多年的酝酿，也于2010年5月获得了美国政府的批准，近期可以开工建设。

2. 近期海上风电发展

欧盟统计2010年海上风电的投资比2009年倍增，达到30亿欧元，2010年，欧盟有17个，总装机容量350万千瓦的海上风电项目开工建设，2010年建成100万千瓦，比2009年的新增装机增加70%，同时也大大超过陆上风电的发展速度。2009年11月欧盟颁布了海上风电综合规划，规划了1亿千瓦的海上风电项目，年发电量可达欧盟目前发电量的10%。美国舆论已久的海上风电项目受到欧盟成功经验的鼓励，2010年开始试水，预计1~2个海上风电项目近期也将开工建设，总装机容量超过100万千瓦。

3. 海上风机装备与技术

海上风机是在现有陆地风机基础上针对海上风资源环境进行适应性“海洋化”发展起来的，虽然开发商和风电设备制造商已经积累了十多年的海上风电开发经验，目前不仅海上风电机组的产品和型号不断增多，对海上风电设备特殊运行条件的认识也更加深入，但是严格说来海上风电目前所处的阶段还仅是将陆上风机装在海里。出于降低海上风电开发成本的考虑，海上风机功率较大，已投入商业化运行的海上风电机组的单机容量多为1.5～3.6兆瓦，风叶直径为65～104米。德国Enercon公司的E－122型6兆瓦风机已研制成功，并在德国的Guxhaven和Emden的试验点进行测试。美国GE公司也正加紧7兆瓦风电机组的设计开发研究。德国REpower公司5兆瓦风机已成功地安装在苏格兰的Beatrice海上示范风电场，该风机风轮直径126米，安装在水深40～44米的海域。除了Vestas、Simens两家公司的海上风电设备经受了商业化运行考验外，Repower、Multibrid、GE以及中国的华锐、金风、上海电气、明阳、湘电、联合动力等也都开发了海上风电机组，目前都在进行试验和考核之中。总之，各大装备制造商开始瞄准海上风电市场，对海上风电的技术研发和装备制造进行了大规模的投入，引发了风电装备新一轮的竞争。

二　中国风电发展现状

（一）资源禀赋

我国幅员辽阔，海岸线长，风能资源丰富。2010年5月11日，国家能源局重新修订了陆上、海上风电资源，中国气象局风能太阳能资源评估中心通过400个专业测风塔收集数据，并利用数值模拟评估系统，针对高度为50米、风功率密度大于300瓦/平方米的地区，测算出了中国陆地和海上风电的潜在开发量分别为23.8亿千瓦和2亿千瓦（海上风电测算的是水深2～25米的风能资源）。

我国的风能资源分布广泛，其中较为丰富的地区主要集中在东南沿海及附近岛屿以及北部（东北、华北、西北）地区，内陆也有个别风能丰富点。此外，近海风能资源也非常丰富。

1. 沿海及其岛屿地区风能丰富带

沿海及其岛屿地区包括山东、江苏、上海、浙江、福建、广东、

广西和海南等省（市）沿海近10公里宽的地带，年风功率密度在200瓦/平方米以上，风功率密度线平行于海岸线。

2. 北部地区风能丰富带

北部地区风能丰富带包括东北三省、河北、内蒙古、甘肃、宁夏和新疆等省（自治区）近200公里宽的地带。风功率密度在200~300瓦/平方米以上，有的可达500瓦/平方米以上，如阿拉山口、达坂城、辉腾锡勒、锡林浩特的灰腾梁、承德围场等。

3. 内陆风能丰富区

在两个风能丰富带之外，风功率密度一般在100瓦/平方米以下，但是在一些地区由于湖泊和特殊地形的影响，风能资源也较丰富。

4. 近海风能丰富区

东部沿海水深5米到20米的海域面积辽阔，但受到航线、港口、养殖等海洋功能区划的限制，近海实际的技术可开发风能资源量远远小于陆上。不过在江苏、福建、山东和广东等地，近海风能资源丰富，距离电力负荷中心很近，近海风电可以成为这些地区未来发展的一项重要的清洁能源。

（二）发展现状

2010年我国风电产业发展领跑全世界，增速超过100%，累计装机居世界第二位，新增装机居世界第一位，装备制造能力居世界第一位，新增装机和风机产量都约占世界的1/3。风电发展的布局没有发生大的变化，内蒙古仍然雄踞榜首。开发商还是大型央企领衔，龙源（国电）、大唐和华能稳居三甲。2010年的亮点是海上风电开始起步与部署，30多台3兆瓦的风机开始安装与调试。同时，2010年风电并网问题突显，迫使各个方面开始关注风电并网难的问题。风电装备制造业三个梯队分布明显，华锐、金风和东电坐稳了第一把交椅，第二梯队的明阳、联合动力及湘电等开始发力，企图与第一梯队一争高下。受国际风电发展大型化的趋势的驱使，我国大型风电企业也开始进入风电装备大型化的竞争，华锐、金风、湘电、上海电气、明阳等都在开发5兆瓦及其以上的风电装备，企图在新的一轮技术竞争中有所表现。但是业界对质量的担心开始出现，估计2011和2012年是国产风电装备的大考，过了这一关，中国风电会有质的飞跃。

1. 我国2010年风电发展状况

2010年，我国继续保持风电设备生产和风电场开发快速发展的强劲势头。2011年3月18日中国可再生能源学会风能专业委员会公布了2010年风电产业的统计数字，如图2-1，2010年中国（不包括台湾地区）新增安装风电机组12904台，装机容量18927.99兆瓦，年同比增长37.1%；累计安装风电机组34485台，装机容量44733.29兆瓦，年同比增长73.3%。2010年中国已成为世界第一大利用风力发电的国家，新增风电装机容量、累计风电装机容量均居全球第一位。

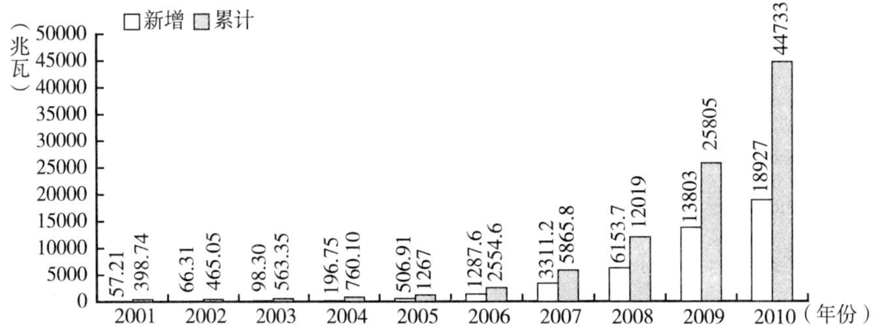

图2-1　我国风电装机容量发展状况

资料来源：中国可再生能源学会风能专业委员会：《2010年中国风电装机容量统计》。

2. 风电发展的区域特征

截至2010年12月31日，我国有24个省市自治区（不含港澳台）有了自己的风电场，风电累计装机超过100万千瓦的省份超过

9个，其中超过200万千瓦的省份4个，领跑我国风电发展的地区是内蒙古自治区，内蒙古自治区2010年当年新增装机554.5万千瓦、累计装机919.6万千瓦，均实现150%的大幅度增长。累计和当年新增占全国的比例分别高达36%和40%。紧随其后的是河北、辽宁和吉林，分别是278.8万千瓦、242.5万千瓦和206.4万千瓦。

3. 开发商发展状况

2010年与2009年相比，十大开发商的格局没有发生较大变化，龙源（国电）、华能和大唐，不论是从当年安装量、累计安装量，还是接入电网容量，均稳居三甲位置；华电挤入前四名，去年的第四和第五名国华和中广核顺延为第五和第六名；累计装机容量超过100万千瓦的企业由2008年的3个增加到7个。

2010年风电领域成为能源投资商的热土，从风电开发商的分布来看，更向能源投资企业集中，2010年能源投资企业风电装机在已经建成的风电装机中的比例已高达90%，其中中央能源投资企业的比例超过了80%，五大电力集团超过了50%。其他国有投资商、外资和民企比例的总和还不到10%，地方国有非能源企业、外企和民企大都退出，仅剩下中国风电、天润等少数企业在苦苦挣扎，当年新增和累计在全国中的份额也很小。

2010年度五大发电集团风电发展整体提速，当年新增和累计装机均已超过全国总装机的50%，分别达到了54.8%和54.4%。五大集团平均增速超过了113.4%，超过全国平均水平111.4%两个百分点。五大发电集团中华电增长最快，增速高达279.9%，居全国所有风电开发商之首。国电和大唐虽然保住第一和第二把交椅，但是增速明显降低。五大电力中的中电投增速最慢，勉强保住了第八的位置。

4. 产业布局

最近几年，中国风电装备制造业经历快速发展的历程，产业集中度进一步加剧，2010年累计和新增的市场份额中，前3名、前5名和前 10 名的企业的市场占有率，分别达到了 55.5% 和 59.7%、70.7% 和 70.4% 以及 85.3% 和 84.8%。近两年来，随着国家千万千瓦级风电基地规划逐步浮出水面，国内整机制造企业也纷纷加快了产业布局。如金风科技、华锐风电、国电联合动力、广东明阳等整机企业目前均已在风电基地周边异地建厂。这种布局由于贴近市场，可以有效降低运输成本，并可保证交货期限，对企业发展有积极的作用。不过，一些地方政府为促进本地制造业的发展和增加地方税收，制定了一些地方政策，促使整机制造企业在本地建厂。这种行政干预手段由于没有考虑当地的产业配套体系和人力资源特点，盲目投资建厂，势必给企业造成一定的产业布局分散，引起各方的关注。

（三）海上风电

我国海上风电发展虽有所进展，但是与欧洲相比仍处于开发的初级阶段。目前主要有如下几项工作有待改进。

1. 海上风电技术研发

尽管中国已经具备很多风电场开发经验，但是基本上限于陆地上。海上风电对中国而言是一个新生事物，在大规模开发之前，基础设计、施工、设备以及运行方面的关键技术是很大的挑战。为此，中国科技部在“十一五”期间，拨出专门的资金支持有关单位开展近海风电关键技术研发。

2. 海上风电的示范项目

中国第一个海上风力发电场——上海东海大桥海上风电场项目，位于临港新城至洋山深水港的东海大桥两侧 1000 米以外沿线，最北端距离南汇嘴岸线近 6 公里，最南端距岸线 13 公里，全部位于上海市境内。由中电国际、中国大唐、中广核、上海绿色能源组建的项目公司——上海东海风力发电有限公司进行风电场的建设、管理及运行维护工作。2009 年 3 月 20 日，由华锐风电科技有限公司自主研发的我国第一台海上风电机组在上海东海大桥海上风电场，完成整体吊

装。整个工程在2010年世博会之前已完成全部34台机组安装和调试，并投入运营。东海大桥海风电场项目总投入为30亿元，计划安装34台华锐风电科技有限公司制造的3兆瓦风力发电机组，总装机容量为10.2万千瓦，年上网电量2.5851亿千瓦时，将满足上海约20万户普通家庭一年的用电量。此外，联合动力、上海电气、明阳和湘电都在不同的地区进行了海上风电项目的实验。

3. 海上风电的相关政策

国家发改委于2005年在《可再生能源产业发展指导目录》中，将近海风电技术研发项目列为国家支持的优先领域。2006年年底，上海东海大桥海上风电场项目的启动，标志着我国海上风电示范工作的开始。2007年，国家《可再生能源发展"十一五"规划》中提出，主要在苏沪沿海探索近海风电开发的经验，加强对近海风能开发技术的研究，开展近海风能资源勘察评价和试点示范工程的前期准备工作，建设1~2个10万千瓦级近海风电场试点项目，为今后大规模发展近海风电积累技术和经验。

2010年1月15日，由国家能源局主持召开的、中央及地方各有关政府部门、有关科研院所、有关单位和公司参加的"海上风电开发及沿海大型风电基地建设研讨会"，则是我国政府确定海上风电开发实施战略以及实质性地安排和部署海上风电各项前期工作的里程碑。此次会上，还发布了《近海风电场工程规划报告编制办法（试行）》和《近海风电场工程预可行性研究报告编制办法（试行）》等技术标准。

2010年1月22日，国家能源局印发并要求各有关机构执行《海上风电开发建设管理暂行办法》（国能新能［2010］29号）。此管理暂行办法为规范海上风电项目开发建设管理，促进海上风电健康、有序发展而制定，其内容包括海上风电发展规划、项目授予、项目核准、海域使用和海洋环境保护、施工竣工验收、运行信息管理等环节的行政组织管理和技术质量管理，规定：国家能源主管部门负责全国海上风电开发建设管理；沿海各省（区、市）能源主管部门在国家能源主管部门指导下，负责本地区海上风电开发建设管理；海上风电技术委托全国风电建设技术归口管理单位负责管理等。此管理办法的印发，表明了中国政府已从国家层面着手海上风电规模化开发的规划管理与监管。

（四）战略地位

中国的风电产业在经历了近 20 年的前期发育阶段后，在全球范围的应对气候变化，减缓能源安全压力，满足可持续能源需求的全球客观环境下，在过去的三年中，迎来了一个空前的高速发展阶段。据国家发改委能源司对未来国家能源战略规划，到 2020 年非化石能源占一次能源消费比重达 15% 和二氧化碳排放强度比 2005 年下降 40% ~45%，可再生能源的贡献将占有重要地位；到 2020 年中国的风电装机总容量将达到 30 吉瓦，这将是一个吸引全球的极大潜力市场。

2008 年开始金融危机席卷全球，使得世界经济进入衰退期，而风电产业是少数拉动经济恢复性发展的新兴产业，2010 年全球风电新增装机容量为 35802 兆瓦，中国风电新增装机 18927.99 兆瓦，同比增长了 37.1%，有效地拉动了中国和世界经济的恢复与发展。

2010 年，中国投资风电有 891 亿元。2010 年，中国风机产量超过 1900 万千瓦，形成的工业附加值高达 1900 亿元，上缴国家财政各种税费超过 300 亿元，直接服务于风电设计制造、安装调试、运行管理等行业则提供了接近 15 万人的就业机会，同时还拉动了钢铁、水泥、复合材料和交通运输业以及检测认证、咨询服务、金融保险等相关产业的发展。

（五）风电产业经济特性

风电产业具有明显的产业关联性、资本和技术密集性、规模经济性等特征。

1. 产业关联性

风电产业的发展涉及多种行业，包括制造业、电力公司、钢铁、水泥、复合材料和交通运输业以及检测认证、咨询服务、金融保险等相关产业的发展。

2. 资本和技术密集性

风电产业是集跨学科、多技术路线、又兼顾复杂运行环境的高技术产业。根据2010年3月由工业和信息化部、国家发改委和国家能源局共同起草的《风电设备制造行业准入标准（征求意见稿）》，提高了风电产业的准入门槛。根据《准入标准》主要涵盖三方面内容：新建风电机组生产企业必须具备生产单机容量2.5兆瓦以上、年产量100万千瓦以上所必需的生产条件和全部生产配套设施；企业进行改扩建应具备累计不少于50万千瓦的装机业绩；新建风电机组生产企业应具备5年以上大型机电行业的从业经历。这也充分说明了风电行业是较高的资本和技术密集型的产业。

3. 规模经济性

近年来，随着风电设备制造水平的提高，其建设成本大幅度降低，大规模开发的规模效益也进一步降低了风电成本，全世界主要经济体不约而同地将风电发展列入了国家能源优先发展战略之一。

三　风电产业安全的内涵与特征

风电产业安全是指风电产业及其相关产业的生存和发展不受威胁的状态。风电产业安全主要有战略性、综合性、紧迫性等几个基本特征。

（一）战略性

随着我国经济高速发展和能源消费快速增长，全世界新增能源需求的40%以上来自中国。长期以来，我国的能源消费结构一直以煤炭为主，是世界主要经济体中煤炭消费比重最高的国家。我国能源需求的快速增长和以煤炭为主的能源结构，决定了污染物排放等主要环保指标居高不下。近年来，我国综合国力大幅度提升，人均 GDP 已经超过了 3000 美元，这意味着国际社会要求我国在环保、全球变暖等方面承担更大的责任。面对污染物排放难以降低与国际社会要求承担更大责任的双重压力，加快发展可再生能源是我国能源战略的必然选择。

可再生能源是清洁无污染、可再生的能源，而风电又是可再生能源中最具竞争力，最有发展前途的能源生产方式。除水电外，风电是开发技术最成熟、开发成本最低，也是未来最具有大规模开发价值的可再生能源。

（二）综合性

风电产业安全涉及的范围很广，既包括制造业、也包括电力公司、钢铁、水泥、复合材料和交通运输业以及检测认证、咨询服务、金融保险等相关产业的发展。当一个产业的安全问题很容易传导到更多产业，从而放大了对经济安全的影响，各产业之间的关联程度越来越高。

（三）紧迫性

在全球经济一体化背景下，世界各国风电产业关联度大、依存度高，站在保护本国产业发展的角度，在制定对外政策时尤其要注意产业安全政策的紧迫性。如果对该问题不给予高度重视并采取及时的应对措施，必将带来产业安全的重大隐患，甚至危及国家经济安全。我国尽管市场巨大，政府宏观调控能力和抵御全球经济危机的能力较强，但是近年来，外资对我国风电产业的渗透一直没有停止，反而有愈演愈烈之势。因此，无论是理论界还是政府或企业，都应积极关注风电产业安全政策的紧迫性。一旦错过最合理的政策制定时点，对国家、国内企业造成的损失都是惊人的、也是难以弥补的。

第二节　风能产业发展环境

一　生产要素环境

（一）产业链

风电产业的产业链是包括风电设备制造业、风电开发企业以及与之配套的风电服务业等综合性很强的产业体系。风电设备制造业是风电产业的基础，风电设备制造业由风电机组整机制造业和零部件制造业等配套组成。零部件制造业包括叶片、轮毂、发电机、齿轮箱、控制系统、塔筒等制造行业。风电服务业包括研发机构、标准检测认证体系、行业协会、咨询机构等。

风电产业的产业链结构如图2－2：

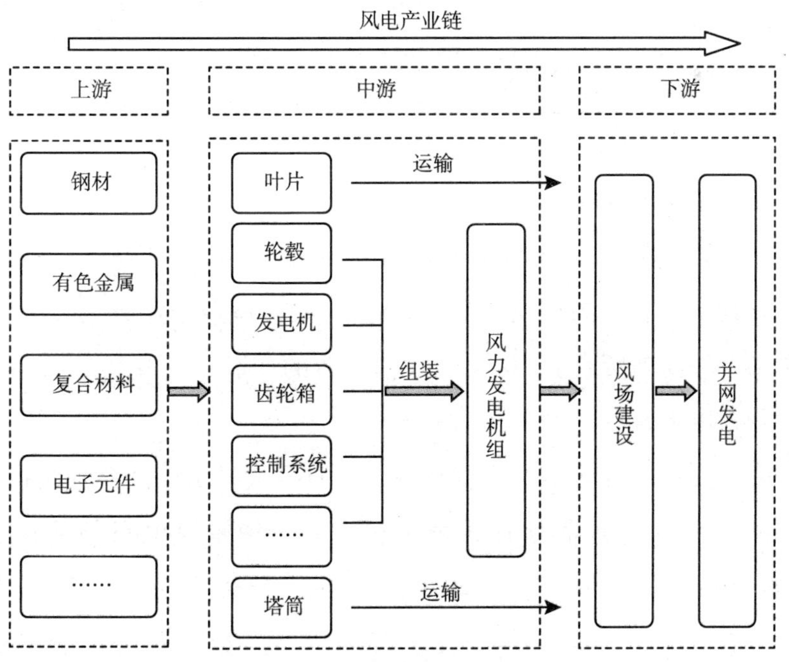

图2－2　风电产业的产业链

风机产业的产业链基本上就是上游零配件、中游的风电机组制造业和下游的风电开发商以及相关服务行业。

风电机组产业链各环节，包括风电机组、发电机、叶片轴承、齿轮箱、电控系统运营商等代表企业（见表2-1）。

表2-1　风电机组产业链各环节

（风电机组、发电机、叶片、塔架、齿轮箱、轴承、电控系统等代表企业）

序号	名　　称	代表企业
1	风电机组	金风、华锐、东汽、维斯塔斯、歌美萨、GE、苏司兰
2	发 电 机	兰电、永济、湘潭、南车、ABB、西门子、Emerson
3	叶　　片	LM、Abeking、Euros、惠腾、上玻院、中复、中能
4	塔　　架	上海泰胜电力机械设备有限公司，中国石油天然气建设集团第七公司金属结构厂，青岛武晓集团，中国石油燕山石化，甘肃长城电力设备有限公司，南京江标集团
5	齿 轮 箱	南高齿、重齿、杭齿、Flender Hansen
6	轴　　承	SKF、FAG、TIMKEN、洛阳轴承厂、瓦房店轴承厂、天马轴承
7	电控系统	科诺、许继、南瑞、合肥阳光、MITA Windtec
8	风电开发商	华能、大唐、国电、华电、中电投等

1. 风电机组整机

据不完全统计，到2010年已有86家企业进入风电机组整机制造行业。其中国有、国有控股公司39家，民营制造企业24家，合资企业9家，外商独资企业10家。根据企业的产品产业化落实程度，大致可分为以下五种类型：

第一类：产业化落实程度很好，已具备大批量生产兆瓦级机组能力的风电机组制造企业有3家，它们是：华锐风电科技有限公司（2009年安装了3490兆瓦，2010年安装了4386兆瓦）、新疆金风科技股份有限公司（2009年安装了2270兆瓦，2010年安装了3735兆瓦），东方汽轮机有限公司（2009年安装了2030兆瓦，2010年安装

了2623兆瓦)。这三家企业已经具备了每年2000台以上兆瓦级风电机组的供货能力。

第二类:产业化落实程度好,已具备批量生产兆瓦级机组能力的风电机组制造企业有17家,它们是:国电联合动力技术有限公司(2009年安装了768兆瓦,2010年安装了1643兆瓦),广东明阳风电技术有限公司(2009年安装了748.5兆瓦,2010年安装了1050兆瓦)、上海电气风电设备有限公司(2009年安装了274兆瓦,2010年安装了597兆瓦)、湖南湘电风能有限公司(2009年安装了454兆瓦,2010年安装了507兆瓦)、沈阳华创风能有限公司(2009年安装了163兆瓦,2010年安装了486兆瓦)、重庆海装科技发展有限公司(2010年安装了383兆瓦)、株洲南车时代风电公司(2009年安装了127兆瓦,2010年安装了335兆瓦)、江阴远景能源科技有限公司(2009年安装了136兆瓦,2010年安装了250兆瓦)、浙江华仪风电有限公司(2009年安装了119兆瓦,2010年安装了162兆瓦)、银星(2010年安装了154兆瓦)、浙江运达风力发电工程有限公司(2009年安装了261兆瓦,2010年安装了129兆瓦)、三一电器(2009年安装了119兆瓦,2010年安装了162兆瓦)、北重汽轮电机(2010年安装了106兆瓦)、山东长星风电设备有限公司北重汽轮电机(2010年安装了100兆瓦)。这17家企业已经具备了每年100台以上兆瓦级风电机组的供货能力。

第三类:产业化落实程度一般较好,已具备小批量生产能力的风电机组制造企业有9家,它们是:江苏新誉风力发电设备有限公司、南通航天万源安讯能风电设备制造有限公司、瑞能北方风电设备有限公司、汉维、保定惠德风电工程有限公司、保定天威风电科技有限公司等。

第四类:正在进行样机试验或整机设计、试制工作,产业化工作有待进一步落实的风电机组制造企业,包括上海万德风力发电股份有限公司、江西麦德风电公司、潍坊瑞奇能风电公司、广东风盈风电公司等59家。

第五类：已有成熟的设计制造技术，已能在国内大批量制造风力机总机或部件的国外独资企业，包括：维斯塔斯风力发电设备（中国）有限公司（2009年产能608兆瓦，2010年安装了892兆瓦）、歌美飒风电（天津）有限公司（2009年产能276兆瓦，2010年上半年安装了595兆瓦）、通用电气能源（沈阳）有限公司（2009年产能322兆瓦，2010年安装了210兆瓦）、苏司兰能源（天津）有限公司（2009年产能293兆瓦，2010年安装了199兆瓦）等4家。

2. 风电机组零部件制造业

目前我国风电零部件制造业逐步成熟，已形成涵盖叶片、齿轮箱、发电机、变桨偏航系统、轮毂、塔架等主要零部件的生产体系，风电设备制造和配套部件专业化产业链正逐步形成。但部分关键配套实力与国际先进水平仍存在差距，如控制系统、风电轴承产品等，相关研发和制造实力有待进一步增强。

（1）发电机。受风电市场需求的拉动，国内主要发电机生产企业均启动了新型大容量风电用发电机的研制并逐步扩大生产能力。主要企业有：中国北车集团山西永济电机、兰州电机、中国南车集团株洲南车电机、大连天元、东风电机、南洋电机、北京北重等。生产风电专用发电机的外资企业有威能极公司、Vestas公司、Gamesa公司等。

（2）叶片。叶片制造企业在国内已有80多家，其中已经批量生产的企业有：中航（保定）惠腾风电设备有限公司、连云港中复连众复合材料集团、中材科技、天津LM公司、中能风电设备有限公司、上海玻璃钢研究院、北京玻璃钢研究院等企业。此外，明阳电气、东方汽轮机、国电联合动力、Vestas、Gamesa等风电机组整机制造商自建叶片生产厂，满足本企业需求。目前，国产风电机组叶片已经能够满足国内风电产业发展的需要。

（3）风塔。我国生产风塔的制造企业较多，完全能够满足国内风电产业发展的需要。生产风塔的企业有：上海泰胜、青岛武晓、天顺（苏州）金属制品等。

（4）齿轮箱。目前，国内为大型风电机组配套生产主齿轮箱的企业主要是重庆齿轮箱有限责任公司、南京高速齿轮制造有限公司和威能极风力驱动（天津）有限公司，均可实现1.5兆瓦以下齿轮箱的批量生产，三家企业的合计市场占有率在80%左右。此外，华锐重工、德阳二重、太原重工等企业也在生产风电齿轮箱，其中华锐重工为华锐风电做配套，具有较高的产能。

（5）轴承。风电机组轴承的制造企业有：洛阳轴承集团技术中心有限公司、瓦房店轴承集团有限责任公司、浙江天马轴承厂和徐州罗特艾德回转支承有限公司等。这些公司已在小批量生产1.5兆瓦和2兆瓦风电机组主轴轴承，产品正处于小批试应用阶段。目前，中国大部分风电机组制造公司还在采购国外SKF公司中和FAG公司的产品。在偏航、变桨轴承供应商中，除了上述厂家以外，增加了大连冶金轴承、洛阳心能轴承、洛阳汇工、浙江人本、洛阳心强联轴承、上海联合滚动轴承和连云港雷德曼等厂家。目前，我国风电机组轴承短缺的情况已经得到缓解，但是，对于2兆瓦以上的风电机组来说，轴承仍是制约机组产能的因素之一。

（6）风电机组控制系统。风电机组控制系统的制造企业有：深圳禾望电气、北京科诺伟业能源科技、合肥阳光电源、北京清能华福风电技术、天津瑞能电气、景新电气、国电龙源电气（保定）、江苏大全、九洲电气等10多家企业。目前国产风电机组控制系统处于小批量生产或试应用阶段，已能完全满足一部分国内风电整机配套的需要，但国内市场上需求的大部分风电控制系统仍需从外资公司购买，其中ABB、AMSC－Windtec（美国超导）、Converteam（科孚德）等是最主要的风电机组控制系统供应商。

风电机组控制系统的研制是国内风电设备制造业中最薄弱的环节。目前一些整机制造企业、发电机制造企业及大学和研究所正在针对兆瓦级变速恒频风电机组引进或研制控制系统。主要有北京科诺伟业、新疆工学院、南瑞集团、许继电气、合肥阳光等。

（7）其他配套部件生产企业情况。生产偏航轴承、回转支承的企业有：瓦轴集团、洛轴集团、徐州罗特艾德、天马集团等。

生产铸造件（基座、轮毂）企业有：一汽锡柴、德阳东汽、华锐重工、秦川机床厂等。

我国塔筒、轮毂、机舱等部件的制造企业较多，完全能够满足国内风电产业发展的需要。

3. 风电开发商

近几年来，我国风电场建设加快，已经进入大规模开发时期。到2010年年底，我国已有20多家大型企业积极参与千万千瓦级风电基地建设和其他风电场开发工作。此外，许多中小企业也投入到中小型风电场的建设中。概括起来，我国风电开发商主要有五种类型。

（1）中央电力集团。它们是国电、大唐、华能、华电和中电投。它们在中国累计风电装机容量和新增装机容量市场中，都占到了60%以上的市场份额。

（2）中央所属的能源企业。神华集团、中海油、中广核和中节能等都属于这类企业，它们在中国累计风电装机容量和新增装机容量市场中，都占到了13%以上的市场份额。

（3）省市自治区所属的电力或能源企业。例如京能、河北建设、宁夏发电集团、鲁能、福建投资和粤电等都属于这类企业。这类企业数量多，在地方拥有一定的资源，在各地风电场开发中，业绩显著。它们在中国累计风电装机容量和新增装机容量市场中，约占8%左右的市场份额。

（4）港资和民营企业。如中国风电、香港建设新能源和天润投资等。

（5）外资企业。如汉能、宏腾能源等。

相对前三类开发企业，后两类企业所进行的风电场项目较少，规模也不大。

我国风电场主要运营商的业绩，详见表2－2、表2－3。

表2－2　我国主要风电场运营商2009年新增装机业绩

序号	企业名称	装机容量（兆瓦）	市场份额（%）	序号	企业名称	装机容量（兆瓦）	市场份额（%）
1	国电龙源	2600.4	18.8	11	天　润	309.75	2.2
2	大　唐	1739.85	12.6	12	中国风电	295.5	2.1
3	华　能	1644.75	11.9	13	河北建设	160.4	1.2
4	华　电	1230.05	8.9	14	国　投	151.5	1.1
5	中广核	854.45	6.2	15	中水电	148.5	1.1
6	京　能	797.5	5.8	16	宁夏发电	143.5	1.1
7	国　华	590.25	4.3	17	中　闽	130	0.9
8	中节能	400.25	2.9	18	深能北方	129	0.9
9	中电投	319.67	2.3	19	鲁　能	102.5	0.7
10	华　润	309.75	2.2	20	宏腾能源	100	0.7

表2－3　我国主要风电场运营商2009年累计装机业绩

序号	企业名称	累计装机容量（兆瓦）	市场份额（%）	序号	企业名称	累计装机容量（兆瓦）	市场份额（%）
1	国电龙源	5500.6	21.3	7	京　能	1152.25	4.5
2	大　唐	3389.25	13.1	8	中电投	913.87	3.5
3	华　能	2811.55	10.9	9	中节能	722	2.8
4	华　电	1520.8	5.9	10	宁夏发电	511.7	2.1
5	国　华	1448.3	5.6	11	中国风电	485.25	1.9
6	中广核	1347.5	5.2	12	河北建设	406.7	1.6
其他	5580.03						21.6
总计	25805.3						100

4. 风电服务业

自2005年《可再生能源法》颁布以来，我国风电市场和制造业快速发展，逐步完成了量的跨越，进入质变阶段后，包括支撑风电发展的研发机构、标准体系、咨询服务和行业中介机构等在内的风电服务业也破除较为缓慢的局面，在日益兴旺的产业需求下，逐步有了新的提升和发展，其总体现状是：

（1）标准检测认证体系。伴随着我国风电产业发展，产品检测、认证的能力也已经逐步培养起来。包括鉴衡认证中心、中国船级社、中国质量认证中心在内的相关机构，检测手段得到完善，专业队伍逐步形成，有关的研发、测试、认证能力也不断得到提升。

除此之外，一些国际认证机构也趋之若鹜，在中国设立办事机构，以提供检测、认证等方面的服务。就此趋势看来，业界对于因检测认证体系的完善而带动的风电产业总体水平提升的这一必经阶段充满了期待。

（2）行业协会。从我国可再生能源产业的发展历程来看，各类行业协会，如中国资源利用协会可再生能源专业委员会、中国可再生能源学会以及风能太阳能等各专业委员会等，在可再生能源的法律起草、规划研究、政策制定等方面，都发挥了重要的影响力和促进作用，并且当产业发展出现政策调整需求时，都与决策部门进行了有效的沟通，如风电特许权价格水平的合理性、产能过剩等问题。这种市场与政策、企业与政府之间的相互作用，是一个成熟产业所必须具备的。在风能产业发展中，行业协会在信息交流等方面的作用较为显著。

但另一方面看来，由于整个行业在短短5～6年时间内出现跳跃式发展，市场竞争较为激烈，包括风能在内的新能源行业协会在行业自律、知识产权保护、资质认定等还未能担当起更多的责任。然而，自从2009年国务院对风电整机制造给予产能过剩的严厉警示之后，质量控制、服务管理以及标准制定等方面得到整个行业的关注，使得

行业协会在此方面能够发挥的功效也逐步扩大，这表明风电制造业正日益成熟，逐步接近稳定发展阶段。

（3）咨询机构。与风电制造和市场如火如荼的局面不同的是，我国风电乃至新能源领域的咨询服务业还处于起步阶段，处于薄弱环节。鉴于行业需求，咨询服务除了信息收集、分析、整理之外，还应涵盖行业展望、政策环境、企业战略、资金筹措等多方位的内容，而目前活跃在这一领域的公司，多以跨国咨询服务机构为主，或由多家国内机构联合完成各类咨询需求的服务，具备综合素质的有实力的机构并不多见。随着资本的不断进入以及行业逐步走向成熟，风能行业咨询服务的市场需求将逐步增多，也必将吸引更多机构的参与。

（二）技术水平

风电机组整机设计在前期靠国外提供设计或合作设计，自主设计能力还比较薄弱，在设计经验方面和国外仍有一定差距。特别是依据我国风况条件进行自主设计、研发新型风电机组的能力不足，还没有开发出适用的风电机组设计工具软件系统。

兆瓦级以上风电机组配套的轴承、变流器、变桨距系统处于小批量生产阶段，整机控制系统国内处于试制阶段，这些产品仍主要依赖进口国外产品。重要部件如齿轮箱、发电机基本以自主研发为主，可靠性有待提高。叶片的研制技术有的是从国外引进的，有的是通过自主研发获得，处于自主设计初级阶段。金属结构部件的制造技术相对简单，一般是由整机制造企业提供技术图纸，委托国内的金属加工企业制造，如基座、塔筒、法兰、轮毂等。

我国的海上风电发展虽有所进展，但是与欧洲相比仍处于开发的初级阶段。海上风电对于中国而言是一个新事物，在大规模开发之前，基础设计、施工、设备以及运行方面的关键技术是很大的挑战。

（三）风能产业成本构成

影响风力发电成本的主要因素包括：风力发电机组成本、基础及配套设施、使用寿命、风力资源、运行可靠性、电网吸纳性、年维修/管理费、税金等。风力发电成本的一般占比示意见图 2－3 所示：

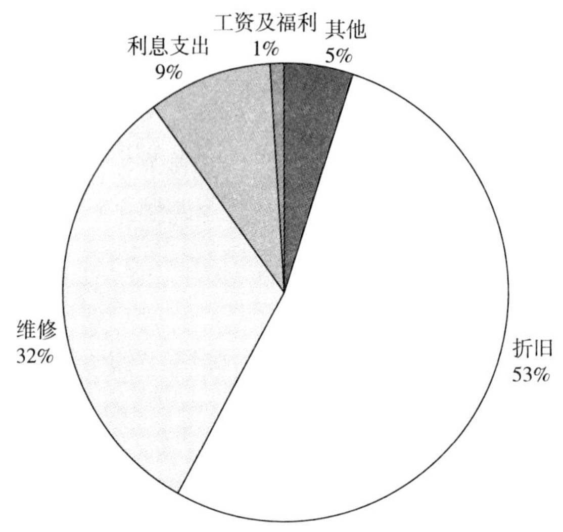

图 2－3　风电产业成本构成

资料来源：北京大学环境经济与政策研究组，恒州博智风能研究中心整理。

与煤电相比，风电的成本要高 33%～60%。风电成本高的原因在于：首先，固定资产折旧费高；其次，发电系数低。例如与煤电相比，风力发电的固定资产折旧费是煤（20%～22%）的 1 倍多，但发电系数只相当于煤电的 1/2。主要原因是风能的密度和分布差异大等物理因素的影响。

（四）对环境影响

可再生能源是清洁无污染、可再生的能源，而风电又是可再生能源中最具竞争力，最有发展前途的能源生产方式。任何事物都具备两面性，风力发电在能够产生巨大环境效益的同时，也可能对环境产生一些负面影响。这些影响主要表现在噪声、视觉影响、候鸟迁徙、电磁辐射等。但与其他常规发电方式相比，风电在上述方面的影响是很小的，或是可以避免的。

二　市场竞争环境

（一）风能机组价格竞争

2004～2008年，由于市场竞争的因素，我国风电机组的售价一直不断攀升，从2004年4月的平均价格4800元/千瓦上升到2008年年初的6200元/千瓦。但是，面对激烈的市场竞争，企业之间展开了残酷的价格战。自2008年开始，我国风电机组的市场售价开始持续下滑。最典型的例子是1.5兆瓦风机的单价，已从2008年年初的6500元/千瓦下降到了目前3800元/千瓦的水平。

自2008年下半年开始，我国风电机组的市场售价出现下降趋势，尤其是进入2009年，风电机组的市场售价迅速走低（见图2－4）。在2010年年底已经突破4000元/千瓦，达到3850元/千瓦左右，同时国内单机装机容量逐渐提高，进一步加强风电企业整合的可能性。

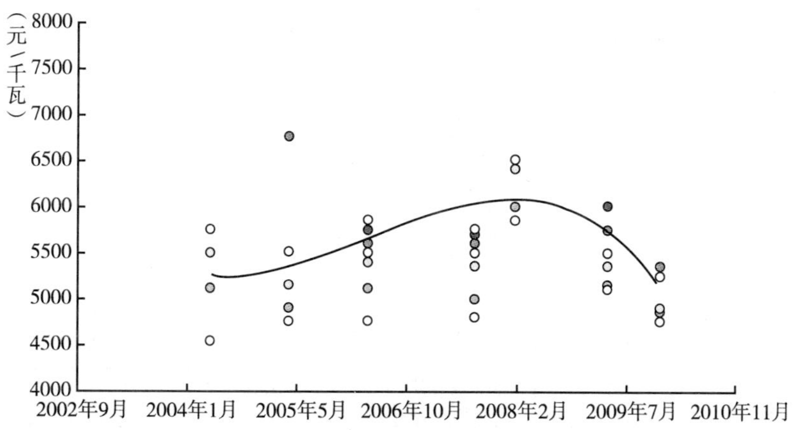

图2－4　2004～2010年国内风电机组市场价格走势

资料来源：根据CWEA资料整理，以上数据参考了特许权和大型风电项目招标中1.5兆瓦机组的投标报价（不含塔筒）。

中国风电整机价格的快速下降战严重削弱了风电设备制造企业的利润，前两年高歌猛进的风电设备企业发展速度在2010年突然放缓。

以湘电股份为例，其2009年上半年财报业绩增长达300%，而2010年上半年归属于公司股东的净利润较上年同期仅增长50%以上。

目前，欧洲风电装机成本在1350欧元/千瓦左右，以8.8元/欧元的汇率进行换算，国外风电装机成本价格在11800元/千瓦左右，而目前我国风电的装机成本在4000元/千瓦左右，其成本竞争优势支持我国风电机组出口。

（二）风能产业的竞争情况

2004年，我国风电整机制造厂商只有6家。截至2010年年底，作为全球最大的风电整机生产国，我国已有100多家整机商，有样机下线的就有近90家。此外，还有风电设备零部件制造企业上百家，叶片生产厂50余家，塔架制造厂100余家。越来越多的企业进入风电产业，风电装备市场的竞争也越发激烈，风电设备生产企业正面临着新的行业洗牌。

从风电厂商波特五力竞争分析看中国风电产业的竞争情况（见图2-5）：

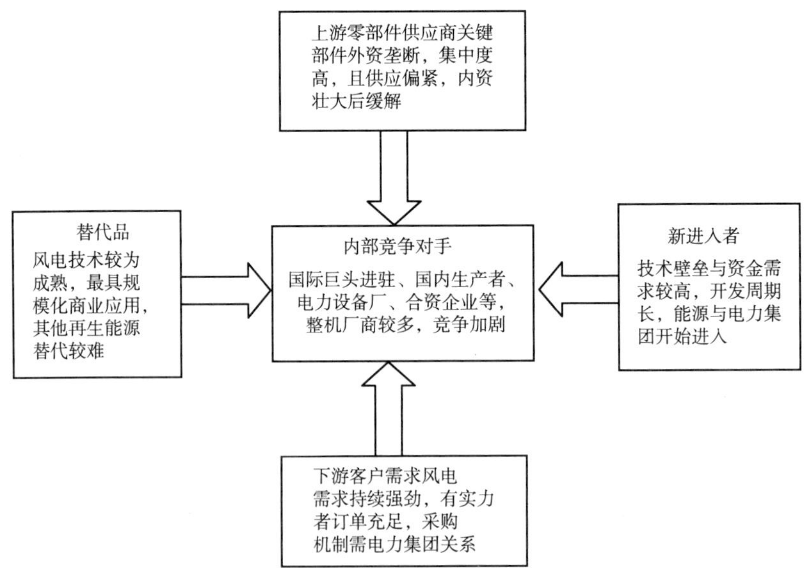

图2-5 风电产业竞争力分析

从图 2-5 可以分析得出中国风电产业的竞争状况：

1. 总体竞争环境

全球著名的整机制造企业都在逐渐向产业链上游延伸，向垂直一体化发展。Vestas、Gamesa、Suzlon 等不但制造整机，同时也都生产部件，为自己生产的整机做配套。这种趋势可以最大限度地降低制造成本，避免遭受零部件供应能力的限制，同时可以大大提高自己的综合实力和市场竞争力。

据 GWEC 发布的《全球风能统计 2010》，2010 年全国新增和累计风电装机容量分别为 16500 兆瓦和 42287 兆瓦，全球排名均为第一；2010 年，全球每两台新安装的风电机组，就有将近一台在中国。按照规划，到“十二五”末期，以每年 1000 万千瓦以上的新增装机速度计算，我国风电装机将达到 9000 万～1 亿千瓦，到 2020 年中国风电装机也将达到 1.5 亿千瓦。据业内权威人士预测，到 2020 年，中国的风电装机容量将远超过目前初步规划的 1.5 亿千瓦，达到 2 亿～3 亿千瓦。

虽然风电市场空间非常广阔，但在未来一段时间内将会有一大批民营风电设备企业被挤出这个领域。从 2008 年以来，风电整机千瓦招标价基本以每年 1000 元的速度下降，行业平均利润率只有 3%～4%，随着竞争的进一步加剧，那些无市场、无技术、无资本优势的三无风机企业，被整合的命运将不可避免。同时，按照国际行业规律，一台风电机成本完成回收最快也要 4～7 年，在国内估计要在 10 年以上，所以很多企业会出现成本还没有收回前就已经不存在了的情况。

业内人士指出，在未来的 2～3 年时间内，国内现有的 80 多家风电设备企业，顶多可以存活 15 家，其中绝大部分民营企业不是被兼并就是被淘汰。目前无论是机型还是价格的竞争都已经白热化。尤其是最近这半年，已呈现疯狂态势。本来利润已经非常薄，很多民营企业已经不赚钱了，尽量少亏钱才能维持生存。

目前，国内五大国有电力集团基本上都在风电领域有投入，以前没有参与进来的国有企业，现在也都开始涉足。如此一来，民营风电企业的生存空间将进一步受到挤压。

2. 上游的竞争

风电产业其上游行业主要是钢铁行业，钢铁行业在我国是比较成熟的行业，因此不存在供不应求或者无法采购的情况，但钢铁价格的走势对公司的原材料成本有一定影响。

主要原材料价格大幅波动的风险：最近三年，公司风机塔架生产中钢材成本占生产成品成本的比重分别为68.97%、57.74%和56.75%。由于招标及销售合同签订到采购合同签订之间有一定的时间，原材料价格波动使得公司面临成本波动的风险。虽然公司采取了以销定产的经营模式，尽可能锁定原材料成本，但依然不能全部抵消原材料价格波动对利润的影响。

3. 下游的竞争

行业的下游客户为国内外各类风电投资商和大型电力集团。这些风电投资商和大型电力集团往往既投资风电，又投资火电、水电等其他电源，其投资方向和投资重点的调整会影响市场需求。进入21世纪以来，全球风能产业从探索阶段逐渐走向成熟，无论是制造商、开发商，还是运营商，都有明显的国际化、大型化和一体化的趋势。国际上风电设备制造企业之间频频发生并购重组事件，一些巨型国际电气设备制造企业也加入风电行业，导致国际风电制造业集中度（以前几家企业的市场占有率之和来表示）不断上升，市场竞争日趋激烈。

4. 国外的竞争

有些外国品牌的风电机组制造商在中国注册了独资的子公司，如丹麦的Vestas（维斯塔斯风力发电设备（中国）有限公司）、西班牙

的 Gamesa（歌美飒风电（天津）有限公司）、印度的 Suzlon（苏司兰能源（天津）有限公司）、德国的 Nordex（Nordex（北京）风力发电工程技术有限公司）和美国的 GE Energy（通用电气能源（沈阳）有限公司）；还有的成立了合资公司，如德国的 REpower（瑞能北方风电设备有限公司）、湖南湘电等，均在中国建立了整机总装和部件生产设施，而值得一提的是，它们制造的产品中中国制造部件的采用比例正在逐步增加。

三　产业投融资环境

2010 年中国风电产业金融环境影响因素主要有投资规模、增值税转型影响、融资渠道等方面。

（一）投资规模

由中国工业节能与清洁生产协会公布的《2010 年中国节能减排产业发展报告》显示，2010 年，中国风力发电新开工重大施工项目 378 个，项目总投资额高达近 3000 亿元。根据国家能源局统计，2010 年全国电源工程建设完成投资 3641 亿元，其中，风电 891 亿元。根据国家最新的能源规划，2020 年前国家将在新能源领域增加 5 万亿元投资，其中风电占 1.5 万亿元。

（二）增值税转型影响

目前全国增值税转型会影响地方政府的投资积极性，可能对风电产业的发展带来消极影响。增值税转型是指由生产型增值税转为消费型增值税，即企业购入设备的金额允许从销售额中扣除。从国家层面而言，全国增值税由生产型转向消费型，针对第二产业的机器设备实施税前抵扣，可为风电开发企业减轻税收负担。但这对地方财政而言，意味着大笔减收。

（三）融资环境

目前风电场投资一般资本金占项目投资总额的 20% ~30%，其余需要融资。由于风能产业总体趋势是处于高速增长时期，金融环境较好，融资渠道较多。原因一：在保增长背景下，信贷环境对于国家鼓励发展的风电产业来说较为宽松，政府甚至可能出台有利于风电行业的信贷政策。原因二：相对于大型发电企业的投资规模，风电投资占比较小，融资难度较小；原因三：风电场融资渠道的多元化，如利用集团平台担保融资、国际贷款、股权融资等。

四　产业政策环境

作为可再生能源的开发利用项目，风电在产业起步阶段由政府扶持是世界上比较通行的做法。除了《中华人民共和国电力法》明确提出国家鼓励和支持利用可再生能源发电外，最近又进一步在政策和法律方面给予了风电更多支持，为风电的开发利用提供了良性的发展空间。

（一）《可再生能源法》的颁布和实施

2006 年 1 月 1 日国家正式实施构建了一个比较完整的可再生能源法律的系统框架，结束了我国可再生能源发展无法可依的历史。在这部法律中，通过减免税收、鼓励发电并网、优惠上网价格、贴息贷款和财政补贴等激励性政策来激励发电企业和消费者积极参与可再生能源发电。对风电而言，《可再生能源法》无疑为其长远发展提供了必要的法律保障。

在随后颁布的配套法规《可再生能源发电有关管理规定》对发电企业和电网企业的责任等方面作了明确阐述，《可再生能源发电价格和费用分摊管理试行办法》则在电价的制定和费用分摊等方面作了具体规定，指出风力发电项目的上网电价实行政府指导价，电价标准由国务院价格主管部门按照招标形成的价格确定。

《可再生能源法》及其相关法律的颁布，在风电等可再生能源发展的过程中具有里程碑的意义，它不但把风电的发展列入法律法规作

为一项长期的政策来执行，而且同时也加强了法律的实际操作性，提升了风电的战略地位。

（二）风能特许权

为促进我国风电发展，政府实施了风电特许权示范项目。所谓特许权经营方式，是用特许权的方法开采国家所有的矿产资源或建设政府监管的公共基础设施项目，项目本身的商业风险由企业承担，政府承担政策变动的风险。通过风电特许权的方式，可以在风电领域引入市场运作机制，吸引私有资本，打破垄断；同时也能够刺激投资者的积极性，促进风电设备制造的本地化，利于降低风电设备的造价，进而降低开发商投资风电市场的成本，增强风电市场的竞争力。除此之外，还将促进国内风电相关技术和管理水平的提高。

（三）国产化率的要求

2005 年 7 月出台了《关于风电建设管理有关要求的通知》，明确规定了风电设备国产化率要达到 70% 以上，未满足国产化率要求的风电场建设不许建设，进口设备要按章纳税。2006 年风电特许权招标原则规定：每个投标人必须有一个风电设备制造商参与，而且风电设备制造商要向招标人提供保证供应符合 75% 国产化率风电机组的承诺函。投标人在中标后必须并且只能采用投标书中所确定的制造商生产的风机。

（四）风电全额上网

2006 年 1 月 1 日开始实施《可再生能源法》。该法要求电网企业为可再生能源电力上网提供方便，并全额收购符合标准的可再生能源电量，以使可再生能源电力企业得以生存，并逐步提高其在能源市场上的竞争力。

（五）财税扶持

考虑到现阶段可再生能源开发利用的投资成本比较高，为加快技术开发和市场形成，《可再生能源法》还分别就设立可再生能源发展专项资金，为可再生能源开发利用项目提供有财政贴息优惠的贷款，对列入可再生能源产业发展指导目标的项目提供税收优惠等扶持措施作了规定。在国家新颁布的企业所得税法中也提出对于国家鼓励发展的产业和项目，可以给予企业所得税的优惠。

风电产业的政策环境还包括：

2009年年底，中国政府在哥本哈根大会上，对国际社会做出了非化石能源满足2020年15%能源消费需求的政治承诺，这个目标与随后提出的2020年单位GDP二氧化碳排放强度较2005年减少40%~45%的目标一起，成为我国近中期国民经济社会发展的约束性指标，从而对未来清洁能源的发展规模和节奏提出了空前的期望与要求，也是对风电发展的又一次重新定位。

科技部于2010年10月4日发布的《中国2010发展中的清洁能源科技》报告称，中国将风力发电作为调整能源结构，应对气候变化的主要替代能源之一。

最近三年，中国的风电产业保持着全球瞩目的发展态势，2010年中国超越欧美，成为世界风电投资大国，以及世界上新增和累计风电装机最大的国家，但与此同时，中国总的能源消费量也突破了30亿吨标准煤大关，大大超过了预期。目前，一般估计2020年中国的能源消费量将接近46亿吨标准煤，按15%的非化石能源计算，需要6.9亿吨标准煤的非化石能源，比2004年计算的可再生能源比例15%的指标，整整多出了2.4亿吨标准煤。即使考虑了核电的发展，对风电等可再生能源的需求的压力也是巨大的。

根据《可再生能源中长期发展规划》，到2010年和2020年，可再生能源在能源消费中的比重分别达到10%和15%，大电网覆盖地区非水电可再生能源发电在电网总发电量中的比例达到1%和3%以上。权益发电装机总容量超过500万千瓦的投资者，所拥有的非水电

可再生能源发电权益装机总容量应分别达到其权益装机容量的3%和8%以上。

第三节　中国风能产业安全的影响因素分析

一　产业国际竞争力

一个国家某一产业国际竞争力的强弱，从产业国际市场占有率、国内市场占有率、产业国际竞争力指数、显示性比较优势指数、产业R&D费用、价格比、产业集中度、产业国内竞争度等因素来进行全面的分析和评价。

风电产业竞争力主要从风电机组装机容量和技术来分析比较。风电机组装机容量分别从中国生产的风电机组在全球和中国装机容量所占份额进行分析比较。技术竞争力主要从风电机组技术掌握程度来评价风电产业竞争力。

（一）重点企业生产的风电机组在全球装机容量所占份额

根据丹麦BTM咨询公司对全球电力集团2010年的统计资料，2010年全球累计装机容量，龙源电力集团公司凭借6969兆瓦的风电装机容量，成为全球第三大风电运营商，排名较2009年的全球第五前进了两名。全球风电累计装机容量排名第一的是西班牙Iberdrola Renovables公司，装机12136兆瓦；排名第二的是美国的NextEra Energy Resources公司，累计装机容量8298兆瓦。2010年全球新增装机容量，西班牙Iberdrola Renovables公司新增装机容量1786兆瓦；美国的NextEra Energy Resources公司新增装机容量754兆瓦；龙源电力新增2127兆瓦（如表2-4）。在全球风电装机容量前三甲企业中，龙源电力的装机容量增速最快。

表 2－4　2010 年全球风电装机容量前三名企业装机情况

单位：兆瓦

公司名称	Iberdrola Renovables	NextEra Energy Resources	龙源电力
累计	12136	8298	6969
新增	1786	754	2127

资料来源：BTM 统计资料。

（二）重点企业生产的风电机组在中国装机容量所占份额

2010 年，新增装机容量进入中国市场前十名的国产品牌为 8 家，国际品牌有 2 家，相应的市场份额是 79.5% 和 7.8%，累计装机容量进入中国市场前十名的国产品牌为 7 家，国际品牌有 3 家，相应的市场份额是 70.5% 和 14.5%，详见表 2－5、表 2－6。国产品牌在国内所占比例进一步加大。

表 2－5　2010 年我国新增风电装机排名前 10 家企业市场份额

序号	企业名称	新增装机容量（兆瓦）	所占比例（%）
1	华锐	4386	23.2
2	金风	3735	19.7
3	东汽	2624	13.9
4	联合动力	1643	8.7
5	明阳	1050	5.5
6	Vestas	892	4.7
7	上海电气	598	3.2
8	Gamesa	596	3.1
9	湘电风能	507	2.7
10	华创风能	486	2.6
前十名		16516	87.3
其他企业合计		2412	12.7
总计		18928	100.0

资料来源：中国可再生能源学会风能专业委员会：《2010 年中国风电装机容量统计》。

表 2-6　2010 年中国累计风电装机前 10 名机组制造商

序号	企业名称	累计装机容量(兆瓦)	所占比例(%)
1	华锐	10038	22.4
2	金风	9078.85	20.3
3	东汽	5952	13.3
4	Vestas	2903.6	6.5
5	联合动力	2435	5.4
6	Gamesa	2424.3	5.4
7	明阳	1945.5	4.3
8	GE	1167	2.6
9	湘电风能	1089	2.4
10	上海电气	1073.35	2.4
前十名		38107	85.0
其他企业合计		6626.69	15.0
总计		44733.29	100.0

资料来源：中国可再生能源学会风能专业委员会：《2010 年中国风电装机容量统计》。

（三）技术竞争力

1. 叶片企业

在风电的诸多主要部件中，叶片的门槛相对较低，近年来随着整机的旺销，很多企业进入叶片制造领域，预计现已超过 50 家。随着技术的成熟、竞争的加剧，行业的暴利时代已经过去。未来国内风电叶片市场将加速集中，技术、规模与成本的优势将使得大多数市场份额被集中到少数几个寡头企业手里，生产叶片的主要公司有中材科技、中复连众和中航惠腾等。

2. 齿轮箱

目前，齿轮箱的国产化率很高，基本能满足国内风电整机的配套。越来越多的风电整机制造商出于成本考虑，把开发重点放到变速恒频风机上，其采用直驱的方式，可以不安装齿轮箱。变速双馈风力发电机组因其技术目前更为成熟仍占市场主导地位，并不会立刻退出市场，在相当长的时间内，双馈发电与直驱发电将同时存在。双馈在3兆瓦以下具有装机成本优势，而现在企业关注的是一次性投资成本，因此双馈还是具有一定的竞争优势，未来双馈和直驱在3兆瓦以下将平分市场，而目前永磁直驱市场占有份额不足25%，因此，永磁直驱具有2倍于风电行业的发展速度。

3. 轴承

目前，国际著名风电轴承公司主要有德国罗特艾德和舍弗勒、法国劳力士、瑞典SKF和美国Timken等，在全球市场占据主导地位。近3年来，国产风电轴承逐渐形成了规模化、系列化生产，主要企业有瓦轴、天马、洛轴、徐州罗特艾德、轴研科技、方圆支承和西北轴等，不仅基本满足了国内的需求，而且也成为国外一些风电设备厂家的主供应商。

目前国内风电轴承企业的产能主要集中在偏航轴承和变桨轴承上，3兆瓦以下风电设备配套轴承均可批量生产，国产替代率已达到80%以上。但主轴轴承和增速器轴承还是基本依靠进口，国内只有部分企业逐步介入，产量较小。

偏航轴承和变桨轴承由于技术含量较低，介入厂家较多，已经逐渐显露出供大于求的趋势，市场竞争的加剧将快速拉低相关企业的盈利能力，风险较大。目前，风电轴承寡头垄断竞争格局已经形成，毛利率的下滑态势也已逐步显现。相对而言，技术壁垒更高的主轴轴承和增速器轴承，国内企业还无法大规模自主生产，进口的依赖度仍较高，国内少数几家企业开始逐步介入，竞争还不充分。相关主要公司有湘电股份、天马股份和方圆支承等。

4. 变流器

实际应用中的风电变流器主要分为两种，分别用于直驱式风机和双馈式风机，前者使用的是全功率变流器，市场价格约为75万~90万/兆瓦之间，后者为部分变流，售价50万~60万/兆瓦。目前，

变流器是风电设备中少数尚未实现大规模国产化的核心部件之一，外资品牌的国内市场占有率超过96%，而毛利率在60%以上，未来进口替代的空间仍非常广阔。

市场容量的扩大与进口替代的提速共同推动风电变流器行业的高速成长。我国最新的《新兴能源产业发展规划》虽然尚未出台，但我们预计到2020年风电装机将达到1.5亿千瓦以上，未来10年整机市场容量超过5500亿，预计平均每年直驱和双馈变流器市场总体容量将在70亿~85亿元。

较高的技术壁垒成就了风电变流器产品较强的盈利能力，正因如此，国内不少企业紧锣密鼓地展开了相关产品的涉及研发。据了解，已有数家企业在风电变流器的研发上取得了较大的进展，我们预计包括控制在内的一些国内公司在实现量产后，相关业务的毛利率能够达到55%以上的较高水平。

5. 海上风电技术研发

我国海上风电发展虽有所进展，但是与欧洲相比仍处于开发的初级阶段。海上风电对与中国而言是一个新生事物，在大规模开发之前，基础设计、施工、设备以及运行方面的关键技术是很大的挑战。为此，中国科技部在“十一五”期间，拨出专门的资金支持有关单位开展近海风电关键技术研发。

二 产业依存度

产业对外依存度主要是指产业在出口、进口、资本、技术等方面的对外依赖程度，主要包括产业出口对外依存度、进口对外依存度、资本对外依存度、技术对外依存度、出口对外资企业依存度等。

（一）进口对外依存度

中国风电的快速发展激发了设备制造商的热情，目前已经有一套比较健全的风机制造供应链，包括几乎所有主要部件的制造生产基础设施，市场整机设备的国产化率已经达到70%～80%的较高水平。从零部件方面看，国内已形成涵盖叶片、齿轮箱、塔架、发电机等核心零部件的生产体系，主要零部件供求紧张状况得到较大缓解，但受技术水平制约，轴承和控制系统等关键部件的供应仍然存在一定的缺口，还依赖进口。

（二）出口对外依存度

从2007年以来，中国一些风电机组整机制造企业就开始开拓海外市场，2008年实现零的突破。2010年，先后有金风科技、浙江华仪、江苏新誉、明阳风电、北重、京城新能源5家企业向外国出口了风电机组整机13台共计15.55兆瓦（见表2－7）。2010年我国出口量比2009年增长了8.8倍，而2011年的订单较2010年出口增长了6.3倍，并且金风科技等中国风电机组制造商已经在国外建立分厂。目前尽管风电机组整机出口量不大，但是中国大型风电机组已经走进国际市场，这是一个重要的开端，中国大型风电设备出口量呈现逐年增加态势。

表2－7　2010年我国风电机组出口情况

序号	企业名称	台数	容量(兆瓦)	出口国家
1	金风科技	6	4.5	古巴
2	浙江华仪	3	4.5	智利、白俄罗斯
3	江苏新誉	2	3	美国、泰国
4	明阳风电	1	1.5	美国
5	北重/京城新能源	1	2.05	美国
	总计	13	15.55	—

资料来源：中国可再生能源学会风能专业委员会：《2010年中国风电装机容量统计》。

（三）技术对外依存度

国内风电整机研发基础比较薄弱，除了少数厂商或研究机构能够

自主研发外，其余厂商技术基本上来源于技术许可证或购买设计。自主设计能力还比较薄弱，在设计经验方面和国外仍有一定差距。

兆瓦级以上风电机组配套的轴承、变流器、变桨距系统和整机控制系统这些产品仍主要依赖进口国外产品。重要部件如齿轮箱、发电机基本以自主研发为主，但质量有待提高。叶片的研制技术有的是从国外引进的，有的是通过自主研发获得，处于自主设计初级阶段。

三　产业控制力

风电产业控制力主要是反映外资对一国风电产业的控制程度及由此给产业的生存和发展安全造成的影响。它主要反映外资对市场、品牌、技术、经营决策权等方面的控制程度。

（一）外资企业对市场控制程度

2005 年以前，国外品牌在中国风电市场占据主导地位，市场份额达 70% 以上，2010 年下降到 11.3% 左右。而相对应的国产品牌的新增市场份额从 2004 年的 25% 上升到 2010 年的 86% 。

（二）外资品牌控制程度

为鼓励国内风电制造业的发展，2005 年发改委发布的“风电设备国产化率要达到 70% 以上，不满足设备国产化率要求的风电场不允许建设”的规定，曾经拥有中国市场的外国品牌企业有 24 家，大多数已经退出，保留下来的不到 10 家。虽然国际品牌在中国市场竞争中处于劣势，但一些优秀的国际品牌仍然呈现出了不可小觑的竞争优势。截至 2010 年年底，在我国风电整机制造商累计市场份额中，排在前五位的分别是华锐、金风、东汽、Vestas 和联合动力，其中有一位是国际品牌；排在 6 至 12 位的分别是 Gamesa、明阳、GE、湘电风能和上海电气。在占据中国风电市场前十名的企业中，国外品牌仍有 3 位，表明了国际优秀品牌的市场竞争力（见图 2 -6、图 2 -7）。

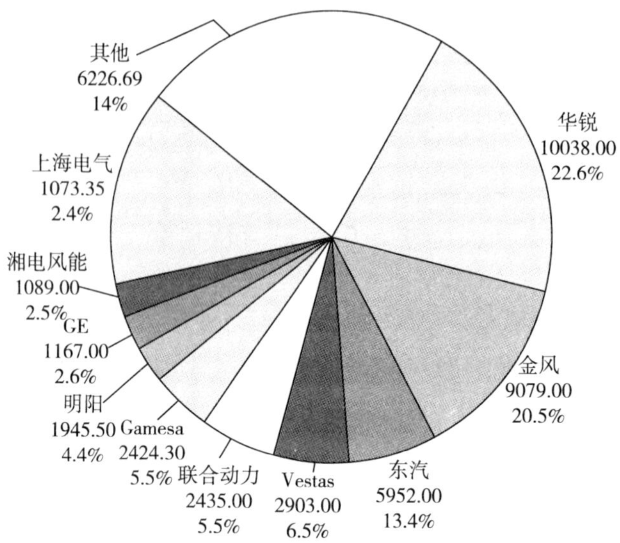

图 2－6　2010 年中国累计风电装机前 10 名机组制造商

资料来源：中国可再生能源学会风能专业委员会：《2010 年中国风电装机容量统计》。

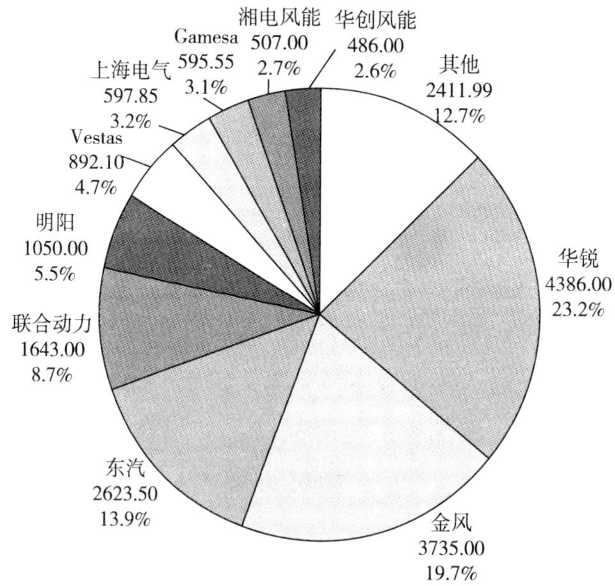

图 2－7　2010 年中国新增风电装机前 10 名机组制造商

资料来源：中国可再生能源学会风能专业委员会：《2010 年中国风电装机容量统计》。

（三）技术控制力

国内企业风电机组制造企业基本掌握了1兆瓦级风机制造技术，正在向掌握多兆瓦级风机制造技术进军；永磁直驱技术具有相对竞争优势，发展态势良好；国内关键零部件产品技术水平明显提高，供应能力明显增强。

四　产业发展力

（一）中国在全球风电机组装机容量的地位变化

2010年，我国继续保持风电设备生产和风电场建设快速发展的强劲势头。据全球风能理事会（GWEC）对全球风电装机的统计数据，2010年我国除台湾省外新增风电装机容量16500兆瓦，占据了全球新装机容量的46.1%左右，超过美国排名全球第一。与2009年当年新增装机13803.21兆瓦、累计装机25805.3兆瓦相比，2010年新增装机年同比增长37.1%，累计装机年同比增长73.3%。2010年年底我国除台湾省外累计风电装机容量42287兆瓦，占据了全球累计装机容量的21.8%左右，全球排名由2009年的第二位上升到第一位（见图2-8、图2-9）。

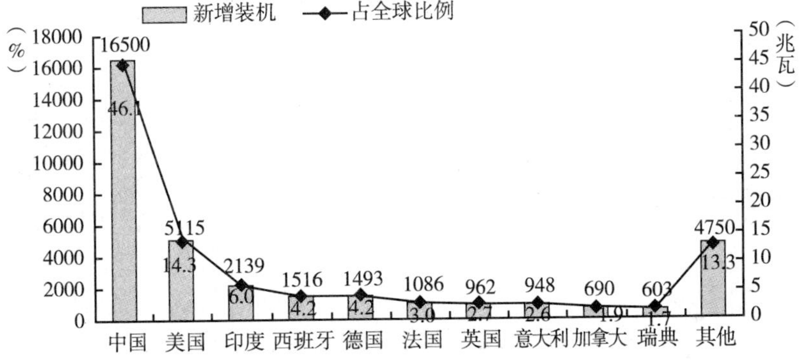

图2-8　2010年全球风电新增风电装机容量前十名的国家

资料来源：GWEC：《全球风能统计2010》。

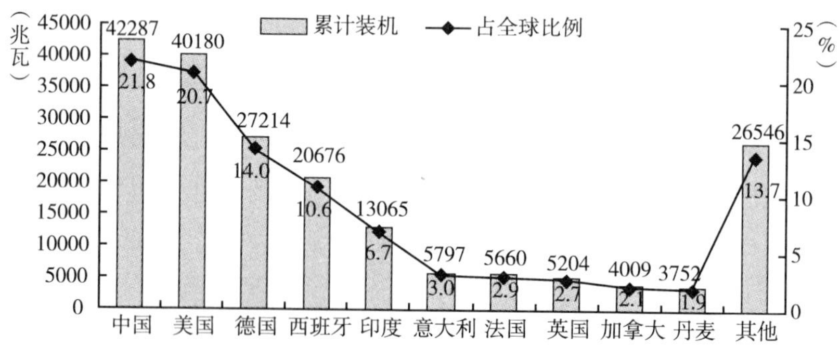

图 2-9　2010 年全球风电累计风电装机容量前十名的国家

资料来源：GWEC：《全球风能统计 2010》。

（二）我国风电装机容量增长率

2010 年，风电产业被列入国家七大战略新兴产业，在全球大力发展清洁能源的大好时机下，我国风电装机容量继续保持增长，据中国可再生能源学会风能专业委员会统计，2010 年我国除台湾省外其他地区共新增风电装机 12904 台，新增风电装机容量达 18927.99 兆瓦，累计风电装机容量 44733.29 兆瓦。与 2009 年相比，2010 年风电新增装机增长率仅为 37.1%，累计装机增长率为 73.3%，相比过去 4 年里风电装机容量连年翻番增长的态势，2010 年我国风电装机容量增速明显放缓，风电产业正逐渐步入平稳增长时期（详见图 2-10、图 2-11）。

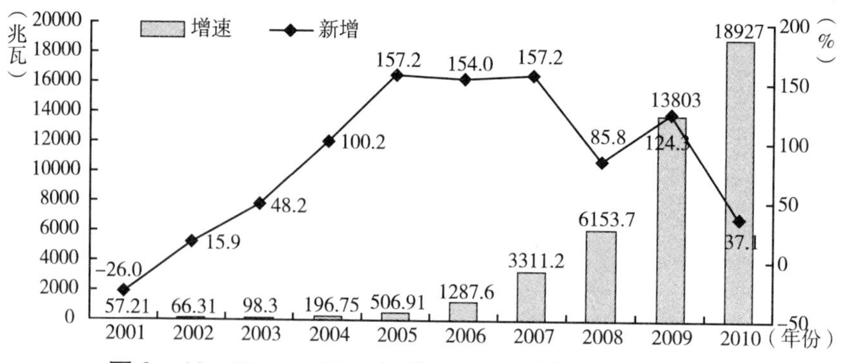

图 2-10　2001～2010 年我国风电新增装机容量增速

资料来源：中国可再生能源学会风能专业委员会：《2010 年中国风电装机容量统计》。

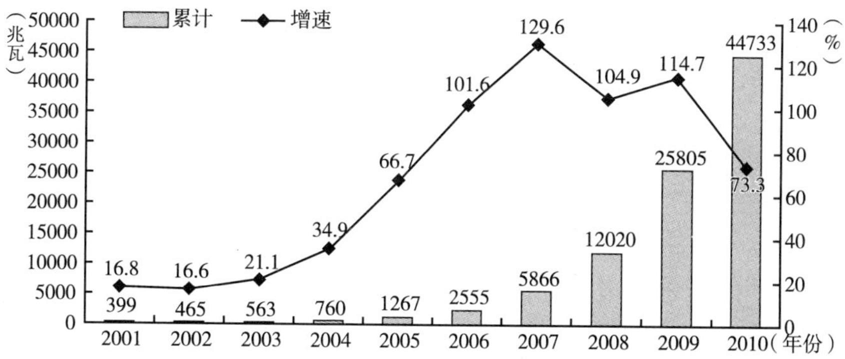

图 2－11　2001～2010 年我国风电累计装机容量增速

资料来源：中国可再生能源学会风能专业委员会：《2010 年中国风电装机容量统计》。

（三）风电装机容量并网率

据东海证券研究所的《证券研究报告——深度报告》，2008～2010 年，新增装机容量并网率分别为 76%、65%、87%，累计装机容量并网率分别为 74%、63%、74%（见表 2－8），并网比例逐渐提高，随着加强风电输出短期预报技术、制定并网技术标准、灵活调度、电网建设和区域连接、储能和智能电网等突破，并网将不成问题。

表 2－8　2008～2010 年我国风电装机并网情况

年份	2008	2009	2010
新增装机容量兆瓦	615	1380	1600
新增并网容量兆瓦	466	897	1399
新增并网占比（%）	76	65	87
累计装机容量兆瓦	1202	2581	4181
累计并网容量兆瓦	894	1613	3107
累计并网占比（%）	74	63	74

资料来源：东海证券研究所。

（四）利润率

整机价格的快速下降战严重削弱了风电设备制造企业的利润，前两年高歌猛进的风电设备企业发展速度在2010年突然放缓。以湘电股份为例，其2009年上半年财报业绩增长达300%，而2010年上半年归属于公司股东的净利润较上年同期仅增长50%以上。

（五）行业亏损面

风电场运营的短期利润空间有限，甚至是亏损的。在2004年至2008年期间，由于市场竞争的因素，我国风电机组的售价一直不断攀升，从2004年4月的平均价格4800元/千瓦，上升到2008年初的6200元/千瓦，但是，自2008年下半年开始，我国风电机组的市场售价出现下降趋势，尤其是进入2009年，风电机组的市场售价迅速走低。至2009年年底，国产风电机组的市场价格已从2008年年初的6200元/千瓦左右下降到4000元/千瓦以下。国产风电机组市场售价大幅下降的原因主要是：国产化程度提高、原材料价格下降、运输成本降低、规模效益加大等。当然也不排除一些企业为了在项目招标中中标，违背市场规律不惜降价，引起其他企业跟风。按照国家有关部门出台的政策，是对风力发电实行政府指导价，“按照招标形成的价格确定”。从目前已执行的风电特许权招标项目看，几乎全都是以最低价中标的上网电价。与当前风电实际的成本对照，这些项目将全部是亏损的。

第四节　风能产业发展存在的主要问题及对策建议

一　存在的主要问题

通过国家多年的持续支持，我国在风电技术方面取得了长足的进步，特别是带动我国风电产业持续发展，基本形成了完整的产业链，为我国风电市场提供大部分的装备。但是我国风电产业安全方面还存在很多问题，主要表现在：

（一）国产风电机组设备质量有待提高

2010 年，几起恶性的风电事故给近年突飞猛进的风电发展敲响了警钟，风电设备的质量问题显现出来。在我国风电机组关键设计技术依然依托欧美，风电机组的检测认证体系还不健全，风电场缺乏长期运营维护的经验之下，中国风机质量大考已经开始。

一般而言，风机在投入运行 5 年以后才进入对整机和零部件质量的真正考验期，而我国大部分风机都是最近两三年安装的，因此，未来几年将成为考验中国风机装备质量的关键时期。

由于竞争激烈导致规模上得太快，导致技术方面没有严格控制而出现大面积返修的情况。由于部分国产风电机组设备质量欠佳，造成风电场可利用率不高。采用国产机组的风电场，其机组可利用率明显低于采用国际先进品牌的机组，根据龙源公司的粗略估算整体上要低于 7% 左右。一些风电场业主受到国产设备交货不按时、不配套，机组调试时间长，调试出来的机组通不过运行考核，风力机和风电场项目不能按时投产的困扰。近几年投入运行的一些国产机组也曾多次出现大的质量和技术故障，如轮毂裂纹、主轴问题、轴承问题、齿轮箱故障，电机故障等（见表 2－9）。虽然国产风电机组设备质量逐年提高，但质量问题仍然不可忽视。只有高度重视产品质量，向用户提供可靠的机组，企业才有辉煌的未来。

表 2－9　风电机组常见故障类型

故障类型	故障原因	改进措施
齿轮箱齿断裂	设计缺陷	召回更换
齿轮箱漏油	设计不合理	改进设计
主轴断裂	材料中含氢量过高	加强供应方管理
叶尖液压缸漏油缸体	加工精度不高	更换供应商
偏航减速器变形	装配工艺缺陷	更改工艺

资料来源：方正证券研究中心、恒州博智风能研究中心。

风机工作环境恶劣，要求运行稳定，可靠性高，维护成本可控，风机设计制造要求生产企业具有雄厚的技术储备和实践积累，样机认证到规模化商业销售国外一般需要3年左右时间。从国际经验看，一旦风机出现质量问题将对企业产生巨大冲击，2004年及2005年，世界风电巨头Vestas年因关键零部件出现批次质量问题，导致公司连续两年出现亏损，惨痛的历史经验证明了质量对于风电制造行业的重要性。国产风机由于下游需求的迫不及待，从研制到样机到规模应用的时间大大压缩，为将来可能出现的故障埋下了隐患，国家发改委能源研究所在调研中发现，整机产品在运行和试制过程中已经出现过质量问题，目前已安装的风电机组在经过2~3年的实际运行后，可能的风机故障将开始逐渐显现。

（二）风电设备技术落后

大型风电机组的设计极为复杂，甚至需要零部件企业参与整体设计，目前国内风机新进入者大多采用购买生产许可证或合资合作的方式以缩短进入风电市场时间，但长期来看，自主研发能力的提升才能延续企业竞争力，当前国际风机大型化趋势继续演化，国内1.5兆瓦风机为主的局面在2010年后将面临升级的可能，届时新一轮的竞争将考验整机厂的研发实力。一方面，我国风电技术研发和设备制造能力不强。目前，我国风电设备制造企业走的是一条从带料加工，到合作生产或购买国外许可证进行组装的技术路线，风电系统工程研发制造能力弱，现有制造水平远落后于市场对技术的需求。另一方面，我国风电发展缺乏专业及复合型人才，风电产业服务体系尚未形成。目前还没有建立起专业的风电技术研究开发机构，风电技术研发和管理人才严重不足，风电产业缺乏从设计、制造、安装、调试及运营管理的人才培养体系，风电产业服务体系尚不完善，难以适应当前风电快速发展的需要。

（三）风电制造企业之间面临激烈竞争

据不完全统计，国内风电整机制造企业已经将近 90 家。风电整机产能的扩大虽然缓解了近两年中国风电机组供不应求的局面，但也预示着我国风电整机制造企业之间白热化竞争的来临。2010 年 10 月底，在“张家口坝上百万千瓦级风电机第二汽”与“新疆哈密千万千瓦级风电基地东南部风区”风电机组招标中，由于竞争激烈，已宣布 1.5 兆瓦风电机组每千瓦报价跌破 4000 元，3 兆瓦风电机组每千瓦造价最低报价仅为 4100 元。2010 年，我国首轮海上风电场最高种标价也只有 0.737 元/千瓦时。这样的低价对企业是严峻的考验，企业如果没有强大的实力，很难在今后的风电市场中竞争与生存。未来几年，风电设备需求会趋于稳定或增速减缓，市场需求虽大，但容量有限。

2010 年风电整机制造业的生产能力仅华锐、金风、东汽、国电联合动力、广东明阳五家领军企业的年产量就已经超 1000 万千瓦，上海电气、湖南湘电、江苏新誉、浙江运达、重庆海装等八家的总生产能力也达到 600 万千瓦，其余 70 多家如要在市场中竞争，已经困难重重。在我国，风电设备的制造生产能力以后将大大超过国内市场需求，今后的出路是大力开拓国际市场。

（四）电网建设滞后

目前，世界上有一个不成文的规定，风能发电的电量比例不能超过总发电量的 5%，一旦超过这个比例就可能造成电网不稳定。而造成这种结果有两方面的原因，一方面，一些地区的区域性电网已经十分脆弱，很多设备都相对老化，而风电的输出功率是不稳定的，风力发电会降低电网负荷预测精度，从而影响电网的稳定性，很容易造成局部电网崩溃。另一方面，电网电量的调度也非常棘手。建立千万千瓦级的风电基地，必将使区域性电网的电量大大增加，这对电网系统来说是严峻的考验。电量的增加必然要求电量的调度非常完善。电是一种非常特殊的商品，生产出来必须马上输送出去。如果因为电网建设没有跟上，就会出现发出来的电送不出去，产生窝电现象，电网便将不堪重负而崩溃。

在《可再生能源发展中长期规划》中只规定了发电企业的可再生能源发电配额，但是对于电网企业的配额规定仍属空白，这也是导致《可再生能源法》中提出的可再生能源发电电量保障性收购制度没有得到很好贯彻落实的主要原因之一。由于担心产业发展速度跟不上，以前我国规划中的风电发展目标均远小于发展速度。2010 年新增装机容量 1892.8 万千瓦，累计装机容量达到 4473.3 万千瓦，远远超过了《可再生能源发展中长期规划》以及《可再生能源发展“十一五”规划》2010 年分别达到 500 万千瓦和 1000 万千瓦的目标。目前虽然有关领导在不同场合表明了 2015 年和 2020 年风电发展的目标不会低于 8000 万千瓦和 1.5 亿千瓦，但是仍然不是正式的、具有法律效力的文件。发展目标落后于发展速度，又往往成为风电上网难的借口。

（五）政策体系不完善

《可再生能源发展“十一五”规划》指出，风电、生物质能、太阳能等可再生能源的相关政策体系还不完善，经济激励力度较弱，政策的稳定性和协调性差，还没有形成支持可再生能源持续发展的长效机制。目前我国新能源产业可以说是畸形发展，并没有一个良好的模式和机制，使得企业可以较好地生存。

总体而言，我国风电产业正处于从基础理论、应用研究到关键技术研发、设备研制、公共研究测试能力等完整产业发展体系形成的关键时期，亟须国家给予扶助和支持。

二　对策建议

我国风电产业的发展从缓慢起步，到快速发展，再到爆发式发展

经历了20多年的时间，为了维护风电产业的正常、有序、健康、安全发展，建议如下。

（一）处理好产业发展与基础研发的关系

我国风电产业的发展表面上红红火火，但是研发的基础还很不牢固，企业都还很年轻，没有GE、西门子那样的底蕴，同时也面临着缺少国家的长远支持和有坚实的社会产业基础作支撑，处于孤军奋战的阶段，所以特别希望国家在基础研发、工业基础方面有较大的支持，一方面要真正建立一批像RISO、NREL那样的国家实验室，也要扶持建立一批类似于弗朗霍夫和联合技术那样的为服务于社会的技术创新型企业。只有这样才能真正夯实基础，而不是搞一些翻牌式的名不副实的国家中心、国家实验室。同时还要搞出一批中国的西门子、GE、联合技术、应用材料这样的技术实力型企业。

（二）处理好各种利益主体的关系

风电产业与其他产业相同，上下游是一个完整的生物链，相互依存度极高，一荣俱荣，一损俱损，在企业快速发展时期牺牲某些方面的利益，取得快速的发展是可以理解的。但是，目前如不能处理好制造商和开发商之间、零部件和整机之间，开发商和地方之间，以及地区之间（即发达地区和欠发达地区之间）的关系，风电的发展必将受到阻碍和影响。众所周知，没有良好零部件质量，就不可能有完美可靠的风机，没有可靠的风机，就不能确保开发商的收益，没有地方的大力支持就不可能有风电、太阳能发电项目的持续发展，风电产业发展环环相扣，关系紧密，道理虽然浅显，但是真正操作起来却有相当的难度。当务之急，是处理和协调各方关系，以确保零部件、整机制造商、开发商、地方政府获取相应的收益，电网企业得到一定的补偿，取得共赢。为解决这些问题，政府可以考虑适当上调上网电价，确保地方的利益，以避免出现与水电开发相似的问题。此外还需着重考虑国企和民企的关系问题、外企和本土企业的发展与竞争问题。只有妥善处理各利益主体之间的关系，才能确保风电产业快速、健康、和谐地发展。

（三）处理好法律条款和实际操作问题的关系

政府立法时，总希望能依据实际需求制定完备而卓有成效的法律和规范，由可再生能源发展基金提供的风电的补贴是众望所归，但烦琐的基金征收、发放等管理问题和偌大市场的复杂性，往往使政策的执行举步维艰；又如，法律强调全额收购可再生能源的发电量，但是实际中遇到的种种阻碍，使得此条款基本无法达成，产业发展陷于进退两难的境地。因此对可再生能源发展基金的管理和应用有以下建议，譬如，基金可以由两块组成，用于可再生能源发电继续维持原有的渠道，只是把附加按基金进行管理，减免所有税费即可，其余的由财政建立专项应公开透明地使用。对于可再生能源发电上网，可以给电网一个自由裁定权，比如5%以内为正常弃风范围，超过了这个部分再对电力生产企业进行补偿。如果电网企业超额收购了可再生能源电量，则给予一定奖励。与此同时，电力生产企业和装备制造企业也应在技术和研发上做更多投入，以提高风电的可预测性，使不易操控的风电，变为可操控、易调节的电量。

（四）处理好发展得快与好的问题

风电过去五年100%的增长，使其成为当今可再生能源界不置可否的主力军。为了与其他配套产业和环境稳定、协调发展，风电应该适当放慢脚步，将发展速度逐步降低到30%～40%，20%～30%，甚至百分之十几，一方面协助其他相关配套产业迎头赶上，另一方面使自身从快速、规模化发展，逐步向高质量、自主创新上转变。应通过加速完善市场规则和市场环境，进行透明的市场竞争，来解决这些问题。电力产品在应用上，是一个通用名。该产品适合大规模发展，如果风电产业能顺利地由快向好的方向转型，3～5年的时间内，优异而有竞争力的风机制造商便

应脱颖而出，逐步改善目前这种雨后春笋、良莠不齐的局面；如果风电与光电都能顺应此竞争规律，使我国拥有 3 ~ 5 家能栖身世界前列的自主品牌，便已是近年来可再生能源产业发展的不小成绩。

（五）处理好规模化发展与分散布局的问题

因我国比较注重规模化发展，特权招标等项目动辄几百万千瓦，但与此同时，我们也不能忽视小规模的发展问题。小规模的发展也要政策扶持，比如德国的风电场大多仅由几台风机组成，风电场内仅一台风机的现象也常见，这种部署在我国的南方、东部沿海也很有市场；另外分散的生物质发电，比如沼气发电、秸秆汽化发电都仅是几十千瓦、几百千瓦的规模，我们可以积少成多，尤其可以将此类电场部署在电网的末端，以辅助削减电网损失。因此，千万千瓦的基地要发展，沙漠化电站要发展，但小风电、小光电、小规模的生物质发电的发展也不容忽视。

B.3

中国太阳能光伏产业发展与安全研究

第一节 光伏产业概述

一 光伏产业简介

太阳能光伏发电技术是指利用半导体材料的光生伏特效应将光能直接转换成电能的技术，硅是目前应用最广泛的光伏材料。而光伏发电就是利用由众多光伏材料制成的发电单体（即太阳电池）所组成的光伏发电系统直接将太阳能转换成可使用的电能的过程。

太阳电池是实现光电转换的核心器件，目前占生产、市场和应用主导地位的是晶体硅太阳电池。光伏发电最主要的应用为独立发电系统和并网发电系统。将一定数量的太阳电池串联或并联后，经过封装形成太阳电池组件，将一定数量和规格的太阳电池组件按输出设计要求安装并连接蓄电池、逆变器、控制器等平衡系统零部件并形成一个光伏发电系统，该系统可以与公用电网连接进行并网发电，称为并网发电系统，也可以单独对特定需求的用户或设施进行独立供电，称为独立发电系统。此外，光伏系统可与生物质能发电系统、风力发电系统或柴油发电系统等其他发电系统组合，以保证持续的电力供应，此类混合系统也同样具有独立发电和并网发电形式。

（一）光伏产品分类

根据光伏产业的产业链结构，以占主导地位的硅基体光伏产品为例，光伏产品主要包括光伏电池、光伏组件、光伏发电系统等。其中

光伏电池是光伏发电和各种光伏产品的核心部件，也是光伏发电产品的最基本功能单元；光伏组件由光伏电池经过串并联和封装而成，包括晶体光伏电池组件和薄膜电池组件，是光伏发电系统的基本组成单元（其中薄膜电池组件是直接由原材料硅烷气体通过化学气相沉积的方法在玻璃基底上经过多层淀积、激光划刻、金属蒸发等过程直接形成光伏组件，不同于晶体硅电池，需要先由硅晶片经过电池的制作过程形成光伏电池，再将光伏电池进行串并联和封装才能形成光伏组件）。

根据材料不同，光伏电池包括硅太阳电池、化合物太阳电池和有机材料太阳电池。硅太阳电池包括晶体硅太阳电池、多晶硅薄膜太阳电池、非晶硅薄膜太阳电池，其中晶体硅太阳电池又可分为单晶硅（体）太阳电池和多晶硅（体）太阳电池，硅太阳电池是光伏电池中最主要的部分；化合物太阳电池主要有Ⅲ～Ⅴ族（砷化镓、磷铟镓等）和Ⅳ～Ⅵ族（铜铟硒、碲化镉等）化合物电池（见图3－1），主要为薄膜组件，虽然这些化合物电池成本较低，转换效率较高，但

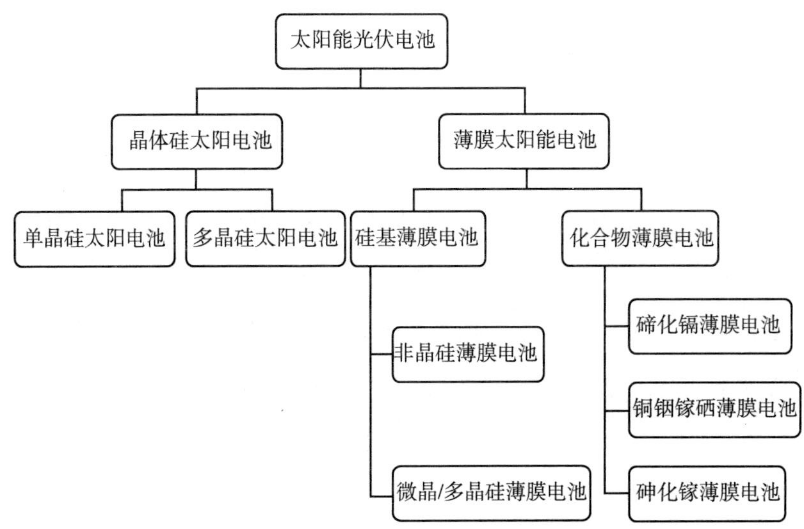

图3－1　太阳能电池分类

因为镉为剧毒物质，对环境污染严重，而铟、硒都是稀有材料，材料来源有限，因此这些化合物电池的发展均受到限制。

有机材料太阳电池是一个刚刚开始的研究方向，这种材料的光伏电池具有柔性好、成本低、来源广泛、制作容易等优点，对于大规模利用太阳能提供廉价电能具有重要意义，但这类材料的光伏电池的研究尚处于起步阶段，其产品的使用寿命和转换效率都无法与硅材料光伏电池相比，是否能发展成能够被广泛应用的光伏新能源产品，还有待进一步研究。目前晶体硅太阳电池是太阳能电池的主流产品，市场占有率约90%，2010年后市场增长速度将减缓，薄膜电池是当前的技术开发重点，市场占有率10%，2013年后将占市场主导地位，下一代新型材料太阳电池的技术正在加紧研发中。需要说明的是，上述无论是多晶硅薄膜电池、非晶硅薄膜电池还是化合物太阳电池、有机材料太阳电池本身都不能单独作为光伏产品存在和使用，而必须以各自对应的组件的形式存在或使用。

光伏组件包括晶体硅太阳电池组件、薄膜太阳能电池组件以及聚光电池组件。其中晶体硅太阳电池组件又有单晶硅太阳电池组件和多晶硅太阳电池组件之分；薄膜电池组件有多晶硅薄膜电池组件、非晶硅薄膜电池组件以及化合物薄膜电池组件；而聚光电池组件是指用聚光镜将入射阳光集中到很小面积的电池上，达到减少太阳电池用量，提高单体电池的转换效率的目的，从而能够充分地利用太阳光线降低单位发电成本，因这样的聚光系统需要很好的散热系统和跟踪系统，未能有效地降低发电成本，因此目前还未能得到大规模的运用。

光伏系统包括独立发电系统、并网发电系统和混合发电系统。独立发电系统中太阳电池方阵一般与蓄电池、控制器和逆变器连接，阳光照射时产生的电用蓄电池储存，需要使用时再经蓄电池释放，并经过逆变器转换为交流电，供一般用户或用电设施使用；并网发电系统是发达国家和商业最受欢迎的光伏系统，与地方电网连接，使发出的

富余电量以远高于常规电价的价格全部销售给国家电网，夜晚则以常规电价从电网买电，如德国和西班牙所采用的模式；混合发电系统是光伏发电系统与生物质能发电系统、风力发电系统或柴油发电系统等其他发电系统组合，能够保证持续的电力供应，混合发电系统可以采用并网和离网的形式。

（二）光伏产品的应用领域

光伏发电产品的主要应用领域有：农村电气化应用、城市建筑光伏发电并网系统、大规模光伏荒漠发电电站以及其他的通信电源和应用产品等。其中，光伏发电并网系统应用至 2010 年年底为止装机总量累计为 10GWp，占全球光伏总应用 12GWp 的 83%，为最主要的光伏产品的应用形式。

农村电气化主要解决一些偏远地区农民的用电问题，有时采用风光互补的方式，比如说中国 2002 年启动的“送电到乡”工程，解决了西部七省区的基层政府、学校、医院和老百姓的无电问题。

城市并网发电系统是光伏发电产品的主要应用形式，也是 21 世纪最有吸引力的能源利用技术，具有多功能和可持续发展的特征，建筑物的外表能为光伏系统提供足够的面积，不需要占用昂贵的土地，省去光伏系统的支撑结构；光伏阵列可以替常规幕墙，包覆装修成本与光伏组件成本相当；光伏系统的安装可集成到建筑施工过程，降低施工成本；在用电地点发电，避免传输和分电损失（5% ~ 10%），降低了电力传输、分配投资和维修成本，目前已有多个发达国家采用这种方式推广光伏技术和应用，如 1997 年美国的“克林顿总统百万屋顶光伏计划”，日本 1993 年的“新阳光计划”和 1997 年的“7 万光伏屋顶计划”，德国 1998 年的“10 万光伏屋顶计划”以及 2004 年正式实施的与“可再生能源法”相配合的“上网电价法”极大地推动了城市光伏并网发电系统的应用，在中国城市光伏并网发电系统的应用目前处于示范阶段，主要的尝试有深圳园博园光伏发电并网系统、保定太阳能示范城等。光伏系统和建筑结合将使太阳能光伏发电向补充和替代能源过渡，成为世界能源结构组成的重要部分。

大规模荒漠电站也是比较具有发展前景的光伏发电应用市场之一，只要选择离主干电网或用电负荷中心不要太远（100公里以内）的阳光充足地区，则能够充分地利用太阳能资源和土地资源。

目前欧洲以及以色列均有在沙漠建设大型光伏发电电站的计划，目前中国荒漠发电电站的雏形——西藏羊八井高压并网光伏发电站（100KWp）已经投入运行。

光伏发电产品除了上述主要应用外，其他的商业应用主要有光伏通信电源以及光伏应用产品等，包括太阳能路灯、草坪灯、太阳能信号电源、太阳能电动汽车等玩具，以及采用LED光源的指示牌、广告牌、交通标志和城市景观等，中国在应用产品制造领域具有较强的成本优势，产品主要出口。相信随着技术的进步、市场的开发，新的应用领域和新的产品会不断发展，形成光伏产业的一股推动力量。

二 光伏产业链

（一）光伏产业链介绍

光伏产业所涵盖的产业链范围非常广，可以概括为光伏电池制备工艺产业链、辅料链、装备链和产业服务链等四条产业链，也是综合性很强的产业体系。

1. 光伏电池制造产业链

按光伏电池的制备工艺流程的不同，对光伏产业链的构成作简单分析，基本构成见图3-2所示。

光伏电池的制备工艺复杂程度有别，晶体硅电池的产业链构成明显较长，要经历多晶硅制备流程、提纯流程、硅片切割和成品制成、尾气回收五阶段；从冶金级硅矿提炼出太阳能级晶体硅，国际主流的

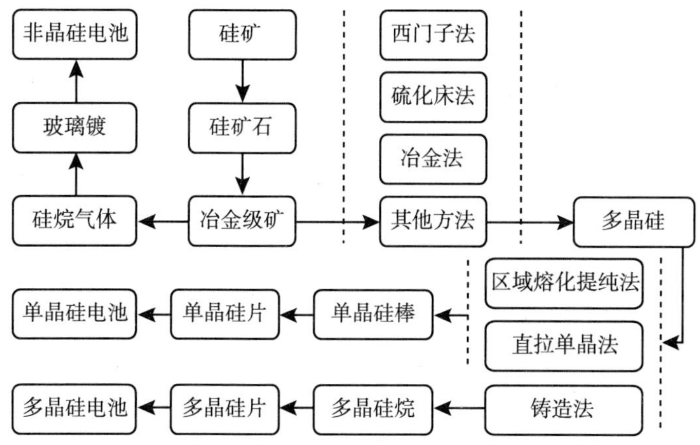

图3－2　光伏电池组件制造产业链

技术有西门子法（包括改良西门子法）、流化床法和冶金法（包括物理法），不同提炼技术的成本与提炼效率正相关，多晶硅的提纯技术也是制约光伏产业链中最大的瓶颈，一方面是提炼晶体硅的工艺成本和技术，另一方面是生产多晶硅流程中的高耗能高污染的环境成本。薄膜电池生产环节仅为三阶段，冶金级硅矿制备而成的硅烷气体，可直接在衬底原料上进行镀膜，制作成电极并进行组件的封装，生产成本和环保成本都较低，从原料来源和规模发展的特点看，非晶硅薄膜电池（a－Si）的综合性价表现优于有机化合物薄膜电池，将成为未来发展的薄膜电池领域的重点。

多晶硅制备位于整条产业链的上游端，受技术和成本的限制，对光伏产业的发展起决定性作用。太阳能级（纯度为6个9以上）的多晶硅是太阳能电池的主要原料，其生产工艺复杂、技术含量高，现在其成本约占太阳能电池总成本的40%。随着光伏产业的高速发展，多晶硅一直处于供不应求的状态，价格最高时曾一度占到太阳能电池总成本的60%，多晶硅制备行业的毛利率也一度高达70%～90%。多晶硅的产量和价格直接决定了整个太阳能光伏产业的发展。

晶体硅电池仍保持主导地位。晶体硅太阳电池的产业化已经发展了十多年，从技术成熟度来讲，晶体硅太阳电池是薄膜电池所不能比拟的。

2. 辅料链

光伏产业的辅料链在光伏产业中所占的比重非常大。由于光伏最终产品涉及的辅料数量和品种较多，因此，在这里以硅片为分界，分为硅片前和硅片后两个部分。

（1）硅片前辅料。硅片前辅料主要是提纯和生产多晶硅、单晶硅所用的辅料。包括：氯产品（如盐酸、氯气、三氯氢硅等），氢气以及氢氯化所用的气体，多晶硅铸锭用的氮化硅粉，惰性气体，以及其他反应气体。在多晶硅铸锭时用到的石英坩埚，铸锭炉和单晶炉内用的石英坩埚（又分为石英陶瓷坩埚和石英玻璃坩埚），隔热用的碳毡（分为硬毡和软毡），以及工作时需要消耗的温度传感器件。此外，在多晶硅铸锭和单晶硅拉制时，还需要用到保护气体和反应气体。

（2）硅片后辅料。在硅片切割过程中，用到切割线（包括钢线、钼线、金刚砂线）、切削液、金刚砂微粉（或称碳化硅微粉）；在硅片切割后清洗时，要用到各类的碱、酸和纯净水。

硅片切割后，进入电池片生产阶段，此时除了前期对于硅片的清洗制绒外还需要各类酸碱和纯水辅料，扩散还需要用到三氯氧磷气体，PECVD 要用到硅烷气体，电极加工要用到银浆和铝浆，这些辅材的消耗量甚至不亚于主原料硅的价值。

在组件加工方面，要用到白玻璃，EVA 薄膜（近期也产生了用有机硅薄膜的新产品），铝合金框（最近开始使用工程塑料代替），还有各种黏结剂。

在电站建设方面，则主要是电缆和支架材料。支架材料目前以钢结构为主，也有采用铝合金和工程塑料代替的。

3. 装备链

如果从产值上看，光伏产业价值最大、最先启动的市场，其实不是光伏电池和组件，而是装备市场。我们依然以硅片为分界线，分两部分来分析。

（1）硅片前装备。首先，金属硅的冶炼需要矿热炉，还有除尘设备；此外变压器和破碎及硅石清洗设备也是必不可少的。不过，由于金属硅产能现在处于过剩状态，因此，这些设备目前还算便宜。

金属硅炼出来后，如果后面采用冶金法生产多晶硅，还需要用精炼炉进行炉外精炼。通常采用中频感应炉比较多，一台 10000 千伏安的矿热炉，可能要配到 10～20 个 5 吨标准铁容的中频感应炉。

如果采用西门子法，那么，精馏塔、还原炉，氢化装置，氯化装置，这样一套装置造价很高。随着国内的西门子法多晶硅厂的增加，相关设备国产化的程度也越来越高，现在，无论是精馏塔还是还原炉，已经都有国产的了，氢化装置（包括热氢化和冷氢化）和氯化装置也已经有了。如果采用冶金法，那么，粉末冶金设备，湿法冶金装置、真空熔炼装置是少不了的。

多晶硅出来后，多晶硅的铸锭炉、单晶炉需求量更大，接着是破锭机、铸方设备、倒角抛光设备，硅片多线切割机、硅片清洗设备等。

可以看到，以上的装备量是非常巨大的。以多晶硅为例，到 2009 年年底为止，中国的多晶硅总产量不到 2 万吨，按现价产值计算，还不到 100 亿人民币的产值，但中国在多晶硅厂所花费的设备投入至少已经达 1000 亿元。而这个装备市场，却是被我国许多投资者和企业家所忽视的。

（2）硅片后设备。电池生产的清洗制绒设备，扩散炉、PVCED、丝印机、烧结炉，正是有了这些才能生产出太阳能电池片。然后，层

压机是生产组件的主要设备。同样，玻璃的生产，EVA 薄膜的生产，也同样需要大量的设备。

组件出来后，要安装在支架上。如果是地面电站，还要加上追日（跟踪）系统，这些也属于光伏发电装备。

组件出来的直流电要经过逆变器、控制器才能变成交流电，如果要并网的话，还要有同期装置，对电网进行相位和频率跟踪才能并网。

如果不是并网电站，而是客户端或离网型，那么，还要考虑储能系统，包括蓄电池和充放电控制系统。鉴于目前的铅酸电池在容量上和环保方面还有不少问题，因此，研究开发能够进行大容量、长寿命、高效率的储能装置，不仅是当务之急，而且也是一个潜力非常巨大的市场。

4. 光伏服务链

除了上述的主原料、辅料和设备外，光伏产业还有一个潜力很大的链，就是服务链。服务链分为硬件和软件两方面。

（1）光伏测试仪器设备。光伏产业的服务链中，一个重要的环节是测试服务。测试服务贯穿于所有的主生产环节，也是前期研究和开发的重要技术保证。测试服务的水平，主要取决于测试分析设备。

对于硅材料的生产来说，测试仪器包括，常规化验分析仪器，这在硅材料、尤其是多晶硅的生产中是非常重要的。对于高纯度的硅材料，成分分析仪器有 ICP - AES（等离子体原子光谱仪），ICP - MS（等离子体质谱仪）。GDMS（辉光放电质谱仪），二次离子质谱（SIMS），均需要用来进行生产过程中的硅材料的杂质成分测试。此外，还有傅里叶红外分光亮度计，用来测试碳氧的含量。

而对于硅材料的研究方面来说，还有 RBS（卢瑟福离子背散）测试，电子束显微技术（SEM 扫描电镜、TEM 透射电镜技术），

EBIC（电子束诱导电流技术）、SPM（扫描探针显微学）、DLTS（深能级瞬态谱技术）等，都是光伏材料研究不可缺少的设备。

对于电池和硅片的生产，则主要有：电阻率扫描测试仪，少子寿命扫描（微波光电导、激光电导、波导法等），粒度测试，硅碇硅片探伤仪，单片光电转换效率测试仪，漏电流测试仪、组件转换效率测试仪，亮度计等。

长期以来，测试设备除了常规的化验分析设备外，绝大多数仪器我国还不能生产，还依赖进口。近年来，在电阻率测试、光电转换效率测试等方面，已经有了一定的进展，但取得国际权威机构认证和互认的还较少。测试仪器的缺乏，也是中国光伏行业不能快速发展的一个瓶颈之一。

（2）光伏技术研发服务。由于光伏产业是一个新兴产业，无论从基础理论研究、材料研究，还是器件研究、器件制造工艺以及应用研究，都还处于一个产业成长期的初级阶段，许多应当进行的研究都没有开始。制造工艺也还十分原始。

（3）光伏教育培训服务。光伏产业由于是一个新兴产业，因此，没有现成的人力资源，需要从半导体、冶金和制造业获得人才。但无论如何，各种等级的培训是不可缺少的。

从基层说起，技术工人的培训上岗，是目前各个企业最急需的服务。良好的培训可以大大降低企业的成本，不仅是人力资源成本，更多的是生产成本和浪费的减少。对于中高层的技术人员，则需要进行光伏专业的本科和研究生教育。目前，中国已经有个别大学与光伏企业合作，开立了光伏方面的专业、甚至学院。随着光伏产业的发展，光伏产业大军将迅速扩大，最终仅中国的从业人员可能就要上千万之多，因此，职业教育和培训，也是一个不小的产业。

（4）物流服务。任何一个产业都会涉及物流。但是，光伏产业对物流的需求，却往往被人低估。以多晶硅的生产为例，一万吨多晶硅，每年就需要进出大约三万吨的货物。更不说金属硅了。而对于组件来说，仅仅一个100兆瓦的光伏电站，就需要1000个40尺的集装箱车辆进行运输成品，原料则更多。而电站的安装，支架的运输量要比电池组件大五倍左右，也就是需要5000个大型货车进行运输。因此，光伏产业对于物流的需求，将接近钢铁和煤炭对于运输的需求。

（二）光伏系统产业链成本构成

太阳能电池占光伏发电系统成本的66%，降低太阳电池的成本是降低太阳电池发电成本的主要途径。太阳能光伏系统成本构成见表3－1。

表3－1　太阳能光伏系统成本构成

单位：%

项目	太阳能光伏电池	并网逆变器	配电测量及电缆	设备运输	安装调试	入网检测	税金及其他	前期费用和可行性研究	工程设计
成本	66	10	10	1.6	3.6	1.6	3.2	2	2

资料来源：《2050中国能源和碳排放报告》。

（三）光伏产业链发展现状

在市场需求的拉动下，我国的光伏产业链规模已经形成。无论是装备制造还是配套的辅料制造，国产化进程都在加速。在光伏产业链中，有实际产能的多晶硅生产商20～30家，60多家硅片企业，电池企业60多家，组件企业330多家，到2010年年底，国内已经有海外上市的光伏产品制造公司16家，国内上市的光伏产品制造公司16家，行业年产值超过3000多亿元，进出口额220亿美元，就业人数30万人。

1. 产业链垂直整合趋势明显，产能迅速扩充

以晶体硅电池制造企业为例，包括尚德、晶澳、英利、天合

在内的多家企业不仅制订了宏伟的电池生产扩产计划，还向产业链上下游拓展，业务延伸至多晶硅材料、硅片、组件及系统安装等。

2. 产业链尚未达到平衡，各环节利益分配呈现失衡状态

由于受到技术、政策、资金等多项因素的影响，中国光伏产业链各环节仍存在不同程度的脱节。以多晶硅环节为例，2010 年中国用于光伏行业的多晶硅仍存在约 50% 的缺口，导致多晶硅市场价格较高。据海关统计资料，2009 年和 2010 年中国多晶硅进口数量分别达到 22727 吨和 47549 吨。

3. 处于来料加工业务，集中在组装、制造等价值较低的产业链中间环节

目前，中国许多光伏企业是做来料加工业务的：进口多晶硅原料，经过硅片切割、太阳能电池片生产、把电池片组装成“太阳电池组件”，制成成品出口。也就是说，在全球产业链中，中国的光伏企业大都集中在组装、制造等价值较低的产业链中间环节。而在产业分工中，这些都是附件值低、能耗高的环节。因此，处于产业链这种环节，最容易受到挤压，如美国的“双反”以及欧盟的政策，已对中国的光伏产业造成很大的重创。

我国光伏发电市场也在起步，2010 年安装光伏发电 500 兆瓦，累计达到 900 兆瓦，居世界前十。我国的薄膜电池产量规模还很小，其原因是国内碲化镉电池和铜铟镓硒电池还未实现产业化，硅基薄膜电池产业化技术尚未成熟、成本高、竞争力差，形成的产能没有发挥。

（四）光伏产业链发展趋势

1. 产业整合与垂直一体化成为光伏业发展的两大趋势

行业专家指出，产业整合与垂直一体化成为光伏业发展的两大趋势。国内光伏行业将迅速进入一轮整合期，行业集中度的提升使得中

小型光伏企业生存空间明显收窄。此外，光伏电池和组件企业会将业务范围拓展到下游的光伏电站建设和运营领域，进一步推进业务的垂直一体化建设。

2. 光伏组件产能过剩态势明显

通过300多个光伏电池厂商的扩产计划统计分析，2011年和2012年的年度总产能将分别达到51吉瓦和66吉瓦。其中，具有成本竞争力及市场领先地位的一线电池厂商在2011年和2012年的产能分别为24吉瓦和34吉瓦。市场预测，2011年和2012年需求将为35吉瓦和40吉瓦，光伏组件产能过剩态势明显。光伏组件产能过剩，光伏产业整合在即。

3. 多晶硅企业盈利能力将提升

多晶硅环节技术壁垒高、投入大、量产时间长、市场风险高，在产业链中具有较高的毛利率水平。目前国家对多晶硅行业的准入标准提高，未来产业扩张将主要集中于现有的行业龙头，行业集中度将逐步提升，价格无序竞争的局面出现概率降低。

（五）光伏产业重点企业介绍

从表3－2中可以看出，国外成熟企业（如Hemlock、Wacker、Tokuyama等）处于光伏产业链上游，集中于多晶硅研制和新技术开发，目前已进入稳步成长的阶段；国内涉及多晶硅的企业多处于成长初期；海外上市的国内企业（如无锡尚德、江西赛维）则由于海外市场需求的扩张和此类企业向上游拓展等因素，逐渐向产业链整合的方向发展，目前整合产业链是分散风险和价值最大化的重要方向。从国内上市企业看，多晶硅行情可能在2010年前就走过了盈利的高点，因此唯有向新技术拓展（如薄膜电池）和早先进行产业链整合的企业才会具备优异的成长性，忽视行业发展规律，以多晶硅为短期盈利目标的企业则终将是昙花一现。

表 3-2　光伏产业重点企业介绍

分类	说明	生产企业
高纯晶体硅原料生产企业	高纯晶体硅冶炼、提纯	高纯硅材料企业:海姆洛克(Hemlock)(美国)、瓦克(Wacker)(德国)、三菱硅(Mitsubishi)(日本)、德山曹达(Tokuyama)(日本)、先进硅(ASiMi)(美国)、MEMC(美国)、住友(Sumitomo)(日本)太阳硅(SGS, Solar Grade Silicon LLC)(美国)国内:新光硅业、洛阳中硅、江苏中能、江西赛维 LDK
硅片生产企业	单晶硅拉制或多晶硅定向浇铸	单晶硅片企业:江阴海润、浙江昱辉、常州有则、江西德科、扬州顺大、河北晶龙、上海九晶、锦州阳光、浙江昱晶、镇江环太、嘉兴嘉晶、卡姆丹克、天津环欧
		多晶硅片企业:江西赛维、宁波太阳能、江阴海润、江西德科、浙江昱辉
电池芯片制造企业	硅片通过扩散、丝网印刷、烧结等形成电池	江苏:尚德、中电、天合、林洋、浚鑫、阿特斯、顺风、亿晶、海润、天宝、欧贝黎、尚品、艾德　浙江:向日葵、太阳谷、正泰、百事德、百力达、舒奇蒙、宝利特、乐叶　上海:太阳能科技、超日、交大泰阳、展丰、索朗、艾力克　其他:河北晶澳、海南天聚、山东力诺、索日、长沙红太阳、云南天达、南玻光伏、天威英利、江西瑞晶、中轻、泉州金宝利
电池组件制造企业	将电池串联和并列	江苏:尚德、中电、天合、林洋、阿特斯、浚鑫、顺大、天宝、亿晶、东盛光电、二泉、国飞、兆阳光能　浙江:正泰、宝利特、环球、向日葵　上海:太阳能科技、超日、交大泰阳、展丰、索朗、艾力克　其他:上海晶龙、河北晶澳、山东力诺、深圳珈伟、天威英利、新疆新能源、东营光伏

三　发展光伏产业的战略意义

能源是发展各国经济和提高各国人民生活水平的基础保障，也是影响经济发展的最重要的制约因素，现在人类的生存和发展主要依赖化石能源，石油、煤、天然气的消费构成分别为41%、23%、27%，随着大规模工业开采和人类不断增长的能源消费需求，全球的化石燃料资源正在加速枯竭，全世界都面临着化石能源资源日益消竭的巨大压力，根据世界能源委员会的预测，按照目前的探明储量和人类能源需求预测，这些能源仅够使用 170 年。世界能源问题被列为世界 10 大焦点问题（能源、水、食物、环境、贫穷、恐怖主义及战争、疾病、教育、民主和人口）之首。2006 年平衡部件电池专用材料组件专用材料粗硅料硅烷气体薄膜组件光伏发电系统电极材料平衡部件年全球人口已经突破 65 亿，能源需求折合成发电装机容量为 14.5 太瓦，每日能耗 220×106BOE；2050 年全世界人口将达到 90 亿～100 亿，每人每年 GDP 增长按照 1.6%、GDP 单位能耗按照每年减少 1%计算，折合电力装机容量接近 60 太瓦，每日耗能将高达 450×106～900×106BOE，届时将主要靠可再生能源来弥补。然而世界潜在水能资源 4.6 太瓦，经济可开发量只有 0.9 太瓦；风能实际可开发资源 2 太瓦；生物质能 3 太瓦，只有太阳能是唯一能保证人类持续能源需求的能量来源，其潜在资源 120000 太瓦，实际可利用资源高达 600 太瓦。因此太阳能是替代化石能源潜力最大的可再生能源技术，在未来能源结构中占据着十分重要的地位。另一方面，由于世界能源的供应主要依赖常规燃烧能源，释放大量二氧化碳，引起了严重的环境污染的问题，以及生态破坏和温室效应等一系列问题，对人类的可持续发展造成了严重的威胁。

21 世纪的世界面临着经济和社会可持续发展的双重挑战，人类必须解决能源和环境问题，在有限资源和环保的双重制约下发展经济，这就需要我们寻找清洁、环保、储量丰富的可替代能源。因此无论是从能源短缺，还是从环境保护的角度出发，发展可再生能源都是世界以及中国实现可持续发展的必然选择。

太阳能是一种理想的可再生能源，据测算，一年中到达地球表面的太阳能总量是目前世界已探明化石能源储量的一万多倍。太阳能光伏发电具有无污染、安全可靠、使用寿命长、运行维护费用

小、随处可用、无须长距离输送等优点而被认为是最有发展前景的可再生能源之一。根据欧洲联合研究中心（JRC）的预测，太阳能光伏发电在未来世界能源结构中将会占据着最重要的地位，成为未来世界能源的主体。到2030年可再生能源在总能源结构中占到30%以上，其中太阳能光伏发电在世界总电力的供应中达到10%以上；2040年可再生能源占总能耗50%以上，其中太阳能光伏发电将占总电力的20%以上；到本世纪末可再生能源在能源结构中占到80%以上，太阳能发电占到60%以上，显示出光伏发电的重要战略地位。

第二节　国内外光伏产业发展现状

为了保障能源安全、发展经济和应对气候变化，全球各国都在大力推广新能源。在新能源中，太阳能无疑是一种安全清洁、普遍广泛和具有潜力的替代能源，开发并利用太阳能，对于满足全球能源需求，减少对传统化石能源的依赖具有重要意义，世界大多数国家把太阳能的开发利用放在比较突出的位置。

过去，成本高昂等一系列因素，成为光伏发电广泛应用的主要障碍。从全球来看，作为一种新兴的清洁能源技术，光伏发电在全部的能源消费中所占比例还很小。但是近年来，随着技术进步和成本降低，各国政府也已经逐渐意识到太阳能光伏产业的广阔发展空间，全球光伏产业得到快速发展，光伏发电不仅在德国、意大利、西班牙等国家的能源供应结构中已占有一席之地，2010年，光伏发电更是在欧盟27国中，首次超过风电成为最大的新增发电电源，这展示了光伏发电可能成为重要的替代能源的可能性，也预示着光伏发电在全球范围内的大规模应用已经开始。

一　全球光伏产业发展现状

（一）发展现状

1. 全球光伏装机容量不断扩大

2010年，随着各国在新能源领域政策的不断出台，全球光伏市场呈现快速发展态势，产业规模不断扩大。根据EPIA（欧洲光伏工业协会）发布数据显示，2000~2010年期间，全球光伏累计装机的平均增长速度达到了39.95%，显示了快速、持续增长的势头。2010年全球光伏累计装机容量为39529兆瓦，同比增速为72.62%，比常年平均增速水平提高了32.67个百分点（见图3-3）。2010年，全球光伏新增装机容量16629兆瓦，与2009年新增装机7257兆瓦相比，同比增速达129.14%（见图3-4），比2000~2010年期间的多年平均值56.6%，高出了72.54个百分点。在全球金融危机的大背景下，光伏产业仍然继续保持了快速发展的态势，再次证明，光伏产业不但已经成为世界能源市场的重要力量，而且在拉动经济增长和创造就业方面，也发挥着越来越重要的作用。

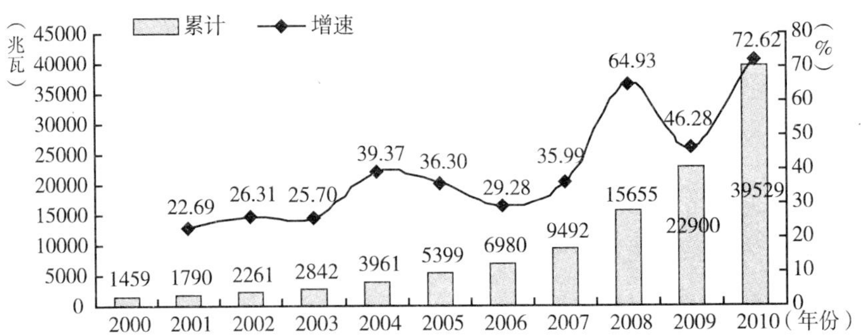

图3-3　全球光伏太阳能累计装机容量及增速

资料来源：*Global Market Outlook for Photovaltaics until 2015*，EPIA，2011；李俊峰、王斯成等著《2011中国光伏产业发展报告》。

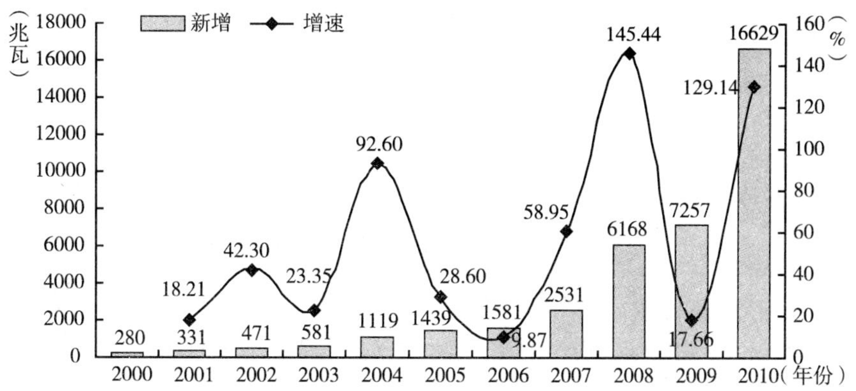

图3－4　全球光伏太阳能新增装机容量及增速

资料来源：*Global Market Outlook for Photovaltaics until 2015*，EPIA，2011.

2. 各国光伏市场发展不平衡

据Solarbuzz统计，2010年在100多个国家内，光伏装机规模都有一定程度的扩大。2010年世界太阳能光伏累计装机超过100兆瓦的国家有18个，排位前十名国家的累计装机都超过了600兆瓦，前五名都超过了2000兆瓦，最为突出的是德国达到了179193兆瓦。2010年，光伏累计装机位于前十名的国家分别德国、西班牙、日本、意大利、美国、捷克、法国、中国、比利时、韩国（见图3－5）。

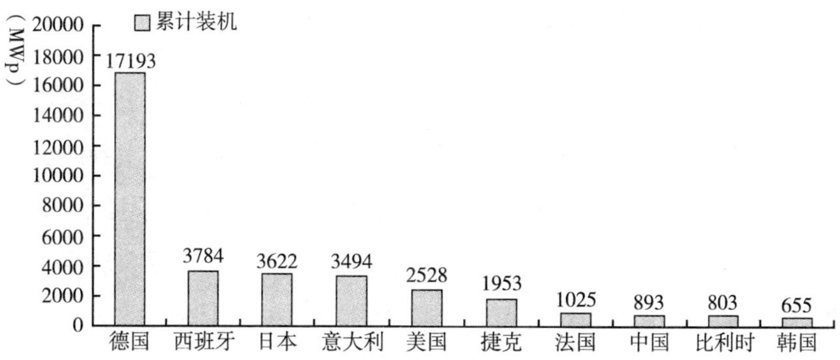

图3－5　2010年全球光伏太阳能累计装机前十名的国家

资料来源：*Global market outlook for photovaltaics until 2015*，EPIA，2011。

2010 年，世界太阳能光伏发电新增装机前十名国家分别为：德国、意大利、捷克、日本、美国、法国、中国、比利时、西班牙、澳大利亚（见图 3 -6）。随着全球光伏装机容量的增长，全球新增装机前 10 名国家中，除日本、美国、中国、澳大利亚以外，其他 6 个国家均位于欧洲。欧洲成为装机最多的地区，2010 年欧洲国家光伏装机容量占全球新增量近 80%（见图 3 -6），仅德国的装机容量就达到 7408 兆瓦，超过 2009 年全球新增 7257 兆瓦的总量。此外，包括日本和美国在内的新兴市场需求分别新增装机 990 兆瓦和 878 兆瓦，中国首次跻身世界前十，新增装机为 520 兆瓦。

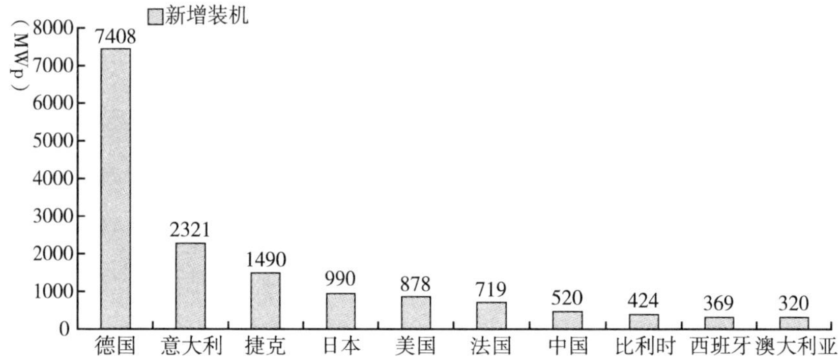

图 3 -6　2010 年全球光伏太阳能新增装机前十名的国家

资料来源：*Global Market Outlook for Photovaltaics until 2015*，EPIA，2011。

3. 全球光伏电池组件生产企业产量不断增长

2010 年，全球太阳能电池产量达到 27 吉瓦，比 2009 年增长 118%，截至 2010 年年底，全世界太阳能电池产能达到 37 吉瓦（见图3 -7）。在电池制造方面，中国大陆和中国台湾成为最大的太阳能电池出口地。2010 年中国大陆太阳能电池产量达到 13018.4 兆瓦，占世界总产量的 48．4%，连续五年居世界首位（见图 3 -8）。2010 年全球多晶硅产量达到 16 万吨，硅片产量达到 19 吉瓦，电池片产量达到 20.5 吉瓦，组件产量达到 17 吉瓦。

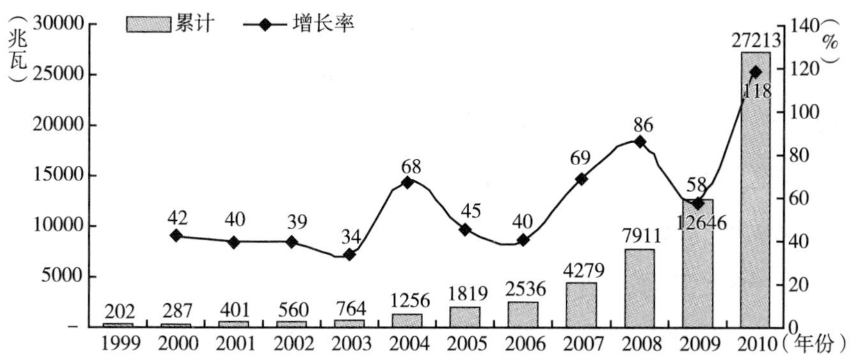

图 3-7　全球光伏电池产量变化趋势

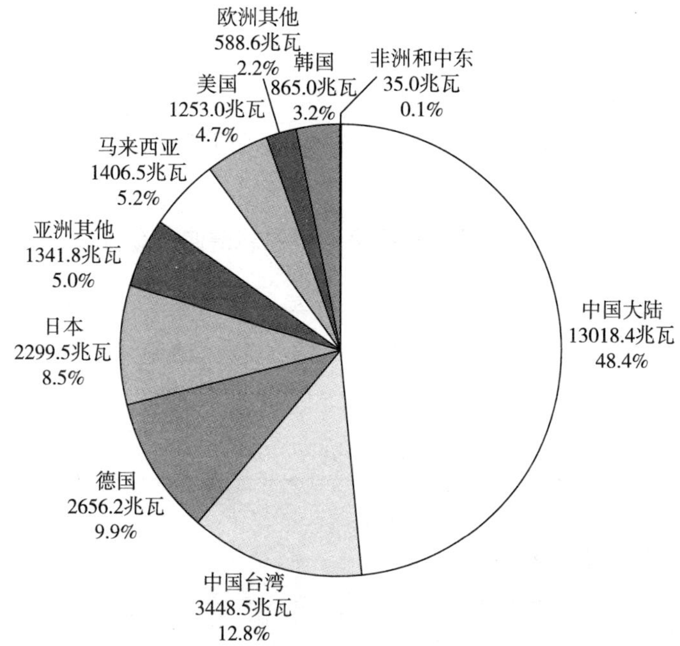

图 3-8　2010 年各国光伏电池产量及所占比例

在各类光伏电池中，晶硅电池一直占据光伏市场的主导地位，其市场份额一直在 80% 以上，2010 年更是达到 86.1%，其中多晶硅的产量占比最多，占全球电池产量的 53%。2006 ~ 2009 年，薄膜电池技术也显示了增长趋势，特别是碲化镉电池在近几年得到了迅速的发展。非晶硅和微晶硅电池虽然有所增长，但相对缓慢。2009～2010年，由于非晶硅薄膜电池发展受阻，碲化镉电池只有第一太阳能公司一枝独秀，晶体硅电池的竞争优势凸显。

4. 电池制造商竞争更加激烈

2010年，世界前十名电池制造商的市场份额为39.2%，比2009年的44.6%下降了5个百分点，有越来越多的企业加入到光伏电池制造业中，其他电池制造商的市场份额相应增加。在市场排名前十家企业中，四家厂商的市场份额扩大，其中尚德电力5.8%、晶澳太阳能5.4%、天合光能3.9%、茂迪3.5%。晶澳太阳能扩大得最多，与2009年相比，市场份额扩大了1.2%。五家厂商的市场下降，第一太阳能5.2%、Q-Cell3.7%、英利3.6%、夏普3.3%。又以第一太阳能下降的最多，与2009年相比，市场份额减少了3.6%（见表3－3）。

表3－3 全球前十家光伏电池制造商市场份额

单位：%

企业名称 / 年份	尚德电力	晶澳太阳能	第一太阳能	天合光能	Q-Cell	英利	茂迪	夏普	昱晶	京瓷
2010	5.8	5.4	5.2	3.9	3.7	3.6	3.5	3.3	3.0	2.4
2009	5.6	4.2	8.8	3.2	4.7	4.2	2.9	4.8	3.0	3.2

5. 市场投资急剧增长

在巨大市场需求的拉动下，各大光伏生产企业纷纷加大投资力度，扩大生产规模；此外，由于资金雄厚，并具备半导体制造技术、运营管理及销售渠道等方面的优势，大批传统集成电路企业（如台积电等）以及平板显示企业（如友达、三星等）均开始涉足光伏领域，市场投资额度进一步扩大①。资金密集型加上技术密集型的光伏

① 中国光伏产业联盟秘书处：《2010～2011年中国光伏产业年度报告》，《中国电子信息产业发展研究院》2011年第4期。

产业，成为这些大型制造商产业转型新的突破点，凭借雄厚的融资能力，拥有充分的电子工业技术积累和高效的工厂管理水平，其成本控制能力更是首屈一指，大型制造商从事光伏制造业具有得天独厚的优势，会对原有的光伏制造业的生产格局和生产方式产生冲击。

2010 年光伏市场也陆续见到不少厂商购并的案例，韩化集团收购了在纳斯达克上市的中国光伏电池生产企业林洋新能源；中国蓝星收购了多晶硅巨头之一 Orkla ASA 旗下的硅生产子公司 Elkem；夏普以 3.05 亿美元购并了 Recurrent Energy。

6. 光伏政策陆续出台

世界各国纷纷提高对发展光伏产业与应用的重视程度，并出台了一系列鼓励光伏产业与应用发展的政策措施。美国于 2008 年 9 月通过了一项 180 亿美元的新能源投资计划，并在 2010 年 7 月签署了“千万太阳能屋顶”法案；德国出台了《可再生能源法案》和“强制光伏上网光伏”政策，其他，如意大利、法国、西班牙、日本、印度等国家与地区也发布了本国的太阳能产业发展计划，并制订了清晰的光伏发电阶段性目标。

（二）发展特点

1. 全球光伏产业出现爆发性增长，潜伏着各种危机

2008 年年底，为了应对国际金融危机，各国都实行了政府干预政策，大规模救市，刺激经济复苏，发展光伏发电是主要措施之一。欧盟各国在财政政策和货币政策上对可再生能源领域的支持，尤其是德国等对发展可再生能源的态度明确，政策到位。同时，由于多晶硅等主要原材料价格的下降，2010 年光伏组件的价格比 2008 年上半年下降了 60%，拉动需求上升，催生了整个产业增速百分之百的爆发性增长。但是这种爆发性的增长产生的潜在危机是显而易见的，对本国光伏市场暴涨之后的政策调整不无可能。加之 2010 年产能和产量双扩张，2010 年装机容量达 16.6 吉瓦，

电池片产量达到20.5吉瓦，组件产量达到17吉瓦，在途、库存压力加大，新的一轮降价风潮在所难免，表面繁荣的背后，隐藏着深刻的危机①。

2. 区域发展依然不平衡

综观全球光伏市场，100多个国家开始利用光伏发电，但是区域发展不平衡。首先，欧洲虽受到债务危机的影响，但欧盟（德国、西班牙）仍是光伏存量和增量市场的绝对领导者。德国还是世界最大的光伏市场，2010年装机容量接近7.4吉瓦，占世界市场份额的45%；意大利、西班牙、希腊、葡萄牙的发展仍然达到了市场预期。其次，新兴市场如中国、美国和印度等极具潜力的市场发展虽然尚好，但仍不尽如人意。美国光伏市场还有显著的增长空间；中国光伏市场的启动还有待时日；印度市场的表现还是令人失望，2009年出台的“尼赫鲁国家太阳能计划”没有预计的理想。其他，如非洲、南美洲等光伏市场尚未启动。光伏发电仍是少数国家的游戏的现象尚未改变。

3. 制造业更加向中国集中

从制造业来看，光伏电池继续向中国大陆和中国台湾地区集中。据初步统计，2010年中国大陆光伏电池的发货量已经超过10吉瓦，加上中国台湾的3.5吉瓦，占世界总生产量的56.7%。2010年，中国光伏制造企业产销两旺，订单应接不暇，产能不断扩张，尚德、晶澳、英利、天合和赛维至少5家中国企业的年销售量超过1吉瓦。国外的光伏制造商也在不断扩产，Q-Cell、夏普、京瓷等厂商都提升了产能，但总体增速不如中国厂商。

4. 晶体硅电池又占上风

2008年以来，多晶硅材料价格开始下降，虽然2010年价格有所回

① 李俊峰、王斯成等著《2011中国光伏产业发展报告》，中国环境科学出版社，2011。

升，但在成本比较中，晶体硅电池比薄膜电池更占优势，因此，晶体硅电池又占上风。让人遗憾的是，在生产成本方面一直领先的第一太阳能公司只坐了一年的头把交椅就让位于晶体硅电池，夏普、三洋等公司纷纷退出或推迟薄膜太阳能电池业务，无锡尚德宣布暂时停止了薄膜电池业务，美国应用材料也宣布退出中国非晶硅技术市场，影响了其全球业务的非晶硅发展，并高调宣布扩大其晶体硅技术的研发和市场供应，欧瑞康虽未退出薄膜电池技术竞争，但也遭遇了市场瓶颈，种种迹象表明薄膜太阳能电池技术和产业发展不尽如人意（见表3－4）。

表3－4　各类光伏电池技术的市场份额

单位：%，年份

分类	1999	2000	2001	2002	2003	2004	2005	2006	2007	2008	2009	2010
单晶硅	40.8	37.4	34.6	36.4	32.2	36.2	38.4	43.3	42.2	38.3	37.8	33.2
多晶硅	42.1	48.2	50.2	51.6	57.2	54.7	52.3	46.5	45.2	47.7	43.2	52.9
碲化镉	0.5	0.3	0.5	0.7	1.1	1.4	1.4	2.7	4.7	6.4	9	5.3
非晶/微晶	12.3	9.6	8.9	6.4	4.5	4.7	4.7	4.7	5.2	5.1	6.1	5
其他	4.3	4.5	5.8	4.9	5	3	3.2	2.8	2.7	2.5	3.9	3.6

资料来源：李俊峰、王斯成等著《2011 中国光伏产业发展报告》。

5. 多晶硅供应紧张，催生新一轮产能扩张

由于市场的超预期增长，造成多晶硅市场供应紧张，多晶硅价格从2010年年初的40～50美元/千克上涨至2010年第四季度的100美元/千克左右。初步估算，2010年国内多晶硅实际产量约4万吨，意味着国内仍有50%的多晶硅依赖进口。虽然龙头企业保利协鑫2010年多晶硅产量达到25000多吨，同比增长300%，但仍然改变不了多晶硅市场整体供应紧张的局面。供应紧张和价格高涨，催生了新一轮的多晶硅扩产潮，国外的大型多晶硅企业积蓄的产能陆续释放，2011年产量达到和超过3万吨的企业将增至4家。我国多晶硅企业也紧密

部署产能扩张，其中保利协鑫2011年准备将其产能扩张到6万吨。赛维和大全也将扩张2万吨以上，星光硅业和洛阳中硅也在积极准备扩产，新一轮的竞争态势已经形成（见表3-5）。

表3-5　2010年主要多晶硅生产商产能情况

单位：吨

企业名称	所属国家	2009年	2010年
Hemlock	美国	27500	36000
Wacker	德国	15650	26000
MEMC	美国	10000	12500
REC	挪威	9500	15000
Tokuyama	日本	5200	8200
OCI	韩国	18000	27000
保利协鑫	中国	17600	25000
赛维	中国	6000	11000

资料来源：李俊峰、王斯成等著《2011中国光伏产业发展报告》。

（三）光伏产业发展趋势

1. 光伏市场快速增长趋势减缓

近年来光伏市场高速发展，主要得益于以欧美日为主的政府出台政策扶持，但由于受到主要光伏市场德国、西班牙、意大利等国削减补贴力度的影响，全球光伏市场的快速增长趋势减缓。但同时，全球宏观经济形势复苏，欧洲逐渐摆脱债务危机影响，美国和欧洲各国政府进一步采取比较宽松的财政和货币政策，支持新能源的发展。并且越来越多的国家开始重视太阳能的利用和光伏产业的发展，把发展光伏产业看成是刺激市场需求、促进经济增长、抢占战略性制高点的重要手段，对光伏产业的扶持力度开始加大，如日本、美国、法国、澳大利亚、中国等国家先后出台了一系列进一步加大光伏产业扶持力度、加快推动光伏应用的政策措施。随着这些政策措施的逐步落实，

全球光伏市场将面临新一轮的政策驱动和发展机遇。

2. 欧洲市场份额下降，中国、美国、印度逐渐成为重要的新兴市场

从2010年开始一些欧洲国家纷纷减少对光伏发电的补贴以及大幅降低上网电价，导致产生对欧洲市场增速明显放缓的预期。德国于2010年下半年率先确定新的光伏发电入网补贴修订案，需求微降，加之强装风潮之后，市场回归正轨。预期德国的市场份额有可能下降到全球市场份额的40%，但市场独大的局面短时期内不会发生根本性改变，全球最大光伏安装市场地位难以撼动。相比之下，中国、美国、印度等将会成为未来新兴市场的重要力量。伴随着“十二五”的到来，中国政府的“十二五”规划中提高可再生能源比例的目标，国家的战略性新兴产业高调宣布支持光伏发电等多项利好消息，随着光伏价格的逐渐下降，中国将逐步扩大国内的光伏市场。面对国内外产业界对中国市场的快速启动与发展的期待，我国政府的有关部门都在积极研究对策。2010年年底，中央四部委联合公布了最新的金太阳示范工程和太阳能光电建筑应用示范工程的支持措施，并表态力争2012年后国内的光伏应用规模不低于1000兆瓦，国家能源局也表示2011年进一步扩大光伏发电特许权招标的数量和规模，以及推出分布式发电项目管理办法，同时国家发展改革委价格司也在探索光伏发电上网合理电价。美国虽在支持可再生能源发展问题上态度不明确，但是，奥巴马总统在其新的国情咨文里提出2025年美国清洁能源比例要提高到25%，各州也推出了各具特色的支持政策，估计2011年美国光伏市场还会延续2010年快速增长的局面，2011～2015年也会有实质性的增长。印度2009年公布“Solar Power”计划，计划到2020年，光伏发电在印度的累计装机容量达到20吉瓦。

3. 电池效率不断提高，薄膜电池产业化进程加快

晶体硅太阳能电池的光电转化效率逐年提升，已从20世纪80年代的11% ~13%提高到目前的16% ~19%，预计到2015年世界平均水平将在20%上下，硅基薄膜太阳能电池产业化生产的转换效率目前普遍在10%以下，但随着技术的发展，有望在未来两年内超过10%。随着光电转换效率明显提升，单位功率电池对原材料消耗将会下降，光伏电池的制造成本将随之降低，光伏系统的发电成本也将大幅下降。据EPIA预测，在未来的3 ~5年内，光伏发电技术的成本即可接近常规电力。

为了适应光伏电池高效率、低成本、大规模生产发展的长远需要，除了已经产业化的硅基薄膜、碲化镉（CdTe）薄膜电池外，铜铟镓硒（CIGS）薄膜电池产业化进程正在加快。非常硅、碲化镉、铜铟镓硒等薄膜太阳能电池效率将在未来两年内超过12%。

4. 技术逐步开放透明

光伏发电是一个国际化程度高、竞争充分的产业，尤其是在晶体硅电池技术领域，关键技术不再是制约一个国家光伏发电产业核心竞争力的最重要因素。中国在各类光伏发电核心技术上均不处于国际领先位置，但是，依靠出色的组织能力和快速的增长，晶体硅电池在全球范围内已经具备价格竞争优势，成本约为1.2美元/Wp。

在薄膜电池领域，由于技术的垄断与保守，使得德国、日本和美国在薄膜电池和硅材料制备方面具有竞争优势，尤其是美国第一太阳能公司的碲化镉薄膜电池的成本已经下降到0.75美元/Wp。仅仅依靠中国国内技术研发和创新，还很难打破目前欧美国家对薄膜技术的垄断和竞争优势。

从整个国际竞争形势看，欧美占据技术优势，但是除了薄膜电池之外，大多数技术是开放的、透明的。中国企业利用这种技术领域的开放性及透明性，形成了产业优势。美国和中国以及印度是未来重要的市场，但欧洲则具有当下的市场优势，在欧洲市场的竞争最为激烈。

（四）部分国家光伏发展情况

1. 德国

德国的太阳能光伏产业“千屋顶计划”。1991年，政府为每位安装太阳能屋顶的住户提供补贴并高价收购居民的太阳能电力。1998年又提出了“10万光伏屋顶”计划，目标是在2003年年底安装300~500兆瓦光伏屋项系统，推动了德国光伏产业的进一步发展。

德国光伏市场的有效启动主要归功于2004年实施的上网电价法，即EEG法案。该法案提出了“再生能源电力强制收购电价政策”，即电力公司有义务以较高的价钱，对其营业区域内所有由再生能源企业产出的电力进行收购，并配套出台了一些税收减免和信贷优惠政策。这些政策的出台使德国光伏市场呈现井喷式增长，带来了巨大的社会、经济和环境效益，德国光伏市场也一跃超过日本成为全球最大的光伏市场。为了规范本国光伏市场的发展，降低光伏发电成本，2010年德国减少了对光伏系统的补贴利率，从2010年7月1日起，德国对屋顶光伏系统和耕地农场设施的补贴额将减少13%，对转换地区补贴额将减少8%，其他地区将减少12%。从10月1日开始，总补贴额进一步减少3%。补贴的削减没有导致德国新增光伏装机容量的大幅下滑，只在2010年下半年有小幅的下降。

在政策推动与市场牵引下，德国的光伏产业取得了突飞猛进的进展，已经形成了从多晶硅原料生产到太阳能电池组件生产与安装的完善的产业体系。在多晶硅生产方面，德国瓦克化学电子公司产量仅次于美国海姆洛克位居第二，2010年该公司产量约为3万吨；在硅片制造方面，德国Solarworld公司产能已超过1吉瓦，是全球最大的硅片和组件制造厂商之一；在太阳能电池制造方面，德国Q-Cell电池片产量达到了1.074吉瓦，位列全球第五；在光伏发电应用方面，2010年德国新增光伏发电装机容量达7.4吉瓦，总装机容量已经达到了17.2吉瓦。据德国太阳能工业协会（BSW）预测，在未来的几年里，德国光伏市场将放缓，但仍然会有每年3吉瓦~5吉瓦的增长，到2020年，德国太阳能光伏发电总装机总量将达到52吉瓦~70吉瓦。

2. 意大利

20世纪90年代，意大利是世界上第三个进行光伏示范电站建设的国家：政府以财政补贴或税务抵扣的方式提供等于70%~75%系统成本的补贴，系统所发富余电量以正常电价出售给当地电力公司。

2001年，意大利学习德国的成功经验，开展了“一万光伏屋顶计划”。在这个计划中，光伏系统与建筑的集成得到了特殊的重视，财政资助也向能够与建筑集成的系统倾斜。整个项目在2002~2005年间共实现了14兆瓦系统的安装，低于其21兆瓦的目标。实际上，社会对该项目的需求充足，但项目的进展受到了审批效率的限制。

2005年7月，意大利政府启动了上网电价补贴政策，自2005年9月30日起，向1~1000兆瓦的并网系统提供上网收购电价，上网电价范围为0.36~0.49欧元/度，小于3千瓦的BIPV系统享受价格上限。2006年2月，意大利政府对上网电价政策做出补充：将2015年光伏系统总装机容量目标由300兆瓦提高到1000兆瓦，将补贴容量上限由100兆瓦提高到500兆瓦，其中360兆瓦为50千瓦以下系统，140兆瓦为50千瓦以上系统，同时规定了每年85兆瓦的新增容量上限：接受非晶硅薄膜电池的安装；BIPV的上网电价补贴在原有基础上提高10%。

2007年2月，意大利政府对上网电价补贴政策再次修订，取消了单个电站1兆瓦的规模上限，取消了每年85兆瓦的新增容量上限，并规定上网电价2008年年底前不变，在2009年及2010年分别下降2%，并在2010年后由后续法案决定。同时，意大利政府将2016年累计安装容量目标定为3吉瓦。

据意大利国家电力局（GSE）统计，意大利2007年、2008年、2009年和2010年新增的光伏装机容量分别达到了70兆瓦、338兆

瓦、711 兆瓦和 1.96 吉瓦，2010 年累计装机容量超过 4 吉瓦。据 iSuppli 预计，2011 年意大利新增光伏容量将达到 3.5 吉瓦。

意大利光伏产业中，太阳能电池板、电池组件生产商约有 60 多家，全年营业额约 8.5 亿欧元；光伏系统设备分销商、安装厂家 300 多家，全年营业额约 11.5 亿欧元；还有太阳能光伏发电和贸易的企业，全年营业额约 1300 万欧元。2009 年意大利光伏发电行业的员工总人数达到 2.3 万人。

意大利现行退税补贴方案于 2010 年 12 月 31 日到期，新一轮太阳能补贴方案于 2011 年 1 月 1 日开始实施。

3. 美国

美国《能源政策法》最早实施于 1992 年。到 2005 年 8 月，布什政府颁布《能源政策法》修正案，其中光伏投资税减免政策于 2008 年年底到期。2008 年 9 月美国参议院通过了一项 180 亿美元的新能源投资计划，其中光伏行业的减税政策续延 2~6 年。奥巴马当选美国总统后，更是致力于大力发展太阳能产业，希望将太阳能产业作为美国经济结构的基轴和美国经济崛起的引擎。金融危机过后，奥巴马从总额为 7870 亿美元的经济刺激计划中拨款 4.67 亿美元用于促进太阳能的开发和利用。为帮助太阳能产业有关企业渡过难关，美国能源部为其提供 5.35 亿美元的贷款担保，这些都是美国光伏市场稳步发展的保障。2010 年 7 月 21 日，美国参议院能源委员会投票通过了“千万屋顶计划”，从 2012 年到 2021 年将累计投资 50 多亿美元，总安装容量将达到 30 吉瓦到 50 吉瓦。

在地方层面上，美国以税赋奖励、补贴和提升再生能源发电比例为主要实施方案。在提升可再生能源发电比例方面，美国目前共有 18 个州提出相关的计划，其中有 6 个州明确制订太阳能源发电占整体可再生发电的比例目标。加州是美国主要的光伏应用市场，2000 年至 2008 年美国的新增容量中，80% 以上位于加州市场。2010 年 1

月，加州政府投入32亿美元，全面推动“百万屋顶太阳能计划”，预计到2016年在加州兴建3吉瓦的太阳能电力系统。

美国的光伏系统安装补贴政策模式与欧洲不同，主要包括纳税抵扣、初装补贴和上网电价，同时辅以其他融资或审批扶持政策。税收政策补贴按初装成本的一定比例给予；初装补贴按照政策中的指定量给予，补贴调整的触发因素不是新政策出台的时间，而是一定的目标安装量；上网电价按照系统实际发电量给予，补贴额使用基于原油期货价格的模型计算出的市场参考电价，按年调整。

虽然发展光伏产业比日本、德国晚得多，但产业链各环节比较好的企业很多分布于美国，特别是光伏设备和辅料方面，美国应用材料公司是全球最大的光伏生产设备供应商，杜邦、福禄集团等也是全球主要的光伏辅料供应企业，而美国First Solar公司是成长最快的企业，连续多年产量产值均位居全球前列。同时，美国作为光照最丰富的国家之一，市场潜力巨大，特别是新政策的出台，将有利于美国光伏市场的进一步发展。据EPIA统计，2009年，美国新增光伏装机容量477兆瓦，累计装机容量1650兆瓦，2010年新增光伏装机容量达到878兆瓦。在未来的五年，Solarbuzz预计美国新增光伏装机容量将会增长到4.5～5.5吉瓦之间，以每年平均30%的增长率增长。加州仍然是美国主要的光伏系统市场，在2010年美国光伏并网发电安装量中，53%来自加州市场。美国太阳能市场发展加快，在全球太阳能市场中扮演的角色也将愈加重要。

4. 日本

在全球变暖以及能源价格的高企，倒逼日本这样一个85%煤炭需要进口的国家将光伏产业放在了国家发展的优先地位。从1993年开始，日本经济产业省运用各种措施和项目，发展本国的光伏产业和市场，包括“新阳光工程”、“5年光伏发电技术的研究与开发计划”和“住宅光伏系统推广计划”。1997年日本太阳能累积发电总量达91兆

瓦，首次超越美国，成为全球第一，此后这种趋势一直延续多年。但由于自2006年开始，政府取消补贴政策，日本光伏产业的发展势头遏制，全球第一的位置也逐渐被德国、西班牙等国取代。与此同时，日本光伏制造业发展较慢，21世纪初期，日本生产的太阳能光伏电池占据全球市场份额的一半以上，但到2007年市场份额下滑至25%。

近年来，为促进光伏产业的民间投资和消费，日本政府于2008年制定《低碳社会行动计划》，提出到2020年将太阳能发电量提高到2005年的10倍，2030年提高到40倍，即2020年累计装机容量要达到约14吉瓦，2030年要达到约50吉瓦的目标。基于此，2009年1月起日本政府恢复对居民光伏发电系统的补贴，每千瓦补助7万日元。正是由于这一政策的推动，2009年日本光伏市场重回增长轨道，装机量几乎是2008年的两倍，达到了484兆瓦。2010年日本新增光伏装机量达到近1吉瓦。

为了支持可再生能源的利用和二氧化碳减排，日本经济产业省拟对其国内可再生能源发电实行全部收购制度。全部收购制度不仅拟逐步扩大收购对象，由太阳能发电扩大到其他可再生能源所发电力，而且也将惠及企业。针对太阳能发电的全部收购制度拟从2011年开始实施，其他可再生能源发电的全部收购拟在2015至2020年期间实施。新政策的出台预示着未来日本家用太阳能光伏市场在保持平衡增长的同时，工业等领域光伏市场的潜力也将被挖掘出来，进而带动日本光伏市场进一步扩大。

5. 西班牙

西班牙不仅拥有制造和出口光伏电池和组件的基地，还拥有生产和出口太阳能发电设备部件的基地。欧洲最大的将太阳能应用实验中心——空间能源研究中心“ALMERIA太阳能平台”，以及负责对在太空中使用的太阳能光伏电池认证的欧洲实验室均建在西班牙。西班牙埃索菲通（ISOFOTON）有限公司研发能力处于国际领先水平。

西班牙光照条件在欧洲地区处于领先地位，同样设备条件下，光伏系统的发电量较德国地区多出20%～30%左右。西班牙政府扶植可再生能源的努力开始于其在《京都议定书》中的减排承诺。1997年，西班牙政府颁布了首个可再生能源上网法案。1998年，西班牙政府颁布RD2818/1998法令，向不大于5千瓦的光伏系统提供0.198～0.396欧元/度的上网收购电价（FIT），并设置了50兆瓦的补贴容量上限。2004年，西班牙下令颁布RD436/2004法令，向不大于100千瓦的光伏系统提供0.42欧元/度的上网电价，向更大型的系统提供约0.2欧元/度的上网电价，并以法律形式确保上网电价25年有效。这一法令确保了建设光伏电站的投资回报，促使西班牙安装量快速增加，并形成了一定的市场规模和配套。2007年，西班牙政府颁布RD661/2007法令，给出了0.46欧元/度（<100千瓦）以及0.43欧元/度（100千瓦～10兆瓦）的光伏系统上网电价，强力刺激了西班牙的光伏市场需求，新增容量在2007年和2008年出现井喷，分别达到560兆瓦与2.6吉瓦。为了使本国光伏市场稳步发展，同时减少政府的补贴压力，西班牙政府于2008年10月将FIT电价削减为0.29～0.33欧元/度，2009年补贴额度设置上限（CAP）为500兆瓦。新政策出台后，西班牙光伏市场随即陷入停滞状态，2009年的新增装机容量骤降至69兆瓦。就业和投资量也显示出了类似的发展路径。

2010年11月，西班牙政府颁布了对光伏发电补贴的新规定。根据该规定，西班牙对新建立的地面光伏发电厂减少45%的补贴，对大型屋顶装置减少25%补贴，小型屋顶装置减少5%的补贴，这使得西班牙光伏市场成长速度将会减缓。

6. 国际政策环境及走向

2010年强劲的光伏市场出乎所有人的预期，也让对未来光伏市场的预测更加困难。作为最重要的市场驱动力，德国上网电价政策的调整将导致全球光伏市场增速大幅放缓。欧洲一些国家纷纷减少对光

伏发电的补贴以及大幅降低上网电价，欧洲的光伏发展速度可能放缓；而美国、中国、印度新兴市场有着巨大的能源消费需求。美国、亚洲等新兴市场的崛起将支撑行业景气，抵消欧洲市场的不确定性，整个光伏市场的发展形势依然向好。

光伏发电的未来发展取决于电力需求的增长和其成本的下降。从需求角度考虑，欧盟、美国、中国和印度是光伏发电潜在的主要市场。2010年年底，欧盟、美国、中国和印度总的发电装机容量分别为800吉瓦、1200吉瓦、960吉瓦和250吉瓦，发电量分别为3000太瓦时、4000太瓦时、4250太瓦时、1000太瓦时，合计为12250太瓦时左右。从成本角度考虑，最保守地估计，到2030年，光伏发电成本有望降到4~8欧分/千瓦时，即使是传统化石能源价格温和上涨，届时光伏发电也能与煤电和天然气发电相竞争。如果欧盟、美国、中国、印度四个地区到2020年光伏发电量比例达到目前总的发电量的4%，相应的光伏发电量将突破490太瓦时，所需光伏发电装机将可能突破4亿千瓦。

按照欧洲光伏协会的研究，全球148多个国家（占国家总数的74%）日照充足，有发展太阳能发电的条件。如果再考虑到日本、澳洲、中东以及南美、非洲各地的应用，2020年全球光伏发电装机容量有望达到500吉瓦，与全球风能理事会对风电的预测相接近。

二　中国光伏产业发展现状

（一）资源禀赋

中国是太阳能资源相当丰富的国家，年单位面积上我国太阳辐照总量大致在1050~2450千瓦时/平方米之间，大于1050千瓦时/平方米的地区占国土面积的96%以上。每年太阳辐射到我国960万平方公里土地上的能量，相当于1.7万亿吨标准煤，具有利用太阳能的良好资源条件。我国西藏、青海、新疆、甘肃、宁夏、内蒙古高原的总辐射量和日照时数均为全国最高，属太阳能资源丰富地区；除四川盆地、贵州省资源稍差外，东部、南部及东北等其他地区为资源较富或中等区。根据各地接受太阳总辐射量的多少，可将全国划分为四类地区（见表3－6）。

表3－6　我国各地区的太阳能资源及分布

名称	符号	指标［kWh/（m^2·a）］	占国土面积	地区
最丰富带	Ⅰ	≥1750	17.40%	西藏大部分、新疆南部以及青海、甘肃和内蒙古的西部
很丰富带	Ⅱ	1400～1750	42.70%	新疆大部、青海和甘肃东部、宁夏、陕西、山西、河北、山东东北部、内蒙古东部、东北西南部、云南、四川西部
丰富带	Ⅲ	1050～1400	36.30%	黑龙江、吉林、辽宁、安徽、江西、陕西南部、内蒙古东北部、河南、山东、江苏、浙江、湖北、湖南、福建、广东、广西、海南东部、四川、贵州、西藏东南部、台湾
一般带	Ⅳ	≤1050	3.60%	四川中部、贵州北部、湖南西北部

注：我国太阳能资源的丰富地区（即Ⅰ、Ⅱ与Ⅲ带）共占国土面积96%以上。
资料来源：《中国可再生能源发展战略研究丛书》。

如果按照40%的屋顶面积和2%的戈壁和荒漠地区面积可以利用，总计有2.4万平方公里可用于安装各类太阳能利用系统，其中太阳能热水系统20亿平方公里，按利用我国戈壁和荒漠面积2%的比例计算，太阳能发电的可利用资源潜力就可达22亿千瓦，其中热利用可以替代煤炭约3.2亿吨标准煤，相当于目前我国能源消费量的1/8，以及年发电量可以达到2.9万亿千瓦时①。

① 中国可再生能源发展战略研究项目组：《中国可再生能源发展战略研究丛书》，中国电力出版社，2008。

（二）发展现状

1. 光伏制造业规模迅速提高，市场占有率稳居世界前列

得益于欧洲市场的拉动，中国的光伏产业在2004年之后飞速发展，目前已经形成包括高纯多晶硅制造、硅碇/硅片生产、太阳能电池制造、光伏组件封装以及光伏系统应用等完善的产业链体系，光伏生产设备制造及一些光伏配套产业也得到了快速发展。

我国多晶硅产业突破关键工艺技术瓶颈，产量逐年上升。2010年我国多晶硅产量4.5万吨，已能满足50%的国内市场需求，产能达到8.5万吨。硅片产量达到11吉瓦。2007年我国已经成为世界最大的太阳能电池生产国，至2010年连续四年太阳电池产量居世界第一。2010年太阳能电池产量约为10吉瓦（见图3－9），占全球总产量的50%。我国太阳能电池产品90%以上出口，2010年出口额达到202亿美元。我国薄膜光伏电池2010年产量估计达到300兆瓦。

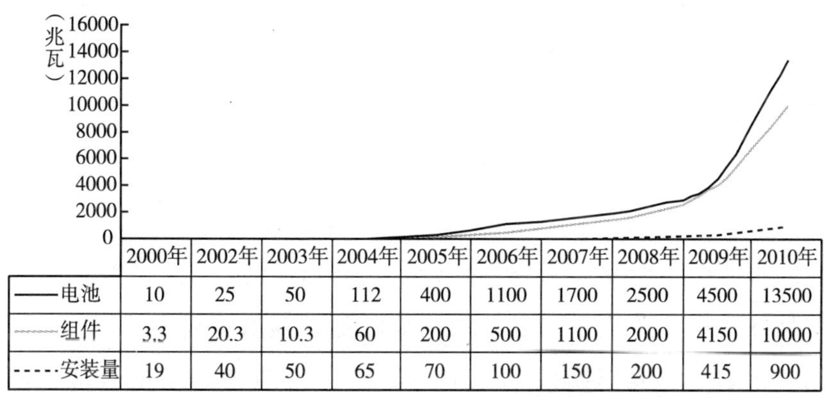

	2000年	2002年	2003年	2004年	2005年	2006年	2007年	2008年	2009年	2010年
——电池	10	25	50	112	400	1100	1700	2500	4500	13500
——组件	3.3	20.3	10.3	60	200	500	1100	2000	4150	10000
-----安装量	19	40	50	65	70	100	150	200	415	900

图3－9　我国光伏产业发展趋势

2. 国内光伏市场逐步启动，装机量快速增长

我国已相继出台了《太阳能光电建筑应用财政补助资金管理暂行方法》和《关于实施金太阳示范工程的通知》等政策，并先后启动了两批总计290兆瓦的光伏电站特许权招标项目。截至2010年，

我国累计光伏装机量达到800兆瓦，当年新增装机容量达到500兆瓦，同比增长166%。

3. 掌握关键材料生产技术，产业基础逐步牢固

我国投产的多晶硅年产量自给率由几乎为零提高至50%左右，已形成数百亿元级的产值规模。国内多晶硅骨干企业已掌握改良西门子法千吨级规模化生产关键技术，规模化生产的稳定性逐步提升。

多晶硅产业技术与国际先进水平的差距在缩小。千吨级多晶硅规模化生产技术取得重大突破，初步实现循环利用和环保无污染、节能低耗生产。少数企业还实现了四氯化硅闭环工艺，使得综合能耗和生产成本大大降低，并彻底解决了四氯化硅的排放和污染环境的问题。已有2家多晶硅生产商的能耗与成本接近国外同行先进水平，多晶硅能耗水平达到每千克耗电120千瓦时，成本下降到每千克30美元以下。龙头企业保利协鑫2009年的产量达到了17600吨，居世界第三位，成本下降到每千克22.5美元。2010年，国内多晶硅产能接近9万吨，产量在4.3万吨左右，自给率虽然还不到50%，但是完全依赖进口的局面有了很大的改观。

4. 主流产品技术与世界同步，产品质量稳步提高

“十一五”末期，我国晶硅电池占太阳能电池总产量的95%以上。太阳能电池产品质量逐年提升，尤其是在转换效率方面，骨干企业产品性能增长较快，单晶硅太阳能电池转换效率达到17%~19%，多晶硅太阳能电池转换效率为15%~17%，薄膜等新型电池转换效率约为6%~8%。

5. 生产设备不断取得突破，本土化水平不断提高

国产单晶炉、多晶硅铸锭炉、开方机等设备逐步进入产业化，占据国内较大市场份额。晶硅太阳能电池专用设备除全自动印刷机和切割设备外基本实现了本土化并具备生产线“交钥匙”的能力。硅基薄膜电池生产设备初步形成小尺寸整线生产能力。2010年我国光伏

专用制造设备销售收入超过40亿元人民币，出口交货值达到1亿元人民币。

6. 节能减排成效明显，资源利用率大幅提升

光伏产业节能减排取得显著成效，副产物综合利用水平稳步提高，资源利用率整体取得大幅提升。2006年每生产1公斤多晶硅的平均单耗水平为：工业硅1.8～2.0公斤、液氯1.8公斤、综合电耗300～350千瓦时，到2010年分别下降为：工业硅1.3～1.4公斤、液氯1.0公斤、综合电耗160～180千瓦时，部分骨干企业达到130～150千瓦时/公斤。生产晶硅太阳能电池的多晶硅用量从2006年的11克/瓦下降到2010年的7～8克/瓦。

7. 政策扶持力度加强，促进光伏产业发展

我国已相继出台了《可再生能源法》、《太阳能光电建筑应用财政补助资金管理暂行方法》和《关于实施金太阳示范工程的通知》等光伏产业的促进政策，并已经先后启动了两批总计290兆瓦的光伏电站特许权招标项目。

地方政府也纷纷出台政策，鼓励当地光伏产业的发展，如江苏省出台了《新能源产业调整和振兴规划纲要》、山东省出台了《加快山东省新能源和节能环保产业发展的意见》等。

8. 区域集群化发展态势初现，产业布局趋于合理

我国光伏产业区域集群化发展态势已初步显现。太阳能生产企业主要分布在江苏、河北、山东、上海、浙江等沿海省市，多晶硅生产企业多数位于内蒙古、四川、河南等中西部能源富集地区以及产业基础较好的江苏等省市。

（三）发展特点

1. 充分利用国内外市场要素，产业发展国际化程度高

我国光伏产业充分运用国内外资金、人才两大市场要素，“十一五”末期，已有数十家企业实现海外及国内上市，产品广销国际市

场。国内光伏企业以民营企业为主，主要企业实力不断增强，有4家企业太阳能电池产量位居全球前十，成为国际知名企业。

2. 自主创新与引进吸收相结合，形成自主特色产业体系

通过自主创新与引进消化吸收再创新相结合，初步形成了具有我国自主特色的光伏产业体系，多晶硅、电池组件及控制器等制造水平不断提高，制造设备的本土化率已经超过50%，太阳能电池的质量和技术水平也逐步走向世界前列。

3. 产业链上下游协同发展，推动光伏发电成本下降

“十一五”期间，我国光伏产业突破材料、市场以及人才等发展瓶颈，产业规模迅速壮大，上下游完整产业链基本成型。我国光伏产业的崛起带动了世界光伏产业的发展，有效地推动了技术进步，降低了光伏产品成本，加快了全球光伏产业应用步伐。

4. 产业呈现集群化发展，有效提高区域竞争力

我国光伏产业区域集群化发展态势初步显现，依托区域资源优势和产业基础，国内已形成了江苏、河北、浙江、江西、河南、四川、内蒙古等区域产业中心，并涌现出一批国内外知名且具有代表性的企业，主要企业初步完成垂直一体化布局，加快海外并购和设厂，向国际化企业发展。

（四）面临形势

目前，各主要发达国家均从战略角度出发大力扶持光伏产业发展，通过制定上网电价法或实施“太阳能屋顶”计划等推动市场应用和产业发展。国际各方资本也普遍看好光伏产业：一方面，光伏行业内众多大型企业纷纷宣布新的投资计划，不断扩大生产规模；另一方面，其他领域如半导体企业、显示企业携多种市场资本正在或即将进入光伏行业。

从我国未来社会经济发展战略路径看，发展太阳能光伏产业是我国保障能源供应、建设低碳社会、推动经济结构调整、培育战略性新

兴产业的重要方向。“十二五”期间，我国光伏产业将继续处于快速发展阶段，同时面临着大好机遇和严峻挑战。

1. 我国光伏产业面临广阔发展空间

世界常规能源供应短缺危机日益严重，化石能源的大量开发利用已成为造成自然环境污染和人类生存环境恶化的主要原因之一，寻找新兴能源已成为世界热点问题。在各种新能源中，太阳能光伏发电具有无污染、可持续、总量大、分布广、应用形式多样等优点，受到世界各国的高度重视。我国光伏产业在制造水平、产业体系、技术研发等方面具有良好的发展基础，国内外市场前景总体看好，只要抓住发展机遇，加快转型升级，后期必将迎来更加广阔的发展空间。

2. 产业、政策及市场亟待加强互动

从全球来看，光伏发电在价格上具备市场竞争力尚需一段时间，太阳能电池需求的近期成长动力主要来自于各国政府对光伏产业的政策扶持和价格补贴；市场的持续增长也将推动产业规模扩大和产品成本下降，进而促进光伏产业的健康发展。目前国内支持光伏应用的政策体系和促进光伏发电持续发展的长效互动机制正在建立过程中，太阳能电池产品多数出口海外市场，产业发展受金融危机和海外市场变化影响很大，对外部市场的依存度过高，不利于持续健康发展。

3. 国际经济动荡和贸易保护的严峻挑战

近年来全球经济发展存在动荡形势，一些国家的新能源政策出现调整，相关补贴纷纷下调，对我国光伏产业发展有较大影响。同时，欧美等国已发生多起针对我国光伏产业的贸易纠纷，类似纠纷今后仍将出现，主要原因有：一是我国太阳能电池成本优势明显，对国外产品造成压力；二是国内光伏市场尚未大规模启动，产品主要外销，可能引发倾销疑虑；三是我国相关标准体系尚不完善，存在产品质量水平参差不齐等问题。

4. 新工艺、新技术快速演进，国际竞争不断加剧

全球光伏产业技术发展日新月异：晶体硅电池转换效率年均增长一个百分点；薄膜电池技术水平不断提高；纳米材料电池等新兴技术发展迅速；太阳能电池生产和测试设备不断升级。而国内光伏产业在很多方面仍存在较大差距，国际竞争压力不断升级：多晶硅关键技术仍落后于国际先进水平，晶硅电池生产用高档设备仍需进口，薄膜电池工艺及装备水平明显落后。

5. 市场应用不断拓展，降低成本仍是产业主题

太阳能光伏市场应用将呈现宽领域、多样化的趋势，适应各种需求的光伏产品将不断问世，除了大型并网光伏电站外，与建筑相结合的光伏发电系统、小型光伏系统、离网光伏系统等也将快速兴起。太阳能电池及光伏系统的成本持续下降并逼近常规发电成本，仍将是光伏产业发展的主题，从硅料到组件以及配套部件等均将面临快速降价的市场压力，太阳能电池将不断向高效率、低成本方向发展。

我国光伏发电市场也在起步，2010 年安装光伏发电 500 兆瓦，累计达到 900 兆瓦，居世界前十。我国的薄膜电池产量规模还很小，其原因是国内碲化镉电池和铜铟镓硒电池还未实现产业化，硅基薄膜电池产业化技术尚未成熟、成本高、竞争力差，形成的产能没有发挥。

在市场需求的拉动下，我国的光伏产业链规模已经形成。无论是装备制造还是配套的辅料制造，国产化进程都在加速。在光伏产业链中，有实际产能的多晶硅生产商 20 ~ 30 家，硅片企业 60 多家，电池企业 60 多家，组件企业 330 多家，截至 2010 年年底，国内已经有海外上市的光伏产品制造公司 16 家，国内上市的光伏产品制造公司 16 家，行业年产值超过 3000 多亿元，进出口额 220 亿美元，就业人数 30 万人。

（五）发展的目标

1. 总体发展目标

按照政策扶持和市场培育相结合的原则，逐步扩大太阳能光伏发

电的应用规模，启动多元化的太阳能发电市场。在太阳能资源丰富、具有荒漠和荒芜土地资源的地区，建设一批大型并网光伏电站。在城镇推广与建筑结合的分布式并网光伏发电系统。在偏远、无电地区推广民用光伏发电系统或建设小型光伏电站，为大约 200 万户边远地区农牧民提供基本生活用电。同时，也鼓励在通信、交通、照明等领域采用光伏电源，分散能源分散利用。力争到 2015 年，太阳能光伏发电装机达到 500 万千瓦，发电量达到 65 亿千瓦时；到 2020 年，太阳能光伏发电装机达到 2000 万千瓦，发电量达到 260 亿千瓦时。

2. 具体发展目标

（1）近期目标，即 2011 ~ 2015 年期间，应继续以发展晶体硅太阳能电池为主并辅之以发展单结非晶硅、双结非晶硅、三结非晶硅和非晶/微晶硅等硅基薄膜太阳能电池；同时，加强光伏电池系统并网的模块化大容量逆变器和相应的并网群控技术、储能技术与装备的研究；在注重发展并网光伏发电示范的同时特别要加大对远离电网、零星分布的离网农村光伏发电的发展；积极推进产业化示范项目建设等，为启动大规模并网光伏发电市场做好技术性准备，逐步提高太阳能光伏发电在我国能源结构中的比重。加大对晶体硅太阳能电池的研发，要加强高效钝化技术、高效陷光技术、选择性发射区、背表面场、细栅或者单面技术、封装材料的最佳折射率等高效封装技术等方面研究，不断提升商业化晶体硅电池的转换效率；加强超薄切割技术及其封装设备的开发，持续降低商业化电池硅片厚度；同时大力开发专门用于晶体硅太阳能电池的硅材料，实现硅材料的国产化并使硅材料的提纯工艺和设备技术逐步达到国际先进水平；出台有关多晶硅产品及其太阳能电池的质量规范和产品规范、大型并网光伏电站的相关标准和技术规范；全面提升电池制造技术，大幅降低组件价格，并有效提升屋顶光伏系统和沙漠电站技术与工程等光伏发电应用技术，使光伏发电价格大幅下降。

（2）中期目标，即2016～2020年期间，应继续以晶体硅太阳能电池发展为主，并逐步过渡到以单结非晶硅、双结非晶硅、三结非晶硅和非晶/微晶硅等薄膜太阳能电池的发展为主，特别是铜铟硒（CIS）/铜铟硒镓（CIGS）和碲化镉（CdTe）等薄膜电池也要逐步实现规模化生产，成为光伏发电的主要产品之一；同时，继续加强光伏电池系统并网的模块化大容量逆变器和相应的并网群控技术、储能技术与装备的研究；加强国内光伏制造业的自主创新能力建设，在有条件的重点地区逐步启动大规模并网光伏发电市场，使太阳能光伏发电成为我国能源供应的有效补充。加大对薄膜太阳能电池的研发，不断提高商业化薄膜太阳能电池的转换效率、提高稳定性；全面提升电池制造技术，通过多结叠层技术、规模化生产实现组件价格的大幅降低，并使光伏发电价格继续大幅下降。

（3）远期目标，即2020年以后，应以薄膜太阳能电池为主，并探索聚合物多层修饰电极型太阳能电池、纳米晶太阳能电池（NPC电池）、高倍聚光太阳能发电技术等新型高效电池材料和制造工艺技术；在全国有条件的地区全面推进大规模并网光伏发电市场，使太阳能光伏发电逐步成为重要的能源供应来源。

第三节　我国光伏产业发展环境分析

一　生产要素环境

我国已经掌握了产业链的各个环节中的关键技术，并在不断地创新和发展，如电池技术、多晶硅制造技术等，多晶硅电池的平均出厂效率达到16%，我国的企业已经在产品质量和成本方面居世界领先地位。尚德的冥王星技术将单晶硅太阳电池的有效面积转化效率提高到了18.8%，多晶硅达到了17.2%。英利、天合、阿特斯、晶澳、

韩华、南京中电等国际化公司也都持有自己的专有技术，电池的转换效率均达到世界一流水平，平均每瓦太阳能电池的高纯硅材料的用量从世界平均水平9克/瓦下降到6克/瓦，大大降低了制造成本，使得我国光伏组件在世界上具有很强的价格竞争力。

（一）技术环境

1. 多晶硅生产技术

在多晶硅生产技术方面，我国已基本掌握改良西门子法千吨级规模化生产技术，大规模合成、高效提纯、低电耗还原、四氯化硅氢化等关键技术环节得到突破，生产工艺不断优化，规模化生产的稳定性逐步提高，部分企业多晶硅生产能耗已接近或达到国际先进水平。硅烷法和物理冶金法等多晶硅新工艺也已取得突破，正逐步向规模化生产过渡。千吨级多晶硅规模化生产技术取得重大突破，初步实现循环利用和环保无污染、节能低耗生产。少数企业还实现了四氯化硅死循环工艺，使得综合能耗和生产成本大大降低，并彻底解决了四氯化硅的排放和污染环境的问题。已有两家多晶硅生产商的能耗与成本接近国外同行先进水平，多晶硅能耗水平达到每千克耗电120千瓦时，成本下降到每千克30美元以下。龙头企业保利协鑫的产量达到了17600吨，居世界第三位，成本下降到每千克22.5美元。2010年，国内多晶硅产能接近9万吨，产量在4.3万吨左右，自给率虽然还不到50%，但是完全依赖进口的局面有了很大的改观。

2. 太阳能电池技术

太阳能电池技术主要分为晶体硅电池技术、薄膜电池技术。晶体硅电池又分为单晶硅和多晶硅技术，目前成熟的薄膜电池技术主要有碲化镉、铜铟镓锡和非晶硅薄膜技术。在各类光伏电池中，晶体硅电池一直占光伏市场的主导地位，2010年更是达到86.1%，其中多晶硅的产量占比最多，占全球电池产量的53%。2006~2009年，薄膜电池技术得到提高，特别是碲化镉电池在近几年得到了迅速的发展。

但近两年，由于非晶硅薄膜电池发展受阻，晶体硅电池的竞争优势凸显。

在太阳能电池生产方面，我国已掌握高性能晶体硅太阳能电池的成套生产技术，在商业化太阳能电池生产技术上取得多项突破，光电转化效率已从20世纪80年代的11%～13%提高到了16%～19%，达到了国际先进水平，在产业技术上与国际同步。产品质量稳定，得到各国市场认同。

3. 光伏生产设备技术

在光伏生产设备方面，已基本具备太阳能电池整线装备制造能力，可提供10种太阳能电池大生产线设备中的8种，其中有6种已在国内生产线占据主导地位，部分产品如扩散炉、等离子刻蚀机等已开始少量出口，单晶炉已实现批量出口。光伏设备制造业逐渐形成规模，为产业发展提供了强大的支撑。在晶体硅太阳能电池生产线的十几种主要设备中，6种以上国产设备已在国内生产线中占据主导地位。其中单晶炉、扩散炉、等离子刻蚀机、清洗制绒设备、组件层压机、太阳模拟仪等已达到或接近国际先进水平，性价比优势十分明显。多晶硅铸锭炉、多线切割机等设备制造技术取得重大进步，打破国外产品的垄断，有些设备开始出口，如扩散炉、层压机等。

4. 光伏配套辅料生产技术

在光伏配套辅料方面，随着我国恒星科技的切割线投产，我国在硅片切割领域所用的切割液和切割刃料已全部实现国产化，切割线的国产化进程逐步加快，而电池组件用的TCO玻璃等也已经研发成功。在“十二五”期间，有望实现电子浆料、光伏背板等的全面国产化。

（二）生产成本

太阳电池的成本受高纯硅材料的影响很大，多晶硅生产环节成本约占41%（见图3－10），德意志银行2009年10月给出了硅材料对太阳电池和光伏发电系统成本和售价的影响（见表3－7）。

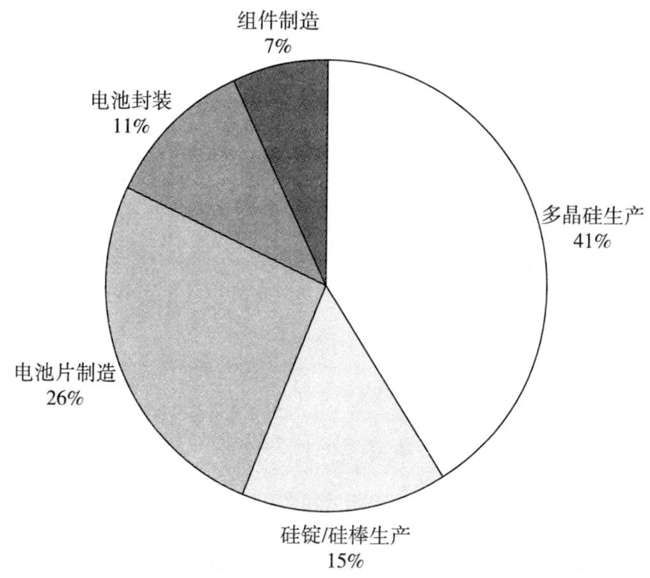

图 3－10　太阳能电池生产环节成本

表 3－7　硅材料价格对于太阳电池组件价格的影响

硅材料（美元/千克）	硅材料（美元/Wp）	组件成本（美元/Wp）	毛利润（美元/Wp）	组件售价（美元/Wp）
250	1.75	3.00	1.00	4.00
200	1.40	2.65	0.79	3.44
150	1.05	2.32	0.65	2.97
100	0.70	1.95	0.52	2.47
50	0.35	1.60	1.40	2.00

资料来源：《中国能源中长期（2030、2052）发展战略研究》，《可再生能源卷/中国能源中长期发展战略研究项目组》，科学出版社，2011。

尽管我国晶体硅太阳电池的产量现在已经做到世界第一，成本也比国际平均水平低 20%～30%，但是目前的价格水平距离“平价上网”还相差很远。要想达到 1 元/千瓦时的电价水平，光伏系统售价要做到1.5 万元/kWp，要求晶体硅太阳电池组件的售价要低于 8 元/Wp，效率高于 20%；非晶硅等薄膜组件的价格要低于 6 元，效率高于

12%。这就要求在技术上有很大的提升，在材料和成本控制上有很大的超越。

中国无论是太阳电池还是光伏系统的成本一般比国际平均水平要低10%～15%，目前国内太阳电池的价格为12～13元/Wp，系统投资在2.0～2.5万元/kWp。从2010年国家能源局西部6省大型光伏电站的特许权招标的情况看，对于规模在20兆瓦以上的光伏电站，初投资完全可以做到2万元/kWp以下。

按照火力发电建设投资6000元/千瓦、风力发电1万元/千瓦来看，光伏发电的建设成本是火电的4～5倍，是风力发电的2～3倍。火力发电的年运行时间可达5000小时，风力发电为2000小时，而光伏发电在中国平均只有1300小时，因此光伏电价在日照比较好的地区（年满发1500小时）也要在1.5元/千瓦时左右，远高于火力发电和风力发电的上网电价。因此，今后10年之内降低成本仍然是光伏发电最重要的努力方向。

（三）对环境影响

多晶硅生产的污染问题，采用改良西门子法已可做到将副产物四氯化硅全部回收利用，尾气（氢气和氯气）的回收率也可达到98%以上，实现清洁生产。所谓多晶硅生产污染环境，是企业投机取巧和政府监管不力造成的，不是光伏产业本身的特点。

四氯化硅（$SiCl_4$）是一种无色透明重液体，有窒息气味。相对密度1.50。在潮湿空气中水解而成硅酸和氯化氢（其水溶液即盐酸），同时发生白烟。遇水时水解作用很激烈。显然，四氯化硅是不能随意排放的。四氯化硅是生产白炭黑的原料，白炭黑可以用作橡胶补强剂，也可以用作润滑剂，国内需求有限。

二　市场环境

从市场的角度来看，尽管我国的光伏产业链已经逐步形成，但由

于缺少市场发展的支撑，即长期的发展目标，难以使其规模进一步增长，并突破成本瓶颈。国家政策的不完善将无法拉动国内的光伏市场，致使国内市场发展不均衡，使国内的产业过度依赖国外市场，面临无法控制的风险。

（一）电池制造商竞争激烈

2010 年，世界电池制造商竞争更加激烈，前十名电池制造商的市场份额为 39.2%，比 2009 年的 44.6% 下降了 5 个百分点，有越来越多的企业加入到光伏电池制造业中，其他电池制造商的市场份额相应增加。在市场排名前十家企业中，四家厂商的市场份额扩大，其中尚德电力 5.8%、晶澳太阳能 5.4%、天合光能 3.9%、茂迪 3.5%。晶澳太阳能扩大的最多，与 2009 年相比，市场份额扩大了 1.2%。五家厂商的市场下降，第一太阳能 5.2%，Q-Cell3.7%，英利 3.6%，夏普 3.3%。又以第一太阳能下降的最多，与 2009 年相比，市场份额减少了 3.6%。

得益于欧洲光伏市场的拉动，中国的光伏产业在 2004 年之后经历了快速发展的过程，连续 5 年的年增长率超过 100%。2007 年至今，中国已经连续 4 年光伏电池产量居世界首位。2010 年，中国光伏电池产量已超过全球总产量的 50%。目前已有数十家光伏公司分别在海内外上市，据估算，行业年产值超过 3000 亿元人民币，直接从业人数超过 30 万人。

太阳能光伏提供了独特的优势和机遇。中国光伏产业走上了快速发展之路，已经掌握了包括太阳能电池制造、多晶硅生产等关键工艺技术，设备及主要原材料逐步实现国产化，产业规模快速扩张，产业链不断完善，制造成本持续下降，具备较强的国际竞争能力。

（二）光伏市场装机容量扩大迅速

中国政府的一系列光伏激励政策促进了中国光伏市场的快速增长。2009 年中国年度光伏新增装机量达到 160 兆瓦，超过了截至

2008 年年底的累计安装总量。2010 年实际新增装机量超过 500 兆瓦。中国光伏市场近几年的增长速率令人印象深刻，但中国的光伏装机量从全球角度看仍然相当小，2009 年中国光伏安装量占全球总安装量的份额约为 2%，2010 年上升约 1 个百分点，达 3.10%（见表 3 – 9）。

表 3 –9　全球及中国光伏年度装机量

	2006	2007	2008	2009	2010
全球总量（兆瓦）	1603	2932	5950	7380	16000
中国（兆瓦）	10	20	40	160	500
中国占世界的百分比（%）	0.60	0.70	0.70	2.20	3.10

资料来源：SEMI PV Group、SEMI 中国光伏顾问委员会和中国光伏产业联盟：《2011 中国光伏产业发展报告》。

（三）光伏产品制造成本快速下降

中国光伏产业的发展带来了光伏产品制造成本的快速下降，推动了全球光伏应用的发展。随着原材料价格的下降，电池转换效率的提高以及光伏发电在全球的推广应用力度逐步增强，光伏产品的价格呈现快速下滑趋势。据统计，1978 年，太阳能光伏组件的价格为 78 美元/瓦，发展到 2010 年，已下降到 2 美元/瓦以下。全球范围内，光伏产业持续向低成本地区转移。中国企业在推动光伏制造产业降低成本方面发挥了重要作用，原辅材料和光伏设备的国有化程度不断提高。“中国制造”的光伏产品不仅代表了低成本和高质量，还代表了技术进步和创新。

值得注意的一点是，作为光伏制造大国，中国的光伏应用市场仍未完全打开。光伏发电和常规发电的高价差限制了其在中国市场的成长。多年来，中国光伏市场较多地集中于离网农村电气化工程，这仅仅实现了很小的安装量。

（四）上网电价居高不下

目前我国的光伏发电市场主要用于边远地区农村电气化、通信和工业应用以及太阳能光伏商品。由于成本很高，并网光伏发电目前还处于示范阶段。目前上海、北京、无锡、保定等城市已启动了城市太阳能示范计划和行动。

光伏发电最低上网电价在3.5～3.6元/千瓦时，而我国常规电力上网电价目前在0.3～0.5元/千瓦时。德国、美国、日本等发达国家在光伏领域之所以走在世界前列，与其政府在目标引导、价格激励、财政补贴、税收优惠、信贷扶持、出口鼓励、科研和产业化促进等方面的综合作用是分不开的。以德国为例，1998年实施“十万天棚光伏计划”后，以光伏法案的形式将对太阳能光伏发电的补贴固定下来。政府还通过银行贴息贷款的政策吸引企业参与。2000年，德国颁布可再生能源法，明确了光伏发电“固定上网电价”政策。“十万天棚光伏计划”使德国在经济收益和环境可持续发展上获得双丰收。

（五）产业政策扶持力度引导着光伏市场的发展

我们对全球各地区的光伏组件销量进行对比，全球光伏市场的转移存在三个阶段。第一阶段：1996年之前，美国光伏市场占全球市场份额达32.1%，当之无愧地成为世界光伏市场中心；第二阶段：1996～2002年间，日本光伏市场保持了35%的年均增长，一跃成为光伏市场最大消费国，近年日本市场小幅回落，但销售的存量仍为世界第一，2007年光伏售量达1吉瓦左右；第三阶段：2003年至今，欧盟成为绝对的市场主力，这得益于德国和西班牙国内的光伏补贴政策，快速刺激了欧盟市场中心的形成，目前我国有近85%的光伏产品出口至欧盟地区。很明显，产业政策成为引导光伏市场转移的原动力，美国、日本和欧盟市场的阶段性转移特征表明，目前全球范围内光伏市场的需求更多是外生性的政策推动，真实需求还尚未启动，可以说全球光伏市场的需求增长将取决产业政策的强弱。

简而言之，全球光伏市场的阶段性转移，并非来自于市场真实需求的结构性调整，其嬗变来源于政策，并取决于政策力度，轻微的调整会带来整个市场供给面与需求面的变化，市场需求对政策的敏感性远高于其他能源产业，这正是当前全球光伏市场的基本特征。

三 投融资环境

2010 年是我国经济发展从“十一五”向“十二五”过渡时期，也是我国调整产业结构、转变发展方式的关键时期，加上国家已将光伏产业列为战略性新兴产业，各地方政府纷纷将光伏产业列为当地“十二五”发展的重要产业。由于薄膜电池具有弱光性好、成本低和可大面积生产等优点，已经成为众多企业进入光伏领域的切入点，规划了很多硅基薄膜电池项目，一些资金雄厚的国有企业也纷纷入主硅基薄膜电池领域，但由于 2010 年晶硅电池价格持续下跌，导致硅基薄膜电池的综合成本优势被冲淡，多数薄膜电池企业的发展并不乐观，很多项目正处于布局观望阶段。但是，一旦硅基薄膜电池取得技术上的突破，硅基薄膜电池的投资将会迅猛增加。

四 政策环境

为了启动国内光伏市场，我国政府采取了一系列的政策措施。目前，我国的光伏市场激励政策主要采取财政补贴政策和上网电价补贴政策；通过新能源产业发展规划，将太阳能光伏产业列入我国未来发展的战略性新兴产业重要领域；地方政策为了支持当地光伏产业的发展，而颁布实施的一系列地方优惠政策。

（一）财政补贴

2009 年，我国开始实施太阳能光电建筑应用示范项目和金太阳示范工程，明确为光伏发电系统提供补助，中国光伏市场正式启动。

2009 年 3 月 23 日，财政部印发《太阳能光电建筑应用财政补助资金管理暂行办法》的通知，明确中央财政从可再生能源专项资金中安排部分资金，支持太阳能光电在城乡建筑领域应用的示范推广。2009 年 9 月下达首批项目，中央财政首批安排预算 12.7 亿元，启动太阳能“屋顶计划”。列入首批国家光电建筑应用示范项目共 111 个，总规模为 91 兆瓦，示范工程分布在 30 个省、市、自治区，重点向产业基础好、阳光资源丰富的江苏、浙江、内蒙古、河南等省倾斜，重点引导光电建筑一体化发展，重点扶持技术先进的光伏产品推广应用。2009 年建材型、构件型光电建筑一体化项目的补贴标准为 20 元/Wp，安装型光电建筑一体化项目为 15 元/Wp。2010 年补助标准有所下降，对于建材型、构件型光电建筑一体化项目补贴 17 元/Wp，对于与屋顶、墙面结合安装型光电建筑一体化项目补贴 13 元/Wp。以后年度补贴标准将根据产业发展状况予以适当调整。

2009 年 7 月 16 日，财政部、科技部和国家能源局共同印发了《关于实施金太阳示范工程的通知》，明确中央财政从可再生能源专项资金中安排一定资金，支持光伏发电技术在各类领域的示范应用及关键技术产业化。金太阳示范工程的补助标准是：并网光伏发电项目原则上按光伏发电系统及其配套输配电工程总投资的 50% 给予补助，偏远无电地区的独立光伏发电系统按总投资的 70% 给予补助。2009 年 11 月，财政部公布了金太阳示范工程项目目录，共安排 294 个示范项目，发电装机总规模为 642 兆瓦，计划用 2～3 年时间完成。根据要求，示范项目在完成立项、招投标、环评等前期准备工作后，就可以申请财政补助资金。2009 年已有 200 兆瓦项目具备开工条件，率先获得财政补助，目前已进入施工建设阶段。

2011 年 6 月 26 日，财政部、科技部、国家能源局联合发布《关于做好 2011 年金太阳示范工作的通知》，该通知明确了中央财政将继续安排资金支持实施金太阳示范工程，采用晶体硅组件的示范项目补助标准为9元/瓦，采用非晶硅薄膜组件的为8元/瓦，独立光伏发电项目的补助标准另行确定。

（二）上网电价补贴

欧洲的经验显示，固定电价政策对光伏市场的推动作用非常明显，我国光伏产业也一直呼吁实施固定电价政策。但由于光伏市场变化快，各方对上网电价水平争议很大，另外我国又缺乏工程实例的数据支撑，所以目前实施的还是一事一议和特许权招标的电价审批制度。

2007年和2008年，国家发改委分两次核准了4个光伏电站项目，包括上海2个项目、内蒙古和宁夏各1个项目，上网电价均为4元/千瓦时。四个项目所在地的太阳能资源条件差异很大，但上网电价相同，引发业内关于固定电价可能定为4元/千瓦时的猜测。

2009年和2010年国家能源局组织了两批光伏电站特许权项目招标。项目通过公开招标选择投资企业，采用特许权方式建设管理光伏电站，特许经营期为25年。

2009年3月20日，甘肃敦煌10兆瓦光伏电站特许权招标项目开标，共有18家公司参加投标，13家公司的技术标合格，从而进入商务标投标阶段。投标电价最低仅为0.69元/千瓦时，投标单位为国投华靖电力控股有限公司和天威英利公司；第二低价为1.09元/千瓦时，投标单位为中广核能源开发有限公司、江苏百世德太阳能科技公司和比利时Enfinity公司联合体；最高为1.92元/千瓦时，多数约为1.5元/千瓦时。2009年6月24日，正式确认中广核能源开发有限责任公司联合体成为最后中标人，中标电价为1.09元/千瓦时；同时由最低电价投标单位在敦煌再建设一个10兆瓦光伏发电示范工程，与中标单位同步开展项目核准的相关工作，上网电价为1.09元/千瓦时。

2010年4月2日，国家发改委批复了宁夏发电集团太阳山光伏

电站一期、宁夏中节能太阳山光伏电站一期、华电宁夏宁东光伏电站、宁夏中节能石嘴山光伏电站一期发电项目临时上网电价均为1.15元/千瓦时（含税）。

2010年6月22日，国家能源局启动了国家第二批光伏电站特许权项目招标工作，招标总规模为28万千瓦。2010年8月10日开标，企业参与投标的积极性异常高涨，共有50家企业递交了135份标书。经专家组评审，共有14份标书未通过技术标的评审，被淘汰出局。121份标书的经济标中，13个项目的最低报价在0.7288～0.9907元/千瓦时，全部在1元/千瓦时以下，中电投下属的黄河上游水电开发公司在青海共和项目中，投出了0.7288元/千瓦时的全场最低价。报价大多集中在1元/千瓦时左右，13个项目的最高报价也在1.06～1.51元/千瓦时。2010年10月，招标结果公布，13个项目的最低报价者如愿以偿，中国电力投资集团公司成为最大的赢家，获得了7个项目的特许开发权。在最低价中标的原则下，探出了光伏发电项目的最低电价水平，但两次特许权招标项目的报价一再突破业界的预期。业内普遍认为中标电价水平仍偏低，对单体示范项目来说，光伏公司和发电公司可以最大限度地让利，但是作为国家光伏市场发展的普遍政策来说，企业的利润空间小，商业投资回报率较低，不利于光伏市场的健康发展。

2011年8月1日，国家发改委公布《关于完善太阳能光伏发电上网电价政策的通知》确定了全国统一的标杆上网电价。《通知》明确，2011年7月1日以前核准建设、2011年12月31日建成投产的光伏发电项目，上网电价统一核定为每千瓦时1.15元（含税）；2011年7月1日及以后核准的太阳能光伏发电项目，以及2011年7月1日之前核准但截至2011年12月31日仍未建成投产的太阳能光伏发电项目，除西藏仍执行每千瓦时1.15元的上网电价外，其余省（区、市）上网电价均按每千瓦时1元执行。

（三）制定新能源发展规划

2011年公布的《产业结构调整指导目录（2011年版）》中，首次将新能源作为单独门类列入指导目录的鼓励类，并力推太阳能。

国务院发布的《关于加快培育和发展战略性新兴产业的决定》，已将太阳能光伏产业列入我国未来发展的战略性新兴产业重要领域。

2011年12月15日，中国可再生能源规模化发展项目（CRESP）公布了中国可再生能源发展"十二五"规划的一系列目标。根据目标，到2015年我国将努力建立有竞争性的可再生能源产业体系，风电、太阳能、生物质能、太阳能热利用及核电等非化石能源开发总量将达到4.8亿吨标准煤。到2015年，风电将达到1亿千瓦，年发电量1900亿千瓦时，其中海上风电500万千瓦；太阳能发电将达到1500万千瓦，其中光伏发电装机目标由此前的900万千瓦上调至1400万千瓦，年发电量200亿千瓦时。

（四）地方政府的激励政策

很多省市地方政府非常支持光伏市场的发展，并根据地方的条件和优势，颁布实施了一系列的地方优惠政策。这些政策可分为以下两大类。

一是经济实力比较雄厚的东部省份，自筹资金对光伏发电项目进行额外的补贴，实施地方固定上网电价政策，主要有江苏省、浙江省和山东省。

- 江苏省建立了省光伏发电扶持专项资金，用于光伏并网发电电价补贴，补贴光伏发电项目目标电价与脱硫燃煤机组标杆上网电价的差额。公布了2009年、2010年和2011年光伏分类上网电价，给予地面光伏电站、屋顶光伏系统和建筑一体化的光伏系统不同的上网电价。

- 浙江省对于列入国家项目清单的光伏发电项目，采取电价补贴方式，上网电价按当年燃煤脱硫机组标杆电价加0.70元/千瓦时结

算，也就是说，浙江省光伏上网电价为1.16元/千瓦时。到2012年，浙江省政策扶持光伏发电示范项目总装机控制在50兆瓦以内。

• 山东省计划到2012年建成150兆瓦光伏并网发电系统，其中地面光伏电站装机容量120兆瓦，屋顶光伏电站装机容量24兆瓦，建筑一体化光伏电站装机容量6兆瓦。2010年，地面光伏电站目标电价（含税）初步确定为1.7元/千瓦时，除积极争取国家可再生能源电价补贴外，其余差额部分，按照省里承担55%、项目所在地区市承担45%的标准进行分摊。从2010～2012年，每年从省级新能源专项资金中拿出部分资金，用于扶持光伏产品的推广应用。对列入省级太阳能屋顶和光伏建筑一体化示范工程的项目，按照10元/给予补贴。同时，鼓励民间资本进入光伏发电领域(如表3－10)。

表3－10　部分省份光伏发电固定上网电价

单位：元/千瓦时

省份	年份	地面	屋顶	建筑一体化
江苏	2009	2.15	3.7	4.3
	2010	1.7	3.0	3.5
	2011	1.4	2.4	2.9
山东	2009	1.7		
	2010	1.4		
	2011	1.2		
浙江	2010	1.16(享受国家补贴后)		

资料来源：李俊峰，王斯成等著《2011年中国光伏发展报告》，中国环境科学出版社，2011。

二是西部省区，充分发挥其拥有大量荒漠土地的优势，实施优惠的土地政策，吸引光伏电站落户当地，代表省区有甘肃省、青海省和宁夏回族自治区。

• 甘肃省：由省发改委协调光伏项目的征地工作，第一期和第二期特许权招标项目中，10 兆瓦光伏电站的土地使用费为 300 万元，包含了项目公司使用光伏电站场地应支付的全部费用。

• 宁夏回族自治区：免收土地出让金、免收新增建设用地有偿使用费、免收土地管理费和成本从低政策的用地政策，吸引了大批的项目开发商。

• 青海省：太阳能光伏、风力发电等新能源产业用地均采取划拨方式供地。

上述的所有这些政策激励被业内视为中国政府对光伏应用的试探性摸底举动，对中国光伏市场产生了显著的冲击作用。但在中国国内，政府仍然认为急速成长的光伏市场处于试验性阶段，有关工程项目的目的仍然是用于示范。现有的光伏政策，仍然是基于长期规划为重点，目前仍缺乏实质性政策推动。

第四节　我国光伏产业安全影响因素分析

影响产业安全因素是极其复杂和多方面的，有政治因素、经济因素，还有社会因素。我们一般选取产业竞争力、对外依存度、产业控制力和产业发展力等因素进行分析。

一　产业竞争力

中国光伏产业的相对竞争优势在于拥有一定技术和成本优势的电池和组件制造环节，相对薄弱的环节在于系统集成以及配套设备技术。

（一）电池组件制造环节具有相对成本优势

光伏发电是一个国际化程度高、竞争充分的产业，尤其是在晶体硅电池技术领域，关键技术不再是制约一个国家光伏发电产业核心竞争力的最重要的因素。中国在各类光伏发电核心技术上均不处于国际

领先位置，但是，依靠出色的组织能力和快速的增长，晶体硅电池在全球范围内已经具备价格竞争优势，成本约为1.2美元/Wp[①]。

中国光伏产业电池和组件的产能和产量已经位于世界第一，中国也成为世界第一出口大国，主要原因在于一方面把世界先进的太阳能电池制造技术引入中国进行产业化生产并且不断地进行研发和更新，另一方面在于中国拥有大批相对高素质、成本却相对较低的技工大军和专业人才，使得中国光伏产业具有技术相对领先，人机结合的半自动化最优成本模式，形成了成本和技术相对竞争优势。

从光伏产业的企业规模来看，中国光伏企业优势明显，呈现出了领先世界水平的态势。这使得我国光伏产业中的企业可以充分利用规模经济优势降低产品成本，因此从这一角度来看，中国光伏产业的产业安全是比较乐观的，处于比较安全的层级。

（二）电池技术具有国际竞争优势

这几年在光伏产业急速发展的过程中，电池制造商一方面对引进电池技术进行消化吸收，一方面投入力量和资源进行新材料、新结构、新工艺的技术研发，尤其是国内无锡尚德、保定英利和南京中电等龙头企业都对高效率晶体硅太阳电池工艺进行研究，研究成果在国际上具有一定竞争优势，如果未来1~2年这些技术能够顺利地实现大规模生产，将会使单晶硅电池效率达到19%，单位功率成本将下降30%左右，相较于工艺较复杂的日本三洋HIT技术和Sunpower的背面电极结构技术而言，更具有技术和成本优势。总体而言，中国光伏产业电池技术具有国际竞争优势。

但与国际先进水平相比，我国光伏产业在很多方面仍有较大差距，国际竞争压力不断升级：多晶硅关键技术仍落后于国际先进水

---

① 中国光伏产业联盟秘书处中国电子信息产业发展研究院：《2010~2011年中国光伏产业年度报告》，2011年4月。

平，晶硅电池生产用高档设备仍需进口，薄膜电池工艺及装备水平明显落后等。

（三）多晶硅产业集中度较高

我国多晶硅产业集中度较高。2008 年以前，全球多晶硅企业主要以传统的 7 大企业为主（Hemlock、Wacker、REC、MEMC、德山、三菱、住友），在 2008 年之前占据全球 90% 以上的市场份额，在 2008 年之后，韩国 OCI 公司异军突起，产能急剧增大，2010 年已达到 2.7 万吨。2009 ~2010 年，我国多晶硅企业快速发展，其中保利协鑫2010 年产量已位居世界第三（见图3 –11）。据估算，2010 年全球多晶硅产量达到 16 万吨，主要多晶硅企业产量如图 3 –11 所示。随着多晶硅市场需求不断升温，这些多晶硅企业凭借其技术和资金优势，也在加大布局，纷纷宣称计划扩大产能，预计在 2012 年之后，这些国际大厂的产能将重攀新高。

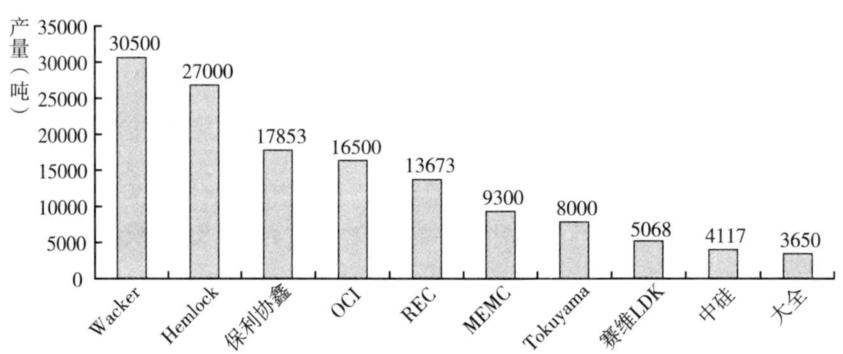

图 3 –11　2010 年全球部分多晶硅企业产量

资料来源：CPIA，2011。

（四）系统集成及发电应用处于劣势地位

中国光伏系统集成及应用发电一直处于相对滞后状态，关键是光伏发电成本较高，使得我国的光伏应用主要是离网发电，系统集成技术也相对落后，并网发电标准体系还未建立起来，也还没有出现一些

具有技术实力和品牌优势的系统集成商，总体来讲，我国系统集成与世界水平还相差了 15 年。国家要出台扶持政策，启动中国并网发电市场，促进光伏产业向下游拓展，我国的系统集成和并网发电才能与电池和组件一样，快速成长起来。

（五）设备制造产业需要大力扶持

我国光伏产业设备制造业起步较晚，所需铸锭、切片、电池制造和薄膜组件制造所需设备绝大多数依赖进口，已经能够国产化的设备稳定性及产能都非常不理想，这在很大程度上限制了我国光伏产业技术的进步和成本的降低，影响了我国光伏产业在国际上的竞争力。我国工业和信息化部以及发改委需要将光伏产业的设备国产化列入我国的装备产业重大国产化项目专项，整合国内外的科研力量，设备厂商与光伏企业一道推进光伏设备技术研发改造和升级，为我国的光伏产业提供技术和设备保障。

二　对外依存度

产业对外依存度主要是指产业在出口、进口、技术等方面的对外依赖程度，主要包括产业出口对外依存度、进口对外依存度、技术对外依存度等。

（一）出口依存度

目前，我国已成为世界太阳能光伏电池第一大生产国，光伏产品 90% 都出口欧洲、美国、日本等国外市场。2010 年中国太阳能电池的出口额 87.0 亿美元，同比增长 49.2% 的增长，增长速度有所下降。我国的光伏产业已出现了典型的产业与市场倒挂现象。产在国内，销在国外，短期内趋势难改。

但是国内的光伏产品 90% 以上都销往国外，生产和需求过度依赖国外市场使国内的光伏企业难以应对市场波动带来的风险。从全球市场的发展看，开拓国内市场也已经迫在眉睫。从 2010 年开始，德国、西班牙、法国、意大利等欧洲光伏应用大国纷纷下调对光伏发电的补贴，下调幅度为10% ~30%不等，这一方面是由于光伏发电的成本下降，另一方面也受到欧洲经济不景气的影响。欧洲光伏市场在过去几年一直占有世界80%以上的份额，根据国际有关机构的最新预测，欧洲光伏市场2011年的份额将下滑到全球市场的55%以下，2013年的份额更是将下滑到50%以下，欧洲光伏市场的下滑对全球光伏市场的影响无疑将是非常大，未来世界的光伏市场将依赖于美国和中国，而美国的保守、日本市场的封闭以及中国政策的不明朗，将使得庞大的光伏产业面临风险。

（二）进口依存度

目前我国高纯多晶硅绝大部分还需要依赖进口，高纯多晶硅的生产是光伏产业链上最重要的环节，同时也成为我国光伏产业链的瓶颈。核心技术被国外垄断的条件下，对外依存度过高使晶体硅材料供应成为制约相关产业发展的瓶颈。同时也导致中国丰富的硅资源大量流失，以中国晶体硅主要进口国日本和韩国为例，2005年中国共向两国出口纯度为98%的工业硅23.7万吨，平均出口价格仅为0.1万美元/吨，而经过提纯为晶体硅后，进口均价暴涨至4.4万美元/吨。

光伏电池是太阳能光伏发电的重要组成部分，国际市场上98%以上的光伏电池是利用高纯多晶硅制造的。

（三）技术依存度

虽然国家和企业在光伏技术的研发投入都有所增加，但是目前看来尚且投入不足，尤其是国家层面，这依然制约我国光伏产业核心竞争力的提高。第一，国内的工艺和装备的更新速度无法为光伏产业快速发展提供技术支撑。晶体硅太阳电池制作用高档设备仍需进口，如高纯多晶硅生产的氢化炉、四氯化硅闭环回收装置、大尺寸（450千克以上）铸锭炉、多线切割机、PECVD镀膜设备、自动丝网印刷机、全自动电池焊接机等。第二，一些关键通用装备不能适应光伏产业进

步的要求，特别是薄膜太阳能电池技术（包括制造设备）水平与国外差距很大，产业化步伐缓慢。第三，对前瞻性的技术安排不够，如欧美一些国家都对下一代电池技术的研发安排了巨额资金投入，而我国目前还没有这种超前的预见性安排，这些都与我国光伏产业第一大国的地位不符。

除了上述的问题，太阳电池用配套材料也是制约因素之一，如电子浆料、石墨制品、石英制品、EVA 高分子材料等，国内已经开展了一定的初步研究，但主要以仿制进口产品为主，大部分产品档次较低，如电子浆料、石墨材料、石英产品等还依赖进口。薄膜太阳能电池所需的高纯硅烷气体、TCO 玻璃基板、金属背电极等材料也主要依赖进口。国内光伏配套材料企业总体上由于生产规模较小，研发能力薄弱，技术上没有全面突破，还不能适应国内太阳电池产业和技术的发展需要，成为制约行业发展的因素日益凸显。

（四）对外依存度安全形势分析

中国光伏产业 95% 的市场出口以及国内市场的缺失，都可能限制中国光伏产业的长远发展。但是在很多情况下，在国际合作中往往遇到诸多壁垒，例如国际贸易保护主义问题，知识产权保护问题，潜在的贸易欺诈问题等。如最近受美国的“双反”调查及欧洲削减光伏补贴的威逼，中国产业已然进入“冰河”期。因此，从对外依存度来分析中国光伏产业处于不安全级别。

三　产业控制力

目前，中国光伏产品市场一方面国内产业规模扩大，竞争者逐渐增多，另一方面国内市场却不能得到同步的扩展，大部分国内企业只能寻求出口获得利润。我国光伏产业处于两头在外的局面，90% 以上的硅原料和光伏市场均依赖国外市场。我国光伏产业的关键设备也主要依赖进口，价格相对昂贵。而我国光伏市场发展却相对缓慢，光伏产品主要是应用于边远地区。国内光伏产业竞争日益加剧，在进入规模、成本、质量、技术等多方面都存在激烈的竞争。2007 年以来，我国光伏产业市场集中度低的现象日趋明显。由于 2011 年之前光伏产业处于爆发性增长阶段，利润空间大，全国各地投资光伏产业的积极性空前高涨。不仅现有光伏企业迅速扩大产能，产业外投资者也纷纷提出要进入光伏产业。但从全国看，整个产业出现了非理性繁荣的现象，涉足光伏产业的企业越来越多，导致“行业大、企业小”的现象突出。这种低市场集中度现象实际上反映的是我国光伏产业低水平重复建设的重大弊端。但目前，由于欧盟与美国的“双反”，我国的光伏企业正在经历价格暴跌、库存激增、债务高企的时期。这不仅会形成我国光伏产业内企业的恶性竞争导致产能过剩，更重要的是它浪费了国家的宝贵资源，不利于光伏产业内企业的市场竞争力的提升，因而对光伏产业的安全是有害的。

四　产业发展力

研究产业发展力，主要通过对本国产品在国际上所占比率变化以及成本和价格等变化规律，来对产业发展力作推测和判断。

（一）中国在全球光伏电池组件产量的地位变化

2010 年我国太阳能电池的产量达到 13018 兆瓦，占世界总产量的 47.8%，已连续五年达到世界第一（见表 3－11）。

表 3－11　2007～2010 年中国太阳能电池的产量及占世界产量的份额

项　目	2007	2008	2009	2010
世界光伏电池组件产量(兆瓦)	4000	7900	10660	27000
中国光伏电池组件产量(兆瓦)	1088	2600	4011	13018
所占份额(%)	27.20	32.91	37.63	47.8
世界排名	1	1	1	1

资料来源：PV News. Photon 国际（2010）。

（二）光伏产品的成本和价格呈现快速下降趋势

多晶硅原料平均成本已经降到30美元/千克以下，先进水平达到了20美元/千克以下。2010年，先进企业光伏组件的成本已经下降到1～1.2美元/Wp，平均价格已经下降到2美元/Wp以下，新一代的薄膜电池成本已经突破0.75美元/Wp，售价可以降低到1美元/Wp以下。光伏发电产业技术的不断进步和规模的不断扩大，已经为光伏发电实现平价上网提供了产业和技术基础。综合国际多数机构的预测，光伏发电的电价将在2015年左右达到1元/千瓦时（15美分/千瓦时）以下，与大多数国家用户侧的销售电价相一致，实现“自发自用”平价上网。

（三）行业亏损面

目前我国光伏生产企业加工利润走低，产品依赖出口。中国光伏企业大多是在做来料加工：进口多晶硅原料，经过硅片切割、太阳能电池片生产、把电池片组装成太阳电池组件，制成成品出口，得到的不过是中间的加工利润。也就是说，在全球产业链中，中国的光伏企业大都集中在组装、制造等价值较低的产业链中间环节。而在行业分工中，这些都是附加值低、能耗高的环节。一旦国外光伏发电建设政策有变，或者为保护本国产业采取限制进口的措施，中国近年来大量上马的光伏项目将面临困境。比如目前，由于欧盟与美国的“双反”，我国的光伏企业正在经历价格暴跌、库存激增、债务高企的时期，就是其真实反映。而且，随着国际市场空间的日趋饱和，太阳能电池生产厂商的利润空间正从高点开始下滑。

第五节　中国光伏产业存在问题及政策建议

一　存在问题

近几年来我国太阳能产业发展迅速，除上游硅原料外，其余部分已经形成比较完整的产业链。但由于中国太阳能产业起步较晚，设备、工艺、人才、核心技术等薄弱，自主创新能力有待进一步加强；相关配套政策缺乏；光伏产业产品质量参差不齐，对产业长远发展很不利。

（一）研发投入不够，技术支撑能力不强

虽然国家和企业在光伏技术的研发投入都有所增加，但是目前看来尚且投入不足，尤其是国家层面，这依然制约着我国光伏产业核心竞争力的提高。第一，国内的工艺和装备的更新速度无法为光伏产业快速发展提供技术支撑。晶体硅太阳电池制作用高档设备仍需进口，如高纯多晶硅生产的氢化炉、四氯化硅四循环回收装置、大尺寸（450 千克以上）铸锭炉、多线切割机、PECVD 镀膜设备、自动丝网印刷机、全自动电池焊接机等。第二，一些关键通用装备不能适应光伏产业进步的要求，特别是薄膜太阳能电池技术（包括制造设备）水准与国外差距很大，产业化步伐缓慢。第三，对前瞻性的技术安排不够，如欧美一些国家都对下一代电池技术的研发安排了巨额资金投入，而我国目前还没有这种超前的预见性安排，这些都与我国光伏产业第一大国的地位不符。

除了上述的问题，太阳电池用配套材料也是制约因素之一，如电子浆料、石墨制品、石英制品、EVA 高分子材料等，国内已经开展了一定的初步研究，但主要以仿制进口产品为主，大部分产品档次较低，如电子浆料、石墨材料、石英产品等还依赖进口。薄膜太阳能电池所需的高纯硅烷气体、TCO 玻璃基板、金属背电极等材料也主要依赖进口。国内光伏配套材料企业总体上由于生产规模较小，研发能力薄弱，技术上没有全面突破，还不能适应国内太阳电池产业和技术的发展需要，成为制约行业发展的因素日益凸显。

（二）落后产能盲目扩张，重复建设严重

其一是政府拉动揠苗助长，企业强势介入。海外订单诱发国内光伏企业扩展潮。现在我国有100多个城市打造光伏产业发展基地，10多个城市提出打造双千亿的光伏产业基地，自2009年下半年国内的组件生产商开始扩产，截至2010年年底，估计仅国内的晶体硅电池产能约有20吉瓦，依据主要装备供货商的资料分析，我国在建的太阳电池生产线还有20吉瓦，估计2011年年底可达40吉瓦。我国2009年的太阳电池组件的发货量是10吉瓦，估计产量约13吉瓦，意味着仅发挥了65%的产能，产能的过剩必然带来无序竞争和过度竞争的严重后果，造成投资浪费。其二是发展导向差，形成一批落后产能。比如多晶硅生产，国家虽然提出了多晶硅建设项目的技术门槛：规模不小于3000吨，成本在40～50美元/千克，能耗水平在160千瓦时/千克。但是由于市场需求的增加，多晶硅产能出现新一轮的扩张，而真正具有先进技术的企业为数不多，大部分开工建设的项目，即使按照技术门槛组织生产也达不到国际先进水平。目前建设的一半以上企业不具备竞争优势，无缘先进行列，很快将成为落后产能。又如，薄膜电池生产，从2006～2009年，我国引进了一大批的薄膜电池技术和生产线，与先进的薄膜技术如碲化镉技术相比还形成不了比较优势，成本、效率、产量都有差距，造成了多数企业一旦建成就成为落后产能的窘境。

（三）市场发展不均衡，过度依赖国外市场

国内市场还没有开放，尽管我国晶体硅太阳电池的产量现在已经达到世界第一，但是国内的光伏产品90%以上都销往国外，生产和需求过度依赖国外市场使国内的光伏企业难以应对市场波动带来的风险。

从全球市场的发展看，开拓国内市场也已经迫在眉睫。从2010年开始，德国、西班牙、法国、意大利等欧洲光伏应用大国纷纷下调

对光伏发电的补贴，下调幅度为10% ~30%不等，这一方面是由于光伏发电的成本下降，另一方面也受到欧洲经济不景气的影响。欧洲光伏市场在过去几年一直占有世界80%以上的份额，根据国际有关机构的最新预测，欧洲光伏市场2011年的份额将下滑到全球市场的55%以下，2013年的份额更是将下滑到50%以下，欧洲光伏市场的下滑对全球光伏市场的影响无疑将是非常大的，未来世界的光伏市场将依赖于美国和中国，而美国的保守、日本市场的封闭以及中国政策的不明朗，将使得庞大的光伏产业面临风险。此外，我国内部市场不均衡，主要依赖政府主导，还没形成一个自发的市场环境。

（四）产业基础已经形成，但缺少市场发展支撑

从太阳电池产量到设备制造，我国的光伏发电已经拥有了大规模发展的产业基础，但是光伏发电还缺乏长期的产业发展和市场发展目标。除了上网电价，国家对于光伏发电的发展规划也还没有明确，尽管2007年国家发展和改革委员会已经公布了2020年的可再生能源中长期发展规划，但是对于光伏发电的规划目标明显偏低，不利于整个产业的发展，而目前还在讨论阶段的可再生能源和太阳能发电的“十二五”规划还没有出台，国家对于未来5 ~10年的政策尚不明朗。

明确发展目标和市场规模，是调动各方积极性为光伏产业发展进行长期投入的基础。适合于我国国情的政府规划的出台将有利于营造光伏产业健康发展的环境。我国应该学习德国及其他国家的先进经验以及我国发展风电的成功经验，明确光伏产业发展的目标。

（五）缺乏可持续和清洁发展理念

不容忽视的是，国内的光伏企业良莠不齐，有些企业往往采用低价竞争、无序竞争的行为，质量以次充好，破坏产业的良性发展，甚至影响到整个行业的声誉。由于现有的市场供不应求，很多电池组件厂商的产品质量都存在不同程度的问题。

一些多晶硅生产企业环保不达标，却在追求利润的诱惑下，依然开工生产。国内绝大部分多晶硅生产商生产1000克多晶硅，耗电量高达180～200千瓦时，产生的副产品四氯化硅也不能实现完全地循环利用，因此每千克多晶硅成本超过50美元。行业内企业缺少环保和社会责任理念，造成外界对光伏产业能耗高、污染重的指责，也让原本是清洁能源产业背负了高耗能、高污染的骂名，不利于光伏产业的可持续发展。

二　政策建议

（一）提升光伏能源地位，加强产业战略部署

光伏能源是一种可持续、无污染、总量大的绿色新能源，应当充分认识太阳能光伏发电的战略价值和重要意义，切实在国家能源经济和社会可持续发展的总体部署中予以统筹考虑，提升太阳能光伏产业在国民经济发展中的战略地位。通过实施工业转型升级和可再生能源等相关规划，统筹制定产业、财税、金融、人才等扶持政策，积极促进我国光伏产业健康发展。

（二）加强行业管理，规范光伏产业发展

根据产业政策要求和行业发展实际需要，切实加强行业管理，推动行业节能减排，规范我国光伏产业发展，建立健全光伏行业准入标准，引导地方政府坚决遏制低水平重复建设，避免一哄而上和市场恶性竞争。推动相关职能部门联合加强产品检查，对于不达环保标准、出售劣质产品、扰乱正常市场竞争秩序的企业，依照相关规定给予处罚和整顿。

（三）着力实施统筹规划，推进产业合理布局

加强行业统筹规划，推动企业转型升级，坚持市场主导与政府引导相结合，扶持产业链完备、已具有品牌知名度的骨干企业做优做强。鼓励实力领先的光伏企业依靠技术进步、优化存量、扩大发展规

模，实施“走出去”战略，积极参与国际产业竞争。实施差异化政策，引导多晶硅等产业向西部地区转移。推动资源整合，鼓励企业集约化开发经营，支持生产成本低、竞争力强的企业兼并改造生产经营不佳的光伏企业。

（四）积极培育多样化市场，促进产业健康发展

推动制定和落实上网电价实施细则，继续实施“金太阳工程”等扶持措施，鼓励光伏企业与电力系统等加强沟通合作，加快启动国内光伏市场。坚持并网发电与离网应用相结合，以“下乡、富民、支边、治荒”为目标，支持小型光伏系统、离网应用系统、与建筑相结合的光伏发电系统等应用，开发多样化的光伏产品。通过合理的电价标准、适度的财政补贴和积极的金融扶持，积极扩大国内光伏市场。

（五）支持企业自主创新，增强产业核心竞争力

支持光伏企业转型升级，通过技术改造等手段扶持掌握自主技术的骨干企业，巩固和提高核心竞争力。加大对光伏产业技术创新的扶持力度，重点支持多晶硅节能降耗、副产物综合利用、太阳能电池高效高质和低成本新工艺技术的研发和产业化项目。加强产学研结合，支持关键共性技术研发，全面提升本土化光伏设备技术水平。加大人才培养力度，支持建立企业技术研发中心与博士后科研流动站。

（六）完善标准体系，推动检测认证、监测制度建设

重视光伏产品和系统标准体系建设，以我国自主知识产权为基础，结合国内产业技术实际水平，推动制定多晶硅、硅碇/硅片、太阳能电池等产品和光伏系统相关标准，积极参与制定国际标准，建立健全产品检测认证、监测制度，促进行业的规范化、标准化发展。加强对光伏产品质量标准符合性的行业管理，避免劣质产品流入市场。推动企业加强光伏产品回收。

（七）加强行业组织建设，积极参与国际竞争

建立健全光伏行业组织，推动行业自律管理，加强行业交流与协作，集中反映产业发展愿景，打造国内光伏产业合作创新平台。充分发挥市场机制作用，以行业组织为纽带，以企业为主体，以市场为导向，提高产业应对国际竞争和市场风险的能力。加强国际交流和合作，优化产业发展环境，完善出口风险保障机制，鼓励企业积极争取海外资金，巩固和拓展国际市场。

B.4

生物质能产业发展与安全报告

第一节　生物质能行业的定义及分类

一　生物质能行业的定义

生物质是指通过光合作用而形成的各种有机体。生物质能是太阳能以化学能形式贮存在生物质中的能量形式，人类生活产生的大量废弃物都可以作为生物质能的来源，生物质能不同于煤炭、石油和天然气等化石燃料，可再生利用。生物质能产业包括生物质能发电、生物柴油、燃料乙醇、生物质沼气等产业。

生物质能发电主要是利用农业、林业、工业废弃物、城市垃圾等生物质能为原料，采取直接燃烧或气化的发电方式。在国民经济分类标准中，生物质能发电属于其他能源发电下的一个子分类。液体生物质燃料包括两种：一种是生物柴油，是指以油料作物、野生油料植物和工程微藻等水生植物油脂以及动物油脂、餐饮垃圾油等为原料油，通过酯交换工艺制成的可代替石化柴油的再生性柴油燃料。液体生物质燃料的另外一种就是燃料乙醇。

二　生物质能的分类

按照生产技术的不同，主要包括直接燃烧技术、物化转换技术、生化转换技术与植物油利用技术。这里主要研究产业化比较发达的生物质能发电、生物柴油、燃料乙醇、燃烧垃圾发电产业。

（一）生物质能发电

1. 生物质直燃发电

生物质直燃发电技术是在传统的内燃机发电技术上进行设备改型，通过直接燃烧生物质原料来进行发电的一种新技术。目前该技术基本成熟并已得到规模化商业应用，是生物质发电的主要方式。其生产过程为：将秸秆等生物质加工成适于锅炉燃烧的形式（粉状或块状）送入锅炉内充分燃烧，使储存于生物质燃料中的化学能转变成热能；与锅炉热交换部件换热产生的高温高压的饱和蒸汽，在过热器内继续加热成过热蒸汽进入汽轮机，驱动汽轮发电机组旋转，将蒸汽的内能换成机械能，最后由发电机将机械能变成电能。生物质直接燃烧发电的关键技术主要包括原料预处理，生物质锅炉防腐，提高生物质锅炉的多种原料适用性、燃烧效率及热效率，以及蒸汽轮机效率等技术。

2. 生物质混合燃烧发电

生物质混合燃烧发电是指将生物质原料应用于燃煤电厂中和煤一起作为燃料发电。生物质与煤有两种混合燃烧方式：①生物质直接与煤混合燃烧，产生蒸汽，带动蒸汽轮机发电。生物质要进行预处理生物质预先与煤混合后再经磨煤机粉碎，或生物质与煤分别计量、粉碎。生物质直接与煤混合燃烧要求较高，并非适用于所有燃煤发电厂，而且生物质与煤直接混合燃烧可能会降低原发电厂的效率。②生物质在汽化炉中气化产生的燃气与煤混合燃烧，产生蒸汽，带动蒸汽轮机发电，即在小型燃煤电厂的基础上增加一套生物质汽化设备，将生物质燃气直接通到锅炉中燃烧。这种混合燃烧方式通用性较好，对原燃煤系统影响较小。

3. 生物质气化发电

生物质气化发电技术又称生物质发电系统，利用气化炉把各种低热值固体生物质能源资源（如农林业废弃物、生活有机垃圾等）转化为可燃气体，经过除尘、除焦等净化工序后，再通过内燃机或燃气轮机进行发电。

生物质气化的发电技术有三种方法，分别为带有气体透平的生物质加压气化、带有透平或者引擎的常压生物质气化、带有朗肯循环的传统生物质燃烧系统。

（二）生物柴油

生物柴油生产方法根据催化剂和催化方法不同，主要分为以酸碱作为催化剂的化学催化法和无催化剂的甲醇超临界法，以及酶催化的生物法。碱催化酯交换反应需要在无水条件下进行，而且原料油的游离脂肪酸含量要小于1%。同时，甲醇和催化剂的含水量也受到严格限制。常用的碱性催化剂主要有氢氧化钠、甲醇钠、氢氧化钾、甲醇钾等。酸催化酯交换过程目前通常使用布朗斯特酿进行催化。常用的酸性催化剂有浓硫酸、苯磺酸、盐酸等。其中浓硫酸的价格便宜，资源丰富，是最常用的酯化催化剂。生物酶法则是利用酵母脂肪酶、根霉脂肪酶、毛霉脂肪酶和猪胰脂肪酶等在亲脂性有机溶剂或者超临界介质中催化甘油三酯与短链醇的酯交换反应，生成生物柴油。

（三）燃料乙醇

生物质生产燃料乙醇，先要将生物质转化成糖，再将糖发酵得到乙醇。不同的生物质原料，糖化步骤不同。糖质原料可以直接发酵制取乙醇。淀粉原料则需要在酸或淀粉酶的催化下进行糖解。乙醇发酵过程是指酵母等乙醇发酵微生物在无氧条件下的一系列有机质分解代谢的生化反应过程，产物为乙醇和二氧化碳。用于乙醇发酵的微生物种类很多，包括酵母菌、霉菌和细菌，最常用的是酵母菌。目前，糖类和淀粉类原料生产乙醇的工艺已十分成熟。

对于木质纤维素原料，由于天然结构存在物理和化学屏障，纤维素和半纤维素物质被木质素网状结构包裹，直接进行酶水解的程度很低，一般为10%～20%左右。因此，纤维素原料在进行酶解前必须

经过预处理，破坏细胞壁内部结构，降低结晶度及聚合度，再在酸或纤维素酶的催化下降解为糖类物质。

第二节 生物质发电产业

一 国内外生物质能发电产业发展现状

（一）国外生物质能发电产业发展现状

自20世纪70年代世界石油危机以来，发达国家已经将开发利用可再生能源作为调整能源结构，实现能源替代和可持续发展的重要措施。由于较早意识到开发利用新能源的重要性，美国、欧盟、印度等国家通过联合企业、政府补贴新能源开发企业、发布新能源利用计划等积极政策，多渠道、重扶持发展新能源产业。世界上一些代表性国家发展情况如下：

1. 美国

美国在开发利用生物质能方面处于世界领先地位，生物质能利用占一次能源消耗总量的4%左右。据美国生物质能协会统计，生物质工业每年减少了超过6880万吨的森林废弃物，生产150亿千瓦时的电力，并在全国范围内共提供了18000个就业岗位。

2008年，美国总发电量为4.11万亿千瓦时，其中美国沼气发电量为7亿千瓦时，与2007年同比下降了1.1个百分点。2009年，在美国20大州中运行生物质项目共80个，装机容量约850万千瓦，成为全球生物质发电产量最大的国家。目前许多美国燃煤或燃气发电站正部分或甚至完全转变为在常规电厂中采用生物质混燃的方式[①]。

---

① 环能国际网：http：//shwzh. esepworld. com/shwzhzh c/14059/。

2. 欧盟

欧洲主要国家森林资源丰富，生物质能源产业发达，具有起步较早、政府重视、以市场运作和龙头企业带动为主等特点。欧洲生物质开发利用主要形式有供暖、发电和生物柴油等 3 种。截至 2010 年 2 月，欧盟 27 个成员国同意在能源消费中使可再生能源发电所占份额提高到 21%，到 2020 年用于采暖占 20%。据欧洲生物质委员会的分析预测，欧盟将使其生物质消费量从 2009 年 130 万吨/年增加到 2020 年 1 亿吨/年。

2010 年 2 月《欧洲生物质电厂市场》调查报告显示，欧洲生物质电厂的数量在过去五年里增长了 40%。欧盟一半以上的固体生物质发电集中在德国、芬兰和瑞典。芬兰生物质能源提供方式以建立燃烧站为主，较小规模的燃烧站仅提供暖气，大型燃烧站则同时提供暖气和电力，全国年能源总消耗 4000 亿度电，其中 810 亿度电由生物质能源提供，占 20%。瑞典利用无工艺价值的木材采用热电联合装置产热和供电，其联合汽化（BIG－CC）工艺处于世界领先地位，生物质能源达 1100 亿度电。其中，3300 万度电以区域供暖的形式提供，530 亿度电供给工业，130 亿度电供给居民及服务部门，110 亿度电供应交通部门。丹麦在生物质直燃发电方面成绩显著。丹麦的 BWE 公司率先研究开发了秸秆生物燃烧发电技术，迄今在这一领域仍是世界最高水平的保持者。目前，丹麦已建立了 130 家秸秆发电厂，使生物质能成为了丹麦重要的能源。

德国是欧洲及全球最大的生物质发电国。2002 年至 2008 年，其固体生物质发电量增加 20 倍，达 10 亿千瓦时，到 2008 年年底，其装机容量约为 120 万千瓦。2010 年年初，生物能源占德国的电力消耗的 5.3%，使其成为继风电后全国第二大再生能源发电资源。其中 58% 以木材为燃料发电，41% 为沼气发电，3% 通过液体生物质（如

生物柴油）发电等。目前，德国1兆瓦以上生物质发电站超过350家，有7万户以上的家庭使用以木材颗粒燃料为原料的供暖机、发电机。据预计，到2030年，德国生物质能源占年能源总消耗量的比例将达到17.4%。

3. 瑞典

瑞典的可再生能源消费中，生物质能占55%以上，主要作为区域供热燃料。以生物质为燃料联产（装机约为1万~2万千瓦）是瑞典重要发电和供热方式。生物质固体颗粒的热值相当劣质煤炭，除通过专门运输工具定点供应发电和企业供热外，还以袋装的方式在市场上销售，成为许多家庭首选生活用燃料。瑞典拥有生物质颗粒加工厂10多家，单个企业的年生产能力达到了20多万吨。

4. 印度

印度生物质发电产业也发展迅速。2008年印度固体生物质发电量为19亿度。截至2009年年底，印度农业固体废弃物生物质发电装机达83.5万千瓦（2009年度增加13万千瓦），甘蔗渣热电联产发电厂装机150万千瓦（2009年度增长近30万千瓦，包括离网和分布式系统），计划到2012年增长至170万千瓦。

（二）国内生物质能发电产业发展现状

我国生物质能发电的工业化生产起始于2004年2月，山东单县生物质发电工程1×2.5千瓦机组于2006年年底试投产，开创了国内生物质直燃发电的先河。在各种政策的支持下，2007~2009年，我国在生物质发电领域取得了重大进展。除了国能生物质发电有限公司和中国节能投资公司两家国内最早介入秸秆发电项目的企业外，五大发电集团、粤电集团、皖能电力等诸多具备行业基础和资金、技术优势的大型国有企业，以及民营、外资等纷纷投资参与建设生物质发电的运营。

《可再生能源发展“十二五”规划》明确了“十二五”生物质能源领域的发展目标及具体的产业发展布局，确定的生物质发电及生物燃料规模较“十一五”有大幅度提高。《可再生能源发展“十二五”规划》提出的“到2015年，国内生物质发电装机规模不低于1300万千瓦”的目标数字中，具体包括农林生物质发电800万千瓦，沼气发电200万千瓦，垃圾焚烧发电300万千瓦。

二 生物质能发电产业安全的内涵研究

（一）产业链描述

生物质能发电产业的产业链包括生物质能设备制造业、生物质能开发企业以及与之配套的生物质能服务业等综合性很强的产业体系。生物质能设备制造业是生物质能产业的基础，生物质能设备制造业由发电机组燃料供应系统、秸秆压块机设备、致密成型成套设备、锅炉系统，汽轮发电机组、生物质能锅炉、破碎及输送系统设备、零配件等配套组成。生物质能服务业包括研发机构、标准检测认证体系、行业协会、咨询机构等。

图4－1 我国生物质发电产业链

生物质能发电行业的产业链比较短，由生物质能发电生产行业加工上游的资源行业和设备行业以及下游的电网行业构成，生物质能发电行业和其他新能源行业面临的唯一下游客户就是电网，电网买电以

后再卖给各个不同的用户，生物质能发电占总能源的份额很小，下游用电行业的变化造成的电力需求波动实际上是针对整个能源行业的，而不是只对生物质能发电行业有影响，换句话说，用电行业通过对电力行业的影响间接地对生物质能发电行业产生影响。对于垃圾焚烧发电，除了原材料不同，垃圾焚烧发电的产业链与生物质发电的产业链完全相同。

1. 生物质能源设备

目前我国生物质能设备、零部件制造业逐步发展，已形成具有一定规模的生产体系，生物质能设备制造和配套部件专业化产业链正逐步形成。但部分关键配套实力与国际先进水平仍存在差距，相关研发和制造实力有待进一步增强。按照功能分类如下：

（1）简单的燃烧炉具生产。目前的炉具按燃烧方式可分为直燃炉、半气化炉和气化炉三种。按利用方式可分为炊事炉、采暖炉和炊暖两用炉。柴草在炉膛里直接燃烧，通过合理配风，伴有气化的成分，因此有人称之为“半气化炉”或“准气化炉”，这种炉具的最大优点是没有焦油产生。到目前为止，全国农村推广应用的户用炉具约有 50 万台。这个阶段炉灶企业生产规模不断扩大，北京、山东、河南、重庆的一些生物质炉具企业年生产能力已超过 3 万台。

（2）生物质能发电设备。目前与国内生物质发电公司合作的多为国内中型电力设备企业，如青岛捷能汽轮机、武汉汽轮机、济南生建电机厂、济南锅炉厂等。国内生产气化发电机组具有代表性的厂家是重庆红岩内燃机责任有限公司。大型生物质发电设备的生产商主要有丹麦 BWE 公司和我国的龙基电力集团公司。

①丹麦 BWE 公司。丹麦 BWE 公司是享誉世界的发电厂设备研发、制造企业之一，长期以来在热电、生物发电厂锅炉领域处于全

球领先地位。丹麦 BWE 公司率先研发的秸秆生物燃烧发电技术，迄今在这一领域仍是世界最高水平的保持者。在这家欧洲著名能源研发企业的技术支撑下，1988 年丹麦诞生了世界上第一座秸秆生物燃烧发电厂。目前，我国多个大型生物质发电厂的技术和设备均来自该公司。

②龙基电力集团公司。该公司的核心产业是研发及制造以清洁能源为燃料的电站锅炉、投资建设并运营生物质发电厂。公司总资产近 80 亿元人民币。公司研发及电站锅炉制造板块的全资核心企业——“济南锅炉集团公司”和位于丹麦的“欧洲锅炉集团公司”分别成立于 1954 年和 1957 年。其年生产制造能力约 24000 蒸汽吨。

该公司已成为全球清洁能源电站锅炉资质最全、生产能力较强的企业之一；公司拥有模式壁、蛇形管、省煤器等多条生产流水线，有大型卷板机、压力机、探伤机、直线加速器等先进设备 1500 多台套，有现代化的技术开发中心和 CAD 管理中心；公司在循环流化床、生物质、垃圾、碱回收等清洁能源电站锅炉以及 40 万以上超临界锅炉的研发制造领域处于全球领先地位。

2. 生物质能开发商

我国首台煤粉秸秆混燃发电机组在山东枣庄华电国际十里泉发电厂成功投产。我国生物质发电进入了试点示范阶段。目前，国家电网公司、五大发电集团等大型国有、民营以及外资企业参与了中国生物质发电产业的建设运营（见表 4－1）。其中国能是最大的生物质发电公司。

近几年来，我国生物质发电建设加快，已经进入大规模开发时期。到 2011 年年底，我国已有 11 家各类企业积极参与生物质发电开发工作（见表 4－1）。

表 4－1　我国主要生物质发电运营商 2011 年装机（在建）容量

序号	企业名称	装机容量（兆瓦）	市场份额（%）	序号	企业名称	装机容量（兆瓦）	市场份额（%）
1	国　电	921	27.12	7	中电投	117	3.45
2	武汉凯迪	635	18.7	8	江苏国信	115	3.39
3	华　电	574	16.9	9	中广核	75	2.21
4	中国节能	475	13.99	10	华　能	30	0.88
5	大　唐	354	10.42	11	中电集团	5	0.15
6	鲁　能	125	3.68				

3. 垃圾焚烧发电企业

目前了解到，国内从事垃圾焚烧发电的投资商约有 40～50 家，市场上比较活跃的主要是：上海环境集团、北京金州、天津泰达、重庆三峰、威立雅、厦门创冠、深能源、温州伟明、中国环境保护公司、光大国际、清华同方、绿色动力、上海浦发集团、中科通用、锦江集团、日本荏原。有些地方性的企业利用地理及人事优势，试图进入垃圾焚烧发电 BOT 这个行业的企业也很多。例如广东南海发展股份公司，利用佛山市南海区垃圾项目，成功进入这一行业。吉林市百强实业公司利用吉林市 1000 吨垃圾项目，也成功进入这一行业。各主要公司企业性质分类统计如下①：

（1）政府主导型投资公司主要有（5 家）：上海环境集团、泰达股份、中国环境保护公司、北京市环卫集团、上海浦东发展集团。

（2）专业投资运营公司主要有（3 家）：法国威立雅、北京金州、光大国际。

（3）工程投资型公司主要有（5 家）：北京中科通用、重庆三峰卡万塔、清华同方、绿色动力、锦江集团、伟明集团。

① 网络信息：http：//www.newenergy.org.cn/Html/0106/8260820568_ 1.html.

4. 生物质能服务业

从我国可再生能源产业的发展历程来看，各类行业协会，如中国资源利用协会可再生能源专业委员会、中国可再生能源学会以及生物质能等各专业委员会等，在中国可再生能源学会指导下负责开展生物质能源领域方面的活动、行使相关职能的学术团体。另外，还有一些专门从事生物质能专业技术研究的科研院所：其中，能源研究所15家，能源协会9家，能源学会4家。

（二）生物质能产业的地位

国家“十一五”规划确立了生物质发展的战略思路与原则：发展生物质发电、沼气、生物液体燃料和生物质固体成型燃料等生物质能清洁高效利用技术，推动生物质能的产业化和商业化发展，加快生物质能产业体系建设和市场培育，促进农村经济发展，有效增加农民收入，缓解农林废弃物、城乡有机废弃物排放造成的环境污染，积极促进社会主义新农村建设。合理开发利用边际土地资源，能源作物和能源植物的种植做到不与民争粮，不与粮争地，不破坏环境，不顾此失彼，处理好生物质能利用与生物质其他用途的关系。

（三）生物质能产业经济特性

1. 可持续性

生物质属可再生资源，生物质能由于通过植物的光合作用可以再生，与风能、太阳能等同属可再生能源，资源丰富，可保证能源的永续利用。只要有阳光存在，绿色植物的光合作用就不会停止，生物质能就不会枯竭。

2. 广泛分布性

生物质能存在于世界上所有国家和地区，而且廉价、易取，其生产过程十分简单，可以被充分利用。

3. 资源丰富性

生物质能是世界第四大能源，仅次于煤炭、石油和天然气。根据

生物学家估算，地球陆地每年生产 1000 ~ 1250 亿吨干生物质；海洋年生产 500 亿吨干生物质。生物质能源的年生产量远远超过全世界总能源需求量，相当于目前世界总能耗的 10 倍。随着农林业的发展，特别是薪炭林的推广，生物质资源还将越来越多。

4. 对环境的不确定性

一般认为：在生物质的再生利用过程中，排放的二氧化碳与生物质再生时吸收的二氧化碳达到碳平衡，可实现二氧化碳零排放，能有效缓解温室效应。而一些欧盟科学家认为：生物燃料的使用将加速全球物种的灭绝。部分学者认为生物质需水量大，能源作物光合作用效率低，从而将生物质的生产局限在降水充足的地区，迫使生物质生产与粮食生产等其他类型的土地利用相竞争。生物质能发展也可能对生物多样性产生影响。如果用生产生物质能的作物替代自然覆盖，如森林和湿地，因品种较为单一，生态系统的功能将削弱，生物多样性将降低。此外，生物质能的利用对水土流失、土壤肥力变化和水污染等生态环境问题都有重要影响。

（四）生物质能产业安全的内涵与特征

生物质发电产业安全是指生物质发电产业及其相关产业的生存和发展不受威胁的状态。生物质发电产业安全主要有综合性、规模小等基本特征。

1. 综合性

生物质产业安全涉及的范围很广，既包括制造业、也包括生物质能发电公司、加工企业、金融保险和农户等相关产业的发展。当一个产业的安全问题很容易传导到更多产业，从而放大了对经济安全的影响，各产业之间的关联程度越来越高。

2. 规模小

对于每一个独立运行的生物质发电装置而言，其装机容量较小。对于分散的生物质资源而言，特定范围内其生物质能资源总量是有限的，从而决定了其发电总容量是有限的。

三　生物质能产业发展环境

（一）金融环境

1. 财税政策支持环境

中国政府将采取一系列政策措施，努力将生物产业培育成为高技术领域支柱产业。2009 年 6 月 5 日，国务院办公厅对外公布了《促进生物产业加快发展若干政策》的全文（国办发［2009］45 号）（以下简称《生物产业政策》），围绕促进生物产业加快发展，提出了包括加大财税政策支持力度、积极拓宽融资渠道等一系列政策措施。在之前的 5 月 13 日的国务院常务会议上，《生物产业政策》得以原则通过。会议强调，必须抓住世界生物科技革命和产业革命的机遇，“将生物产业培育成我国高技术领域的支柱产业。”

围绕上述目标，《生物产业政策》在财税政策上明确，各级政府根据财力增长情况，要加大对生物技术研发及其产业化的投入，特别要加大对重要生物技术产品研发、产业化示范项目的支持。对完全可降解生物材料和经批准生产的非粮燃料乙醇、生物柴油、生物质热电等重要生物能源产品，国家给予适当支持。《生物产业政策》同时明确，各级国家机关、事业单位和团体组织使用财政性资金采购生物产品的，应优先购买列入政府采购自主创新产品目录中的生物产品。

同时，生物企业为开发新技术、新工艺、新产品发生的研发费用，未形成无形资产计入当期损益的，在按照规定据实扣除的基础上，再按照研发费用的 50% 扣除；形成无形资产的，按照无形资产成本的 150% 摊销。对被认定为高新技术企业的生物企业，按照税法规定减去 15% 的税率征收企业所得税。

据测算，上网电价保持每千瓦时 0. 35 ~0. 4 元的水平，煤炭发电便可实现盈利。而按照中国在 2006 年颁布的《可再生能源发电价格和费用分摊管理试行办法》，对生物质能源补贴电价标准为每千瓦时

0.25元。之后，还曾进一步提出了临时性补贴0.1元的政策。

但生物质能源发电即便加上这3.5毛钱的补贴，也仅能维持平衡或者微利，而从技术层面看，一定时期内想将这一成本明显降低很难。

在积极拓宽融资渠道方面，《生物产业政策》提出，将引导社会资金投向生物产业，鼓励设立、发展生物技术创业投资机构和产业投资基金，鼓励、引导金融机构支持生物产业发展，支持信用担保机构对生物企业提供贷款担保。

《生物产业政策》还提出，支持金融机构创新信贷品种，改进金融服务，对符合条件的生物产业发展项目、生物产业基地基础设施提供信贷支持。积极探索利用贴息、小额贷款等方式，加大有效信贷投入。

另一方面，《生物产业政策》将支持生物企业利用资本市场融资。包括将积极支持符合条件的中小生物企业在中小企业板和创业板上市，鼓励符合条件的生物企业在境内外上市筹资。

2. 融资渠道

根据融资工具的不同有股权融资、债权融资，根据融资方式不同有间接融资和直接融资。比如债权融资间接融资就是银行贷款，股权融资形式公开的形式，公募的方式就是到股票市场发行股票。

资金信托理财产品是低成本融资渠道之一，资金信托产品是由银行委托信托公司定向运作客户的理财资产，新能源企业作为信托产品的借款主体，可以获得信托理财产品募集的资金，从而满足企业中长期融资需求。此外，有银行针对可再生能源设备制造商和能源生产商的特点，推出了特色金融服务方案，包括应收账款管理、网上信用证、现金管理方案等多种服务。

3. 生物质发电技术对资金的要求

生物质发电技术对于资金的要求有其自身的特点，如表4－2所示，一般兆瓦级以上的生物质发电技术，国内的投资一般在几千万元至上亿元，国外的投资一般在几百万美元以上。相对于常规发电项目而言，生物质发电项目都是小项目，资金密集程度较低，大集团和规模投资商考虑到资金分散和管理上的困难，故而投资谨慎。同时，相对于一般投资项目而言，中、小型生物质发电项目的投资大都在几百、几千万元左右，这样的资金规模对目前大部分中小企业来说仍然有相当大的压力，尤其是生物质发电技术多应用于农村地区，对于当地的企业而言是较为沉重的资金负担，较难承受。由此可见，生物质发电项目对于资金的要求上处于一种较为特殊的位置，大企业投资谨慎，小企业无力承担，投资主体不明确。

表 4-2　我国可再生能源中长期发展规划（2006~2020 年）的融资需求量

新能源类别	新增装机容量及用量	按平均每千瓦（元）测算	需要总投资
生物质发电	2800 万千瓦	按平均每千瓦 7000 元测算	约 2000 亿元
农村户用沼气	6200 万户	按户均投资 3000 元测算	约 1900 亿元

资料来源：中国发展门户网。

4. 融资现状

由于生物质发电技术所需的资金数额不菲，投资主体不明确，故而存在融资压力较大的问题。另外一个影响生物质发电项目的融资状况的原因是人们的观念问题。由于生物质发电技术属于新能源发电技术，在我国起步较晚，整体社会认知水平较低，所以，影响到了各潜在投资主体的积极性。总之，生物质发电项目投资特点决定了生物质发电项目目前的资金来源渠道较少，资金筹措较为困难。

5. 对融资现状的评价

根据以上对我国现有生物质发电技术融资现状的情况，可得出如下结论：

（1）缺乏相应的融资政策。我国对于生物质能发展的相应的政策体系还没有建立起来，对于生物质发电技术的融资政策更是相当缺乏。融资政策的缺位严重影响了我国生物质发电技术的发展和推广，是融资方面的缺陷之一。

（2）审批环节太烦琐。根据对我国生物质发电技术投资状况的观察可知，目前我国生物质能项目的审批环节较为复杂，这在一定程度上影响了生物质能技术投资主体的投资积极性。

（3）企业自身承担有难度。虽然生物质发电技术还没有在较大范围内得到社会的认可，但仍旧有不少中小企业对该技术表示除了浓厚的兴趣和极大的关注外，并产生了投资意向。但是该技术对于资金的要求相对于中小企业的承担能力而言较高，从而抑制了部分投资主体的投资倾向。

（4）风险投资体制没有建立。

（5）社会认知程度低下的负面影响。

总之，我国生物质发电技术的融资现状表现出融资渠道少、审批手续烦琐、投资主体不明确等特点，建立有效的生物质发电技术融资体系是该技术获得资金保证的强烈要求。

（二）生产要素环境

1. 资源禀赋

中国科学院地理科学与资源研究所研究了我国生物质能的蕴藏量和分布情况，根据研究，2004 年我国实物总蕴藏潜力为 35. 11 亿吨，前五位依次为四川、云南、黑龙江、河南和内蒙古；其中理论可获得量为 4. 6 亿吨，前五位为四川、黑龙江、云南、西藏和内蒙古。

中国生物质能分布不均，省际差异较大。按农村人口计算，人均理论可获得生物质能最大的西藏自治区达 14. 17 吨标煤，最小的浙江省仅 0. 15 吨标煤。而生物质能蕴藏潜力分布在一定程度上与常规一次能源蕴藏潜力分布呈现互补状态。

我国是世界上最大的农业国家。在农业生产过程中，产生大量的农业废弃物——作物秸秆。根据2008、2009年中国统计年鉴数据和全国污染源普查折算系数算得2007年和2008年全国农作物秸秆产生总量约为6.5和7.1亿吨，其中2007年和2008年全国玉米秸秆产生量分别为2.0和2.2亿吨，都分别占该年秸秆总量的31.4%；2007年和2008年全国稻谷秸秆产生量分别为1.97和2.03亿吨，分别占该年秸秆总量的30.4%和28.7%；2007年和2008年全国小麦秸秆产生量分别为1.31和1.35亿吨，分别占该年秸秆总量的20.2%和19.0%。具体见表4－3所示。

表4－3　2007和2008年全国主要农作物秸秆发生量

单位：万吨

	稻谷	小麦	玉米	豆类	薯类
2007年农产品总产量	18603.4	10929.8	15230.0	1720.1	2807.8
2008年农产品总产量	19189.6	11246.4	16591.4	2043.3	2980.2
谷草比	1.1	1.2	1.3	1.6	1.3
2007年秸秆总量	19719.6	13115.8	20408.3	2752.2	1403.9
占总产量的比例(%)	30.4	20.2	31.4	4.2	2.2
2008年秸秆总量	20340.9	13495.7	22232.5	3269.3	3993.5
占总产量的比例(%)	28.7	19.0	31.4	4.6	5.6

	棉花	油料	花生	总计
2007年农产品总产量	762.4	2568.7	11295.1	63917.3
2008年农产品总产量	749.2	2952.8	1428.6	57181.5
谷草比	1.7	1.3	1.6	
2007年秸秆总量	1296.0	5137.5	1129.5	64962.7
占总产量的比例(%)	2.0	7.9	1.7	
2008年秸秆总量	1273.6	3956.8	2285.8	70848.0
占总产量的比例(%)	1.8	5.6	3.2	

资料来源：

2. 对环境影响

目前主流的观点认为生物质能属于洁净能源。生物质能资源挥发

组分高，炭活性高，易燃。在合理利用生物质的热能后，剩余部分可以还田，改良土壤，并且产生极少量的有害气体，属于洁净能源。甚至，如果大范围推广生物质能产业，会促进种植能源林，最终使用能源反而改善环境。

然而，也有反对声认为：推广生物燃料使用的目标将加速全球物种的灭绝；对土地使用所构成的影响可能会抵消生物燃料预计将减少的绝大部分温室气体排放。

垃圾发电争议最大问题是致癌物质二恶英的排放。“大家都晓得垃圾发电好，但是谁都不愿意把厂建在自己那儿。”这个现状几乎存在于我国现在仅有的几座垃圾发电厂。无论是山东还是上海，在网上都可以搜索到厂房周围老百姓对此事的反对。

3. 生物能产业成本构成

表4－4　秸秆电厂项目与煤电项目的投资构成

项目	秸秆电厂项目（15兆瓦,30兆瓦）	煤电项目		
		1000兆瓦	600兆瓦	300兆瓦
设备购置费(%)	49	56.30	48.36	47.51
建筑工程费(%)	23	17326	20.40	22.17
安装工程费(%)	12	15.71	18.72	17.08
其他费用(%)	16	10.73	12.52	13.24
单位造价(元/千瓦)	9500	3724	3643	4401

资料来源：李剑锋、胡亚山：《电力技术经济》，2009。

表4－5　秸秆电厂与煤电成本比较

单位：%

项目	秸秆电厂项目	煤电项目
燃料费	58	56
折旧及摊销费	14	13
维修费	5	8
财务费用	12	9

续表

项目	秸秆电厂项目	煤电项目
工资及福利费	8	2
材料费	1	3
其他费用	2	9

资料来源：李剑锋、胡亚山：《电力技术经济》，2009。

（三）竞争环境

1. 竞争成本

各地区秸秆综合利用程度、秸秆资源的供需关系、秸秆类型及含水率差异等因素决定了秸秆收购价格也有所不同。但总体来看，由于秸秆资源相对比较分散，体积质量小且容易腐烂，秸秆的收集、运输和储存较为困难，从而导致秸秆价格偏高。根据江苏2009年秸秆电厂的实际收购情况，秸秆价格折合到热值上大约为0.0275元/兆焦。

秸秆电厂项目的建设投资构成比例与煤电项目相近，但秸秆电厂的建设投资额较高，单位千瓦造价约为9500元，为煤电项目单位造价的3倍左右。在发电成本方面，由于秸秆电厂机组容量小、参数低，其热效率远低于常规燃煤电厂，秸秆电厂燃料费用的比例比常规煤电项目稍高；秸秆电厂单位工程造价高，设备折旧及摊销费和财务费用的比例也相应偏高。

2. 上游的竞争

生物质发电行业上游供应商主要是电力设备生产商和燃料供应商。在电煤紧缺，运力紧张，设备订单排满这种氛围之下，中国电力行业渐渐失去了定价权，秸秆等燃料价格已经超出了生物质发电行业可以控制的范围。2008～2009年，燃料和设备市场都具有很强的卖方市场特性，这大大挤压了生物质发电行业利润空间向上游

扩张。

用于生物质焚烧发电的锅炉及燃料输送系统的技术和设备都产自国外，国内尚未制造厂家。所以投资后的物质发电产业很有可能长时间受制于国外。

3. 下游的竞争

生物质发电行业下游客户包括三次产业的企业客户和城乡居民客户，居民用电量比较稳定，增速也很稳定，一般在分析时不予考虑，影响生物质发电行业的最大下游客户当属第二产业中的制造业，尤其是一些高耗能行业。例如钢铁、有色、化工和建材等。这些行业都是原材料行业，为更加下游的房地产、轻工业等提供原材料，这些基础性的行业具有投资大，周期长，产能易增不易减等特点，因此在经济周期中处于不利的地位，2008 年下半年以来，随着经济形式的走弱，金属价格，建材等价格纷纷大幅下跌，导致这些原材料产业开始限产，直接影响了电力用量。总的来看，下游客户除了在用电总量上对生物质发电行业造成较大拖累外，在具体购电方式上不具有很多话语权，电力销售市场是典型的卖方市场。

（四）政策环境

2006 年 1 月 1 日国家正式实施了《可再生能源法》，构建了一个比较完整的可再生能源法律的系统框架，结束了我国可再生能源发展无法可依的历史。在这部法律中，通过减免税收、鼓励发电并网、优惠上网价格、贴息贷款和财政补贴等激励性政策来激励发电企业和消费者积极参与可再生能源发电。“十二五”末，我国生物质发电装机容量达到 1300 万千瓦，集中供气达到 300 万户，成型燃料年利用量将达到 2000 万吨，生物燃料乙醇年利用量达到 300 万吨，生物柴油年利用量达到 150 万吨。

表 4-6 生物质能发电行业相关政策汇总

时间	政策名称	行业相关内容
2009.11.19	《关于加快推进电价改革的若干意见(征求意见稿)》	将全国销售电价每千瓦时平均提高2.8分钱
2009.10.11	《关于规范电能交易价格管理有关问题的通知》	从发电企业与电网企业的交易价格、跨省区电能交易价格以及电网企业与终端用户的交易价格等方面对电价行为进行了全面规范
2009.6	《促进生物产业加快发展的若干政策》	包括生物质发电在内的生物能源被列属五大生物产业之一
2009.3.26	《关于做好2009年电力运行工作的通知》	提出在年度计划安排上,要全额安排可再生能源并网发电项目的上网电量
2008.12.9	《关于自由综合利用及其他产品增值税政策的通知》(财税[2008]156号)	以垃圾为燃料生产的电力享受即征即退政策
2008.10.30	《秸秆能源化利用补助资金管理暂行办法》	规定了中央支持秸秆能源利用的支持对象、方式、补助标准等。
2008.9.8	《关于进一步加强生物质发电项目环境影响评价管理工作的通知》	要求进一步加强生物质发电项目环境影响评价管理工作
2008.7.27	《关于加快推进农作物秸秆综合利用的意见》	提出了推进秸秆综合利用工作的指导思想、基本原则和主要目标
2008.3.3	《可再生能源发展“十一五”规划》	指出在“十一五”期间,我国将加快发展生物质能,2010年,全国可再生能源中,生物质发电总装机容量达到550万千瓦
2008.3.10	《关于2007年1~9月可再生能源电价附加补贴和配额交易方案的通知》(发改价格[2008]640号)	生物质发电补贴实际达到0.35元/度
2008.1.1	新《企业所得税法》	生物质发电因资源综合利用可享受收入减计10%的所得税优惠
2007.9.4	《可再生能源中长期规划》	提出生物质发电2010年要达到550万千瓦,2020年达到3000万千瓦

续表

时间	政策名称	行业相关内容
2007. 1. 11	《可再生能源电价附加收入调配暂行办法》	明确了生物质发电项目高于标杆电价部分的补贴分配方法
2006. 9. 7	《国家鼓励的资源综合利用认定管理办法》	城市生活垃圾(含污泥)发电应当符合以下条件:垃圾焚烧炉建设及其运行符合国家或行业有关标准或规范;使用的垃圾数量及品质必须有保证
2006. 6. 20	《中央重要环境保护专项资金项目申报指南(2006 ~ 2010年)》	生物质发电企业作为农村生活生产农林废弃物的最有效处理者,被列入重点扶持项目
2006. 5. 30	《可再生能源发展专项资金管理暂行办法》	生物质发电项目被列入重点扶持范围
2006. 1. 5	《可再生能源发电有关管理规定》	明确了生物质发电有关管理规定
2006. 1. 4	《可再生能源发电价格和费用分摊管理试行办法》	明确生物质发电项目的电价制定办法(各省脱硫燃煤机组标杆电价 + 补贴电价 0. 25 元/千瓦时)
2005. 11. 29	《可再生能源产业发展指导目录》	生物质能发电获得重点支持
2005. 2	《中华人民共和国可再生能源法》	将可再生能源的开发利用列为能源发展的优先领域

资料来源:相关部委、世经未来:《2010 年生物质能发电行业风险分析报告》。

四　生物质能发电产业安全影响因素分析

(一) 产业竞争力

1. 产业市场竞争力

生物质能发电的技术目前还不够成熟，开发成本和效率都还难以满足大规模电网的需要，而水电是目前唯一可以进行商业化大规模应用的可再生能源。水力发电的水量主要靠河流和降雨，虽然具有随机性，但是通过建造水库，水量是可以积聚、储存的，因此水电可以在一定的时间阶段内被人为控制。水力发电的这一优点使其除了提供可再生的清洁能源外，还具有水电机组的启动、停机迅速，可用来调整负荷，在电网中进行调峰、调频和作为事故备用。水力发电对生物质能发电带来的威胁较大。

风力发电是完全的无污染的自然能发电，但是风力发电对于选址要求较高，需常年有风能提供的地区，发电力很小，维护不方便，很难大规模地提供电能。因此对生物质发电造成的威胁不大。

核电是未来几年的发展趋势，虽然核电安全要求比较高，但是它的发电成本低。目前国家在核电方面的投资非常大，根据国家核电发展规划和近年来的投资实务分析，核电投资有加快的迹象，即到了2020年，国家核电投产容量远远不止4000万千瓦，而是接近6000万千瓦，核电在电力行业中的规模和地位将会继续快速提升。核电对生物质发电造成的威胁较大。

2. 技术竞争力

生物质发电机组除燃料供应系统和锅炉系统与常规火电机组不同外，相应等级的汽轮发电机组、DCS控制系统、微机保护系统、阀门及执行机构、仪表、电动机、变压器、高低压开关柜、泵类设备、化学水处理设备、冷却塔、压力容器、管道、电缆等都是目前建设生物质发电厂的必备设备和材料。

不同工艺生物质发电所采用的主要设备是不同的。秸秆直燃发电主要由锅炉、汽轮机、发电机三大设备组成；气化发电主要由气化炉、气体净化装置、发电机、余热回收装置等组成；沼气发电主要由发酵罐、生物脱硫塔、发电机、锅炉等组成。

（1）锅炉。我国已有相当多的锅炉生产企业研制生产出各种类

型的生物质锅炉，技术已基本成熟，种类主要有木柴锅炉、甘蔗渣锅炉、稻壳锅炉，而且锅炉的容量、压力参数等可根据用户的需要进行设计。其中木材锅炉和甘蔗渣锅炉系列品种较全，应用广泛，锅炉容量、蒸汽压力和温度范围大。但由于国内生物质燃料比较分散，作为商品的供应很少，供应不足，国内市场应用多为中小容量锅炉产品，如木柴锅炉应用较多的多为10吨/小时以下；稻壳锅炉的容量不大，应用相对较少，主要是稻壳产生企业利用自身有限的废气稻壳燃烧并小规模发电，缺少集中处理的大型生物质燃烧发电厂。大型设备主要是出口到国外生物质供应量大、集中的国际市场。

（2）气化炉。我国已研制的中小型生物质气化发电设备功率从几千瓦到5000千瓦，气化炉的结构有层式下吸式气化炉、开心式气化炉、下吸式气化炉和循环流化床气化炉四种。我国自主研发的生物质循环流化床气化发电系统对于较大规模地处理生物质具有显著的经济效益，在我国推广很快，已经出口到泰国、缅甸、老挝和我国的台湾地区，已经成为国际上应用最多的中型生物质气化发电系统。

（3）发电机组。所有的生物质发电机组基本上有三种类型：一是内燃机/发电机机组；二是汽轮机/发电机机组；三是燃气轮机/发电机机组。有的发电厂将前两者结合起来使用，有的则把后两者结合起来使用。

以前生物质气化发电机组规模以60千瓦的居多，现在应用较多的是160千瓦和200千瓦内燃机/发电机装置。国内生产气化发电机组具有代表性的厂家是重庆红岩内燃机责任有限公司。

（二）产业依存度

1. 进口依存度

缺乏核心技术和设备：因为到目前为止，用于生物质焚烧发电的锅炉及燃料输送系统的技术和设备都产自国外，国内尚未制造厂家。所以投资后的物质发电产业很有可能长时间受制于国外。由于生物质能发电与常规火电有所区别，因此无论是发电机组燃料供应系统、锅炉系统，还是同等级的汽轮发电机组、DCS 控制系统、微机保护系统、阀门、仪表、变压器、电动机、高低压开关柜、泵类设备等都有所不同。

2. 技术依存度

我国秸秆固化成型燃料技术存在着成型机模具磨损严重、运行稳定性差且使用寿命短，能耗较高配套炉具亟待完善，秸秆的收集储运和预处理技术不完善，机械化水平低，相关标准缺乏等问题，而秸秆气化也存在焦油含量高，生物裂解油结焦等方面的问题。生物质能发电缺乏核心技术和设备。

（三）产业控制力

生物质发电产业控制力评价主要是反映外资对一国生物质发电产业的控制程度及由此给产业的生存和发展安全造成的影响。它主要反映外资对市场、品牌、技术、经营决策权等方面的控制程度。

1. 外资企业对市场控制程度

我国生物发电企业主要为国电系五大发电集团、非国电系国有发电集团、省市自治区所属的电力或能源企业和一些民营企业，外资企业控制力较小（见表 4－7）。

表 4－7　2006～2009 年我国生物发电产业利用外资一览

投资时间	投资机构	投资形式	投资领域	项目所在地	投资规模或装置规模
2006	中电国际新能源控股有限公司	FDI	1×15 兆瓦生物质热电项目	江苏省洪泽县	1.31 亿元人民币
2007	香港中电集团	FDI	生物质能热电联产项目	山东省博兴县	3 亿元人民币

续表

投资时间	投资机构	投资形式	投资领域	项目所在地	投资规模或装置规模
2008	德国艾库乐森股份有限公司	FDI	苗圃垃圾填埋场填埋气利用发电建设	湖南省娄底市	CDM 项目年减排量 25315(tCO_2e)
2008	关国高盛国际集团	FDI	24 兆瓦生物质发电项目	河南省新乡市	CDM 项目年减排量 225569(tCO_2e)
2009	中瑞国际集团投资有限公司	FDI	生物质能发电	山东省临沂市	和山东美华瓷业集团股份有限公司共同投资 3556.5 万美元
2009	德国博世集团	FDI	可再生能源和动力总成电气化技术	中国	1.6 亿欧元
2009	欧洲投资银行	国际贷款	生物质能源林示范项目	江西省九江市	2500 万欧元
2009	香港启锋科技有限公司	FDI	生物质能源设备	江苏省淮安市	4950 万美元
2009	美国美中投资基金	FDI	生物质燃气项目	吉林省辽源市	超过 100 亿元人民币

资料来源：中国生物质能源网等网络资源。

2. 中国生物质能发电在全球生物质能发电新增和累计所占份额

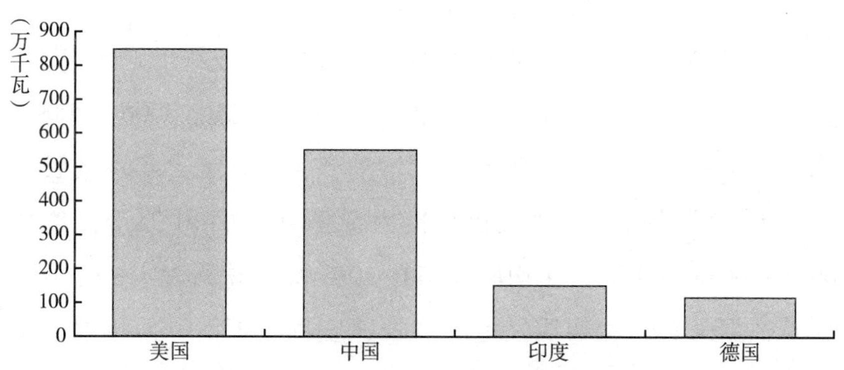

图 4-2　生物质能发电装机容量前四名的国家

3. 外资在中国生物质发电产业投资变化

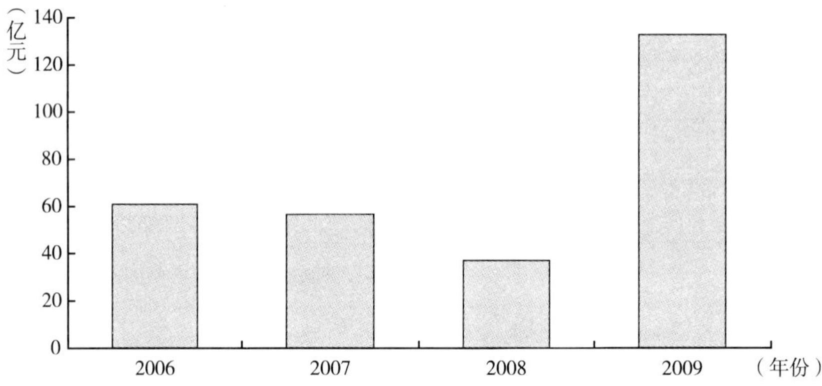

图4-3 外资在中国生物质发电产业的投资

(四) 产业发展力

截至2008年上半年，国家和地方发改委共核准80余个生物质能发电项目，合计装机容量128.4万千瓦，投资约100亿元；已并网发电项目7个，发电装机容量17.5万千瓦；在建项目25个，在建装机容量29万千瓦。截至2010年年底，中国已投产运营的生物质发电项目61个，其中，国能的已投产项目20个，生物质发电装机容量增加14%，达320千瓦，仅次于欧盟、美国、德国。

1. 我国生物质发电产业在我国发展状况

《可再生能源法》于2005年由全国人大通过，并于2006年施行，促进了生物质发电产业的发展，投资活动非常活跃。2006~2009年，生物质发电的投资总额由168亿元增加到452亿元，年均增长率在30%以上；已经投产的总装机规模由2006年的140万千瓦增加到2009年的430万千瓦，年均增长率在30%以上（见表4-8、图4-4）。从数据来看，生物质发电的增长速度逐年下滑，但仍然处于非常高的水平。

表 4-8　2006~2010 年生物质能发电行业规模统计

年份	总装机规模(万千瓦)	增长率	投资总额(亿元)	增长率
2006	140	—	168	—
2007	220	57.14%	256	52.38%
2008	315	43.18%	347	35.55%
2009	430	36.51%	452	30.26%
2010	550	27.91%	586	29.65%

资料来源：世经未来整理。

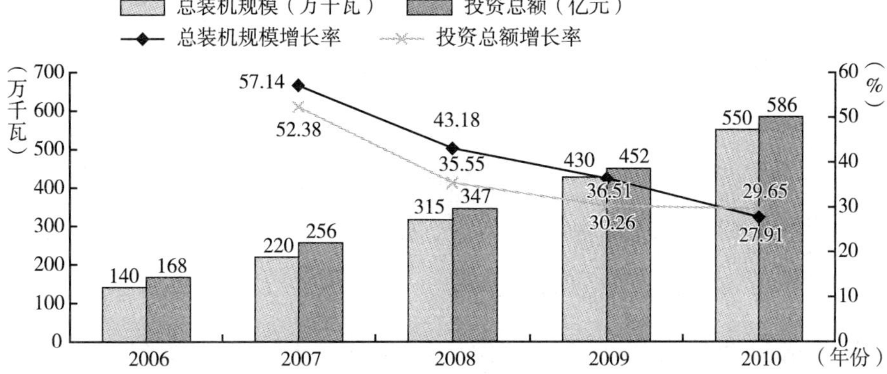

图 4-4　2006~2010 年生物质能发电行业规模指标变化

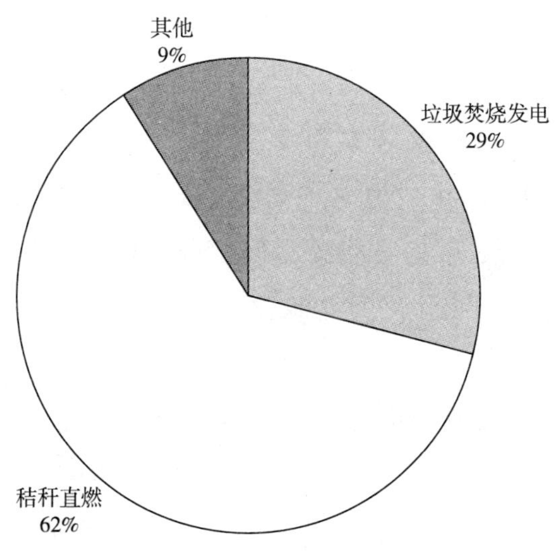

图 4-5　2011 年我国生物质能发电结构分析

2. 产业布局

产业布局是指一个国家或地区产业各部门、各环节在地域上的动态组合分布，是国民经济各部门发展运动规律的具体表现。

（1）华北地区。内蒙古自治区已建成发电项目 8 个，总装机容量 23.2 万千瓦，分布在赤峰、通辽、巴彦淖尔等地。

（2）东北地区。2009 年 6 月黑龙江与瑞典合作开发名为“生物质能源综合利用”的示范项目，在宾县建设一项农业秸秆生物沼气集中供气示范工程，日产气 5000 立方米，打造“中国新能源产业基地”。中国广东核能开发有限公司在明水县投资设立 2×1.2 万千瓦规模的生物质发电厂，于 2009 年 11 月，正式签订了合作协议。该项目计划投资 3.2 亿元，利用农作物秸秆资源发电，投产后年发电量达 1.5 亿度。

吉林省森林覆盖率在 40% 以上。目前全省大型林业生物质能源项目建成投产的有三个，分别位于辉南县、大兴沟和蛟河市。2010 年 10 月吉林省最大的林业生物质能源项目在蛟河市投产。该项目以林业废弃物为主要原料，生产高密度木质颗粒燃料。项目分两期建设，全部达产后，年可生产燃料 4.5 万吨。

（3）华东地区。江西生物质能源林示范项目于 2009 年 11 月 13 日在南昌启动。项目总投资 3.7857 亿元，其中欧洲投资银行优惠贷款占总投资的 70%，其余为地方配套资金。项目建设目标：2009～2013 年，在瑞金市、广昌县、渝水区、枫树山林场等 19 个县（市、区、林场）建设 3 万亩生物质能源林示范基地，其中油茶林基地 2 万亩，光皮树基地 1 万亩。

江苏省秸秆气化集中供气工程项目省财政补助项目村 100 万元/处。在生物质发电方面，1.2 万千瓦以上规模的项目 22 项，大型的发电项目包括江苏国信如东生物质发电厂（2.5 万千瓦）国能射阳生物质电厂（30 吨/小时 +2.5 万千瓦）、沛县新建生物质发电项目

（2.4 万千瓦）、新港维尔生物质项目（2.5 万千瓦 +1.2 万千瓦）、江苏正兆生物质发电项目（3 万千瓦）等。2010 年 3 月宿迁凯迪生物质能电厂两台机组全面投运。

2010 年 5 月安徽省首个林业生物质发电与碳交易项目启动。项目由德国政府贷款 1300 万欧元。山东省正在加快推进新能源开发和利用步伐。青岛市结合沿海地域特点，已经定出新能源产业发展。

（4）中南地区。广东省目前正在建设国内最大的纯燃生物质发电项目，湛江生物质项目（2×5 万千瓦）。2010 年，湖北首个生物能源项目（和泰公司的生物能源项目）获国家立项；开建总投资 2.8 亿元的枣阳生物质发电项目；凯迪生物能发电厂成功注册联合国 CDM 机制。

（5）西南地区。2009 年 5 月西南地区首个生物质能发电企业垫江高峰生物质能发电厂开始建设。总投资 2.3 亿元。年底，西南再生资源产业基地（位于四川内江）一期工程全年完成基地投资总额 3.12 亿元，占地 5000 亩。

3. 行业亏损面

虽然国内各项政策为生物质能产业的发展大开绿灯，并给予了一定量的财政补贴，但这并无法有效提高生物质能产业的盈利能力，改善其生存状态。相反，生物质能企业就是靠这些补贴才能维持日常正常运转。然而，这并不是长远之计。生物质能产业的长远、健康发展，仍需要从内部入手，依靠科技进步解决原材料短缺这一关键性问题。

（1）生物质发电。在各项政策扶持下，由于前景看好，生物质能项目大量上马，产能急剧增长。但是，由于生产原料供应不足，出现了大量产能闲置的现象。生产原料供不应求，导致价格上涨，超出了企业生产成本所能承受的范围，因此企业不得不减少开工或让装置停产。

针对生物质发电在成本方面存在的短板，国家发改委在2006年明确生物质发电项目的上网电价在各省脱硫燃煤机组标杆电价基础上，补贴0.25元/千瓦时，此外，生物质发电还可享受收入减计10%的所得税优惠；秸秆生物质发电享受增值税即征即退政策。政策不可谓不优惠。对于太阳能发电、风能发电，只给一个发电政策就可以了，但给生物质能发电一个政策就不行。因为做秸秆发电、做沼气发电、做垃圾发电和做燃料乙醇所需要的政策都是不一样的。缺乏针对性的优惠政策，会影响生物质能的发展。

（2）垃圾发电。

焦点一：有没有二次污染。

垃圾发电争议最大问题是致癌物质二恶英的排放。大家都晓得垃圾发电好，但是谁都不愿意把厂建在自己那。这个现状几乎存在于我国现在仅有的几座垃圾发电厂。无论是山东还是上海，在网上都可以搜索到厂房周围老百姓对此事的反对。

焦点二：政企该如何配合。

垃圾发电是新能源中最有发展潜力的能源之一。随着我国城乡统筹的推进，城市人口的增加，垃圾量也在以惊人的速度增加。很多城市已不同程度地出现“垃圾围城”现象，垃圾发电的社会意义不言而喻。

如果要建垃圾发电厂，还得视政府的支持力度而定。东电垃圾发电的技术已不存在问题，关键在于经济账能不能算得过来。华中地区的垃圾发电站每处理一吨垃圾，政府补贴236元，每一千瓦时电政府也要补贴一些。

成都垃圾发电厂建设属于成都市政府公开招标项目。工程采用近似于BOT的方式，由威斯特公司负责投融资4.7亿元，具体承担项目的建设和运营；成都市政府则投资0.7亿元，负责项目的征地、

拆迁和垃圾收集、转运工作，以及厂外的道路、水、电等配套工程的建设。

然而，就在政府对垃圾发电厂予以扶持的同时，国内其他地方也曾曝出过垃圾发电厂在垃圾里掺杂煤燃烧，骗取政府补贴的丑闻。

第三节　生物柴油产业

一　国内外生物柴油产业发展现状

（一）国外生物柴油发展现状

随着国际原油价格的持续攀升和资源的日渐趋紧，石油供给压力空前增大，生物柴油的经济性和环保意义日渐显现，生物柴油以其突出的“环保性”和“可再生性”，已引起了世界发达国家，尤其是资源贫乏国家的高度重视。目前，它围绕着几种主要油脂原料的盛产区，已经形成三大生物柴油生产基地，并逐步向世界普及和扩展①。

1. 欧盟

欧盟生物柴油产量居于世界领先地位，2009 年其生物柴油产量占全世界总产量的 50% 左右，在欧洲生物燃料消耗结构中仍占较大比例。但因受到经济危机以及气候条件的影响，与往年相比，其区域增长幅度相当小。2009 年欧盟生物柴油产量增长率由 2005 年的 65% 降至 2006 年的 54%，降幅低于 6%。德国是欧盟最大的生物柴油生产国，对生物柴油的生产企业全额免除税收；自 2004 年起，无须标明即可在石化柴油中最多加入 5% 的生物柴油，2007 年生物柴油产量

① 丁声俊：《国外生物柴油的发展状况、政策及趋势》，《中国油脂》2010 年第 7 期。

达到了289万吨；然而从2008年起，由于德国政府取消生物柴油企业免税优惠，产量出现下滑，生物柴油行业产能利用率仅为55%。2009年德国生物柴油产率下降19%，产量降至260亿升以下。相比之下法国则逆流而上，2009年生物柴油产量增长34%，产量超过240亿升，占全球产量的16%，与德国共同成为欧洲乃至全世界生物柴油行业的领导者。此外，奥地利、西班牙及英国等国家生物柴油产量增幅较大，超过50%。

2. 美国

美国商业性生产生物柴油始于20世纪90年代初。截至2007年底，生物柴油生产企业为171家，生物柴油产量4.5亿加仑，比2006年提高80%。为帮助降低生产先进生物燃料的成本，并使相关技术达到商业化，2007年美国将其能源部生物质能研究经费增加65%，总数达1.5亿美元。2005年，美国生物柴油产量约为5.55加仑，主要原料为大豆油。美国积极探索其他途径生产生物柴油。根据美国国家生物柴油委员会的计划，到2015年，生物柴油产量将占全国运输柴油消费总量的5%，达到610万吨。

3. 印度

印度是一个油气资源相对匮乏的国家，原油的70%依赖进口，因而印度政府非常重视生物柴油、乙醇、生物燃料气和生物合成气等生物燃料的发展。2002年7月成立了生物燃料领导小组，制定了印度生物燃料的发展方针，并起草了生物柴油国家发展规划。计划到2011～2012年间，实现生物柴油替代20%石油柴油的目标，麻风树油的种植面积将达500万公顷。

印度计划委员会制定了生物柴油国家发展规划实施路线图，将生物柴油发展规划为两个阶段。2003～2007年是示范项目阶段，2007～2012年是自主发展，扩大生产阶段。2009年度生物柴油产率全球排行第16位，产量达13亿升以上，增幅超过100倍。

4. 巴西

目前，巴西使用的乙醇/生物柴油等现代生物质能源占其能源消耗总量的27%，远高于1.7%的世界平均水平。

（二）国内生物柴油发展现状

我国生物柴油工业生产比国外晚几年，在2001年之后才陆续有工业装置投产，这主要包括海南正和、福建卓越、四川古衫等，都建立1万~2万吨/年左右的生物柴油厂，原料基本都是采用地沟油、酸化油等。2005年原油价格的进一步上涨，生物柴油在国内越来越热，各种大中小型工厂纷纷涌现，但这种好景并不长。由于国家对生物柴油缺少激励政策，再加上原料问题、市场问题等，2006年下半年，一些企业开始停产，停建或转型，业界人士也以更冷静的眼光来看待国内新兴的这个生物柴油产业。

2006年之前，石油三巨头中只有中石化在低调地研究生物柴油生产技术，调研生物柴油原料，从各种媒体上很难看到中石油和中海油的动静。但2006年年底、2007年年初，当民营企业开始觉得这块骨头难啃，准备撤离时，国企巨头们纷纷行动起来，大张旗鼓地插足生物柴油行业。除了石油巨头外，看起来与能源不沾边的中粮油也开始进入生物能源行业，成立了生化能源事业部，推动燃料生物柴油等的发展。

（三）产业链描述

生物柴油产业是一个系统工程，产业链主要涉及原料、生产加工、应用、标准检测等（见图4-6）。由上游的原料和技术、设备供应商；中游的生物柴油生产企业；下游的加油站、发电厂、炼油厂、运输公司、化工企业、流通领域中间商等市场客户以及标准检测服务行业组成。涵盖了从农业、化工、设备制造、能源、环境等系列产业。其中，生物柴油产业链中最关键的一环是原料。原料成本占生产总成本的75%~80%，对生物柴油的价格起决定性作用。目前世界上制生物

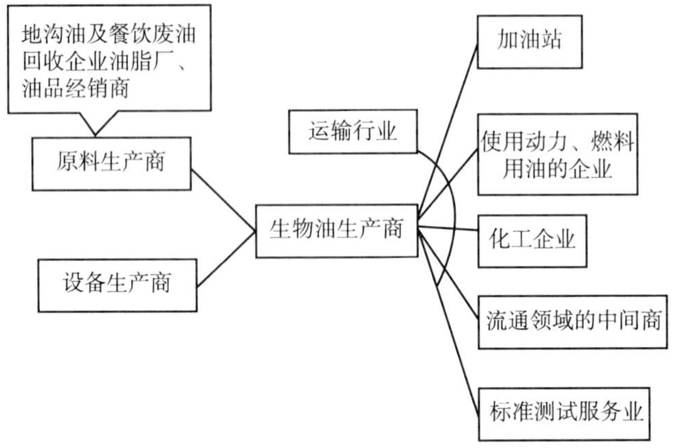

图 4－6　生物柴油产业链

柴油的原料主要是菜籽油，所占比例达50%以上。其次是豆油、棕榈油及葵花籽油，其他原料比例较小。我国因国情的特殊性，生物柴油原料以地沟油、酸化油、植物油下脚料等废弃油脂为主，大规模的林业能源植物来源原料应用还有待进一步发展。因而生物柴油行业的主要原材料供应商为地沟油及餐饮废油回收企业、油脂厂、油品经销商等。目前，伴随着原料不足，供给不稳定以及市场渠道不完善等诸多原因，我国生物柴油产业链濒临脱节，产能严重过剩。

（四）生物质能开发商

生物柴油企业分布比较分散，全国 21 个省市都有生物柴油企业，据不完全统计，截至 2011 年 12 月底，各省生物柴油企业规模见图 4－7。

二　生物柴油产业发展环境

（一）生产要素环境

生物能产业成本构成以日产 5 吨的小生物柴油生产成本为例：

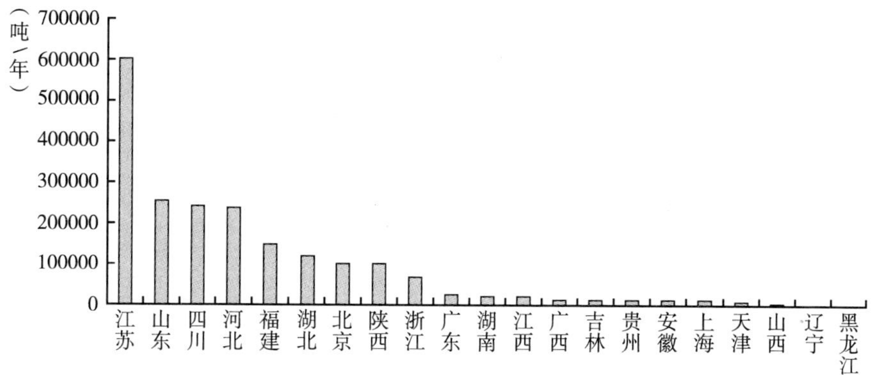

图 4-7　各省生物柴油企业规模

表 4-9　生物柴油生产成本

名　称	价　格	备　注
原料价格	6000 元/吨	—
辅料价格	2600 元/吨	—
辅料/原料	0.15	价格比率
日处理量	5 吨/天	—
年工作日	365 天	—
成品生物柴油价格	7000 元/吨	—
粗甘油价格	2300 元/吨	—
处理油脂	1825 吨/年	—
生产柴油	1733.75 吨/年	按 95% 产出
年纳税额	50.972 万元/年	按 0.06
教育附加费	25.486 万元/年	按 0.03
城市维护建设税	2.8486 万元/年	实缴增值税 ×0.05
工资福利	34.485 万元/年	—
办公费	10 万元/年	—
年经营成本	99.53 万元/年	—
毛利润	年销售总额 - 年生产成本	—
净利润	毛利润 - 年经营成本	—

生物柴油目前状况是“成本和售价倒挂”，以河南洛阳新天源集团为例，目前“地沟油”收购价每吨6000元计算，生产一吨生物柴油的成本在7000元左右，而现在生物柴油的售价只有6000元，等于是卖一吨生物柴油就要赔上1000元。

（二）竞争环境成本

1. 竞争成本

利用地沟油炼制生物柴油、并实现量产的企业。一般都是“昙花一现”。按2009年的价格，向餐馆收地沟油的费用达到每吨5800元，每加工一吨成本为1200元，而每吨生物柴油的批发价格仅为6700元。另外，向餐馆收油无法开具发票，这使得销售时的增值税无法抵扣，企业亏损严重。

生物质热裂解制取生物油，然后通过催化加氢制取生物柴油的方法还处在实验阶段，没有实现商业化。

上市公司中，国风塑业大股东国风集团曾于2006年投资近5亿元兴建60万吨生物柴油项目。不过，据中证证券研究中心了解，经过几年的探索后，国风集团投资的生物柴油项目目前基本已处于停止状态。

表4－10　不同原料生产生物柴油利润比较

单位：元/吨

原　　料	原料价格	产品成本	生物柴油价格	毛利润
菜籽油	10000	10800	7000	－3800
豆油	9000	9800	7000	－2800
棉籽油	8600	9600	7000	－2400
动物油	8000	8800	7000	－1800
棕榈油	7500	8300	7000	－1300
麻风树油	6000	6800	7000	200
地沟油	5400	6600	7000	400
植物油下脚料	3500	6400	7000	600

2. 上游的竞争

生物柴油的产业目前状况是：原料吃紧、销路单一、销售点匮乏等问题，生产“举步维艰”。以郑州市为例子：该市每天产生600吨左右的餐厨垃圾，90%以上落入了个体户手中。收购价格也从2006年的每吨1600元上涨到目前的每吨近6000元。河南的生物柴油企业转产破产现象从2008年前后开始蔓延，很多公司的技术骨干都被放了长假，全国的生物柴油也同样面临生产原料紧缺而面临停产状况。

3. 下游的竞争

“地沟油”变废为宝，几乎不存在技术壁垒，政策门槛却高。目前生物柴油根本没有途径进入中石油、中石化的成品油零售市场，加上没有自己的加油点、社会知晓率低，销售渠道也是少之又少，河南省内炼制的生物柴油要么是卖给企业用作烧锅炉的燃料，要么卖给了周边的建筑工地，而省外的企业大多卖给了船舶业作动力燃料。

（三）政策环境

2006年12月，国家税务总局《关于生物柴油征收消费税问题的批复》中就曾明确指出，以动植物油为原料，经提纯、精炼、合成等工艺生产的生物柴油，不属于消费税征税范围。

2008年12月，《国务院关于实施成品油价格和税费改革的通知》的发布将生物柴油纳入消费税征收范围。生物柴油消费税征收额度与柴油相同，均为0.8元/升。

2008年12月，《国务院关于实施成品油价格和税费改革的通知》的发布将生物柴油纳入消费税征收范围。生物柴油消费税征收额度与柴油相同，均为0.8元/升。“十二五”期末，我国计划生物柴油年利用量达到150万吨。

2010年11月国家质检总局、国家标准委发布了备受业界关注的生物柴油调和燃料（B5）标准名列。生物柴油调和燃料B5国家标准的颁布、实施将为生物柴油的推广应用及行业发展奠定重要的基础。生物柴油 BD100 生产及生物柴油调和燃料 B5 生产、调和、销售企业应严格执行相关国家标准，保证产品质量。除标准外，从事生物柴油生产、调和、销售等有关企业应密切关注酸值、凝点、冷滤点、氧化安定性等几项重要指标。B5 标准的颁布和今后的实施，为国内生物柴油进入市场打开了大门。

三　生物柴油产业安全形势分析

（一）产业控制力

1. 外资企业对市场控制程度

表 4－11　2005～2009 年我国生物质能产业利用外资一览

投资时间	投资机构	投资形式	投资领域	项目所在地	投资规模或装置规模
2005	马来西亚华信资源有限公司	FDI	生物柴油	安徽省合肥市	中外合投 17860 万元人民币
2006	新加坡天圜营养集团、日本大器爱科希斯公司	FDI	生物柴油	黑龙江省大庆市	与上海日器环保备有限公司共同投资 5.26 亿元人民币
2006	中国生物柴油国际控股有限公司	英国伦敦证交所上市	生物柴油	福建省龙岩市	IPO1500 万美元
2007	古杉环保能源有限公司	美国纽约证券交易所上市	生物柴油	福建省福州市	IPO1.73 亿美元
2007	奥地利碧路公司	FDI	生物柴油	江苏省南通市	8200 万欧元
2007	香港 Vanguard Technology Co.	FDI	生物柴油	内蒙古自治区	同北京大富投资公司一起投资 1.5 亿美元
2007	香港启锋科技有限公司	FDI	生物柴油	吉林经济技术开发区	1.5 亿美元

续表

投资时间	投资机构	投资形式	投资领域	项目所在地	投资规模或装置规模
2007	德国 PT 公司	FDI	生物柴油	河北省固安县	1 亿美元
2008	香港启锋科技有限公司	FDI	生物柴油	内蒙古通辽市	3 亿美元
2009	美国易力公司	FDI	生物柴油	江苏省镇江市	1.5 亿美元

资料来源：中国生物质能源网等网络资源。

2. 中国生物柴油在全球生物柴油新增和累计所占份额

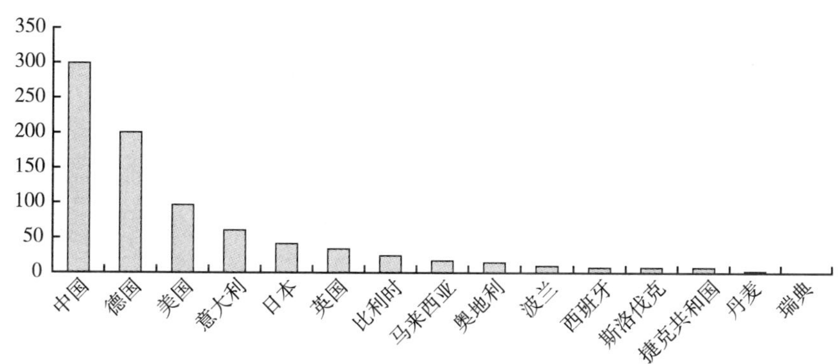

图 4-8　生物柴油产量前 15 名的国家

资料来源：中国新能源网。

3. 技术控制力

生物柴油的制备技术虽然基本成熟，但应用性较差，今后应重点提高生物柴油经济可行性，降低动植物油的新度及提升其可燃性，改善生物柴油对发动机润滑油的破坏腐蚀作用。

（二）产业发展力

“十五”期间，科技部将野生油料植物开发和生物柴油技术发展列入国家 863 计划和科技攻关计划，国家“十一五”规划 2010 年我国生物柴油年利用量达到200万吨。我国几大国营石油集团如中石油、中石化、中海油和中粮集团都设立了专门的机构研究生物柴油。从2001年开始，我国先后涌现出正和、古杉、卓越、天冠、湖南天源等许多家生物柴油民企。从2006年开始，生物柴油在上海、福建、江苏、安徽、重庆、新疆、贵州等地建厂。民资、国资和外资都有投资。其中，江苏省的南京、南通、无锡就有3个以民资投入为主的年产10万吨以上的生物柴油项目。目前生物柴油年利用量达到150万吨。

由于生物柴油提纯工艺较为复杂，加上原材料来源供应渠道不畅等问题，生物柴油在我国产业化程度不高。目前国内生物柴油生产规模较大的公司主要包括海南正和生物能源公司、四川古杉油脂化工公司和福建卓越新能源发展公司等。

上市公司中，国风塑业大股东国风集团曾于2006年投资近5亿元兴建60万吨生物柴油项目。不过，据中证证券研究中心了解，经过几年的探索后，国风集团投资的生物柴油项目目前基本已处于停止状态（来源：中国证券报）。

四　生物柴油产业安全问题

生物柴油以地沟油、酸性植物油等废弃油脂为原料，废油脂成本为3200～4000元/吨，加工费用约为每吨产品700～800元左右。每1.2吨废弃油脂约生产1吨生物柴油，所得生物柴油的总成本约为4540～5600元/吨。而生物柴油的定价基于普通柴油零售价，售出价格一般要低于标准石化柴油100～300元左右才有市场竞争力。因此，原料价格以及石油价格的频繁波动将对生物柴油企业的盈利能力产生较大程度的影响。若原料价格上涨过猛，生物柴油失去成本优势，企业将难以为继。同样，石油价格波动会影响石化柴油价格走势，从而影响生物柴油价格走势。柴油价格大幅下跌，生物柴油利润空间将大幅缩水，甚至出现柴油与生物柴油成本价格倒挂的

现象，导致企业亏损。以 2009 年 3 月为例，全球原油价处于低谷，54 美元/桶，与之关联的国内 0#柴油价格为 5100 元/吨，而地沟油价格为 3400 元/吨，生物柴油成本约为 4800 元/吨，利润非常有限。

第四节　燃料乙醇与沼气产业

一　国内外燃料乙醇与沼气发展现状

（一）国外燃料乙醇与沼气产业现状

20 世纪初，乙醇开始作为车用燃料应用，后因石油的大规模、低成本开采而中断。随着一些先进农业国劳动生产率的大幅度提高，以及 70 年代中期以来的石油危机，燃料乙醇在一些国家重新获得发展。美国、巴西于 70 年代中期率先推行燃料乙醇计划，加拿大、法国、西班牙、瑞典等国随之效仿，形成了一定的规模生产和应用市场。目前，一些具有农业资源优势的国家，如英国、荷兰、德国、奥地利、泰国、南非等国政府也已制定规划，积极发展燃料乙醇并推广应用车用乙醇汽油①。

1. 巴西

巴西政府“乙醇计划”新能源政策始于 1975 年，为避免对石油的过分依赖以及石油危机造成的物价飞涨、经济倒退。随着政府开始大力推行发展以甘蔗为主要原料的乙醇燃料，减少石油进口、实现能源多元化。30 年来，已经投入了数十亿美元来开发和推广使用乙醇燃料。目前巴西是世界第二大乙醇燃料生产国和最大的出口国。2009 年巴西燃料乙醇生产量为 249 亿升（65.7 亿美式加仑），占世界总产量的 37.7%。巴西被认为是拥有世界上第一个可持续生物燃料的经

① 国外燃料乙醇发展现状，http：//www.hbepi.com/hbjs/show－8645.html.

济体，是生物燃料行业的领导者，其甘蔗乙醇被认为是迄今为止最成功的替代燃料。

巴西不仅成为乙醇生产大国，而且生产工艺技术日渐成熟。目前巴西燃料乙醇生产使用世界上最有效的糖甘蔗种植农业技术，现代化设备以及采用廉价的糖甘蔗为原料，残余的蔗渣则用于供热及发电。这种生物能源工业的一体化体系的利用模式使燃料乙醇极具价格优势，并且能获得高能量平衡，能量产出/输出比在平均值 8.3 到最高产值 10.2 之间波动。2010 年，美国 EPA 称巴西燃料乙醇为最先进的生物燃料，其总生命周期温室气体排放减少 61%，包括直接和间接的土地利用变化排放。

巴西不再存在任何纯汽油轻型车辆运行。自 1976 年以来政府都强制在汽油中添加 10% 至 22% 的无水乙醇，并要求对普通汽油发动机轻微调整。1993 年，巴西颁发法律，规定全国范围内无水乙醇添加体积比为 22%。此后将无水乙醇添加比例调整为 20% ~25%。自 2007 年 7 月 1 日再次规定将 25% 的无水乙醇和 75% 的汽油混合使用。巴西汽车制造行业开发的灵活燃料汽车，可以使用任何比例的乙醇（酒精）、汽油的混合燃料和水合生物乙醇为燃料。2009 年在销售的灵活燃料汽车占所有新轿车和轻型车销售量的 92.3%。据能源当量计算，2008 年甘蔗乙醇占该国交通运输部门能源消耗总量的 17.6%。

巴西燃料乙醇生产采用甘蔗蔗糖基乙醇第一代技术。由于在生产过程中农业和工业阶段的改善，自 1975 年以来乙醇产量每年增长 3.77%，若采用最优化方法进一步改善工艺，有望在短期至中期内使平均产量达每公顷产 9000 公升乙醇。

截至 2008 年 7 月，巴西拥有的生物乙醇工厂为 378 座。其中 126 座生产乙醇，52 座联产食糖和乙醇，另外还有专门生产食糖的工厂 15 座。这些工厂每年可加工 5.38 亿吨甘蔗。到 2009 年止，还有 25 座工厂正在建设，预计每年将增加甘蔗加工量 5000 万吨。2009 年巴西燃料

乙醇产量为65.78亿加仑。巴西还是世界上最大的乙醇出口国，占全球乙醇出口市场90%以上。目前，巴西使用的乙醇/生物柴油等现代生物质能源占其能源消耗总量的27%，远高于1.7%的世界平均水平。

2. 美国

目前，美国是仅次于巴西的燃料乙醇大国，美国的乙醇产量自2001年以来已翻了一番。2006年，乙醇约占美国汽油消费总量的5%，乙醇掺烧比例通常为10%，添加乙醇的混合汽油占全国汽油供应总量的46%。2007年乙醇的产量是64亿加仑，比2000年增加了4倍。根据美国可再生燃料协会统计，截至2006年年底，美国共有111个乙醇生产厂，生产能力为1600万吨。另有76个厂和300个厂分别处在建设之中和筹划之中。到2009年，乙醇生产能力将达3490万吨。如果在建和筹划中的厂家全部投入生产，乙醇生产能力将达9800万吨。根据美国农业部统计，美国用于乙醇生产的玉米2006年为21.5亿蒲式耳（占玉米总产量的20%），2009年达40亿蒲式耳。2007年美国玉米种植面积为9050万英亩，比上年7830万英亩增长15%，为1944年以来的最高水平。

3. 瑞典

瑞典是使用沼气作汽车燃料最先进的国家，自1996年起瑞典开始把沼气提纯至甲烷含量95%以上作为汽车燃料使用，并制定了相关标准。截至2009年12月沼气燃料公共汽车共779辆。使用汽油—沼气—天然气混合燃料的小汽车4500辆，火车也以这种方式运行。瑞典的交通工具所使用的气体燃料中，沼气占54%，其余是天然气。瑞典乙醇燃料大多为进口，主要来自意大利和巴西。2004年，政府通过一项法律，规定瑞典所有大型加油站都必须提供一种替代燃料。从2009年起，所有年销售量超过100万升的小型加油站也必须提供。在瑞典首都斯德哥尔摩，第五代汽车可将替代燃料作为动力燃料，主要为乙醇燃料。截至2007年12月，在瑞典提供乙醇动力车的汽车制造商有萨博，沃尔沃，大众，科尼赛克，斯柯达，西亚特，雪铁龙，标致，雷诺和福特。2008 年斯德哥尔摩的公交系统引入了混合动力电动公交车，这些公交车的内燃机—电动机以乙醇作为动力燃料。目前，瑞典拥有着世界上最大的乙醇巴士车队，超过 600 辆巴士采用 ED95 运行。

4. 印度

印度在沼气使用方面，早在 1975 年印度启动国家沼气开发计划，截至 2008 年已建沼气池 450 万个，为农村无电区的数十万家庭提供了炊事和照明。对于燃料乙醇，由于食糖供应短缺以及其他竞争性行业对乙醇的强劲需求，用于掺混到汽油中的燃料乙醇产量受到严重影响，2007 年产量为 2.8 亿升，2008 年降至 1 亿升，至 2009 年仅为 0.5 亿升。

（二）国内燃料乙醇与沼气发展现状

我国从 2002 年开始生物燃料乙醇试点工作，虽然时间不长，但发展速度很快。目前我国生物燃料乙醇生产技术已经成熟，黑龙江、吉林、辽宁、河南、安徽 5 省及湖北、河北、山东、江苏部分地区已基本实现车用乙醇汽油代替普通无铅汽油。我国已经成为世界上继巴西、美国之后第三大生物燃料乙醇生产国和应用国。

“十五”期间，我国已在黑龙江、吉林、河南、安徽 4 省建成 4 个生物燃料乙醇生产试点项目，年产 102 万吨左右，使用的主要是储备粮中时间比较久的陈化粮（其中 80 多万吨是用玉米生产的，20 万吨是用其他粮食和薯类生产的），可以混配 1020 万吨生物燃料乙醇汽油，乙醇汽油的消费量已经占全国汽油消费量的 20%[①]。

---

① 资料来源：中国生物能源网：《燃料乙醇中国燃料发展状况》。

我国沼气产业始于20世纪70年代，经历了两落三起，现在处于第三个高峰发展期。“十一五”期间，中央累计投入农村沼气建设资金212亿元，其中2008年、2009年和2010年分别投入60亿元、50亿元和52亿元，形成了户用沼气、小型沼气、大中型沼气共同发展的新格局。2006年到2010年期间，中央投资建设户用沼气1278万户。到2010年底，全国累计建成户用沼气超过4000万户，占全国适宜农户的33.3%，受益人口达1.55亿人；建设2万处小型沼气工程、3192处大型沼气工程，秸秆沼气工程、校园沼气等工程，实现了“零”的突破。到2010年底，全国大中型沼气工程累计建成5042处，是“十一五”规划目标的107%。

二　燃料乙醇与沼气产业发展环境

（一）产业链描述

1. 燃料乙醇的产业链

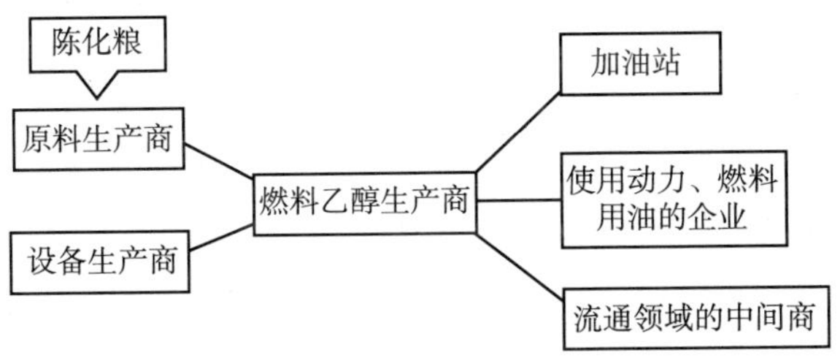

图4-9　燃料乙醇产业链

燃料乙醇的原料分为三类：玉米、小麦等粮食作物；木薯、红薯、甜高粱等非粮作物；纤维素类原料，包括秸秆、甘蔗渣、林业加厂废料以及城市垃圾中所含的废弃物等。其中，真正实现规模化商业开发的只有玉米、小麦、甘蔗为原料生产燃料乙醇，而木薯、甘薯等非粮乙醇目前技术不够成熟，产业化程度还不高。

2. 沼气行业的产业链

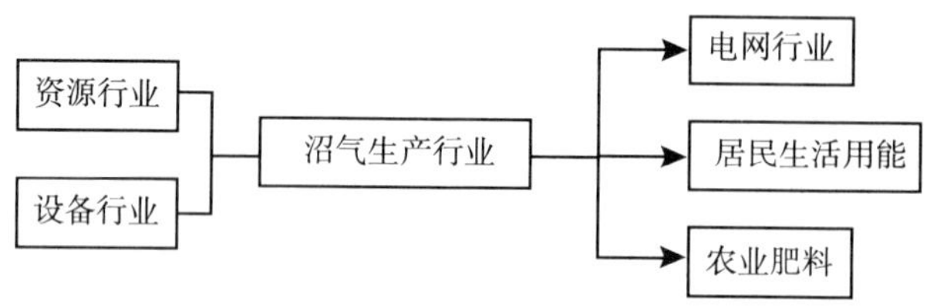

图4－10 我国沼气行业产业链

以沼气为纽带，可以建立物质多层次利用、能量合理流动的高效农业生产模式。在北方推广的"四位一体"沼气生态农业模式，以及南方建立的以养殖业为龙头，以沼气为纽带，带动农作物和经济作物发展的现代农业技术——"猪—沼—果"模式，对沼气、沼液、沼渣的多层次综合利用的生态农业模式，已成为农村经济的新增长点，成为了我国生物质能利用的特色。作为能源工程、生态工程、富民工程、清洁工程和节能减排工程的农村沼气建设取得了巨大综合效益。2009年底，农村沼气年产量130多亿立方米（约为全国天然气年消费量的10%），减排二氧化碳5000多万吨，生产有机沼肥近4亿吨，为农民增收节支400多亿元。

（二）生物质能源设备

近10年来，中国沼气应用最多的全混合发酵罐和UASB反应器进行了大量的标准化、系列化设计及产业化开发工作，完成了全混合厌氧发酵罐罐体和罐内喷射泵搅拌、沼气搅拌的系列设计。对UASB罐体结构、三相分离器、布水系统等方面，形成了矩形和圆形UASB反应器两大系列的标准化设计。

同时，还引进了国外的新材料和新工艺来设计和建造。如德国利浦（Lipp）公司的双折边咬口技术和Farmetic公司的拼装制罐技术。由于在现场拼装（或卷制）方式最终成型使工程施工周期短，比普通钢板节省材料50%以上，而且耐腐蚀、技术先进、性能好。目前

在中国已建成数十套装置。

在沼气工程配套设备研发方面也已达到一定的技术水平，已有不同型号的产品生产销售，普遍用于各类沼气工程中。包括：

固液分离机被广泛采用。为了适应综合利用或发酵工艺及后处理工艺对于分离机械的需要，近年来科技人员已研制出一些符合沼气工程特点的分离机械，如振动筛、斜板筛、旋转筛、固定床过滤筛等，加复合沉淀和挤压等机械。脱水率一般在10% ~40%。基本能满足工艺和综合利用的要求。

料液输送设备质量可靠。近年来，针对沼气液料的多品种、理化性质不同的特点，先后成功研制多种输送畜禽粪便的设备，其中上海自行开发的75YE－10泵的效率达到65%左右，其性能甚至比国外同类产品还好。

沼气的净化、储存及输送和利用设备进一步发展。已开发出一批可行的脱硫技术，脱硫效果可达到城市煤气硫化氢（H_2S）含量的标准。沼气的储存普遍采用钢制湿式气柜。干式气柜沼气的输送除选用罗茨风机、空气压缩机、氮氢气体压缩机外，还研制出沼气专用压缩机作升压设备。输气管路的材质也已多样化，以塑代钢、以铸代钢已经在一些工程中实现①。

（三）燃料乙醇与沼气开发商

1. 燃料乙醇企业

燃料乙醇企业比较少，主要厂家为5个，分别为吉林燃料乙醇有限公司。黑龙江华润酒精有限公司、河南天冠燃料乙醇、安徽丰原燃料酒精股份有限公司和中粮集团。其中前四个企业为“十五”期间，我国已在黑龙江、吉林、河南、安徽4省建成4个生物燃料乙醇生产试点项目，均以粮食为原料。其中，河南天冠集团主要以小麦为原料，其他三家都以玉米为原料。2007年12月，中粮集团投资的20

① 《中国新能源与可再生能源年鉴2011》。

万吨/年主要以木薯为原料的非粮燃料乙醇试点项目在广西北海投产，成为我国迄今为止第一个投入生产的非粮燃料乙醇项目。2010 年 9 月中粮集团追加 2.3 亿元投资，启动建设广西中粮生物质能源有限公司二期项目。

2. 沼气企业

目前，我国沼气产业规模不断壮大，成为世界上沼气发展速度最快、建设规模最大、涉及人群最多的国家。截至 2009 年，全国沼气生产工已达 26.7 万名；各类沼气生产和服务企业 3893 个，从业人员 39 万。据不完全统计，2009 年农村沼气全行业实现产值 247 亿元，比 2005 年翻了两番。同时，国家十分重视沼气服务体系的建设。2007 年以来，国家共投资 20 亿元，建设农村沼气乡村服务网点 7.76 万个。县级服务站 50 个，形成了协会、合作社、公司、个人领办及全托管等多种服务模式，在建池施工、设备安装、配件供应和故障维修等方面发挥了重要作用，促进了农村沼气健康发展。在沼气标准化方面，截至 2009 年底，已经颁布实施的各类沼气标准项目共 31 项，其中 21 项为农村户用沼气池标准，10 项为大中型沼气工程标准。

三 燃料乙醇与沼气产业发展环境

（一）生产要素环境

1. 资源禀赋

世界酒精的 66% 用于燃料，14% 用于食用，11% 用于工业溶剂，9% 用于其他化学工业。发酵酒精作车用燃料有两种方式：其一是配制汽油和无水酒精的混合物——汽油醇，酒精在混合物中的比例最高可达 25%。用汽油醇作汽车燃料时，可以利用原有的汽车发动机；其二是直接利用酒精作为汽车燃料，这时必需使用专门设计的，具有更高压缩比的发动机。

燃料乙醇既是一种化工基本原料，又是一种新能源。尽管目前已有着广泛的用途，但仍是传统观念的市场范围。未来乙醇作为基础产业的市场方向将主要体现在三个方面：一是车用燃料，主要是乙醇汽油和乙醇柴油。这就是我们传统所说的燃料乙醇市场，也是近期的（10 年内）容量相对于以后较小的市场（在我国约 1000 万吨/年）。二是作为燃料电池的燃料。在低温燃料电池诸如手机、笔记本电脑以及新一代燃料电池汽车等可移动电源领域具有非常广阔的应用前景，这是乙醇的中期市场（10～20 年内）。三是乙醇将成为支撑现代以乙烯为原料的石化工业的基础原料（长期市场）。

目前中国畜禽养殖业每年产生约 30 亿吨粪便，主要来源于农村家庭散养和规模化养殖。全国现有生猪分散养殖户 0.9 亿户，奶牛、肉牛养殖户 0.157 亿户，蛋肉鸡养殖户 0.85 亿户，羊养殖户 0.26 亿户。综合考虑混合养殖、气候和社会经济等因素对利用畜禽粪便生产沼气的影响，约有 1.48 亿农户适宜发展沼气。考虑到城镇化和养殖业变化，预计到 2015 年中国适宜发展沼气农户分别为 1.39 亿户，沼气产量分别可达到 539 亿立方米，相当于替代 8460 万吨标准煤。

2. 成本构成

以丰原生化有限公司为例子来分析燃料乙醇的成本构成：

表 4－12　丰原生化财务分析

单位：（人民币）万元

	2009 年	2008 年	2007 年
总资产	676665	720407	764660
总负债	439709	514174	573452
所有者权益	236957	206234	191208
营业收入	501101	480187	417815
营业成本	475237	486492	447104
营业费用	15761	14148	14276
管理费用	25045	27827	29785

续表

	2009 年	2008 年	2007 年
财务费用	23063	29226	25823
营业利润	-53982	-80278	-78002
营业外收入	88908	100205	8265952
利润总额	32395	9643	3941
净利润	27987	6171	1726
经营活动产生的现金流量净额	58945	43873	108532
投资活动产生的现金流量净额	-15248	-20584	-19033
筹资活动产生的现金流量净额	-30572	-37184	-51171
现金流量净增加额	13130	-14650	37445

资料来源:《丰原生化年度报告》。

(二)竞争环境

1. 竞争成本

从数据来看,2009 年上半年燃料乙醇价格比较高,下半年价格有所下调,10 年价格开始反弹,主要是由于粮食价格的上涨,用玉米生产燃料乙醇的原料成本居高不下。如果没有补贴,每生产 1 吨玉米乙醇,企业将亏损 1500 元左右。

表 4-13 玉米生产燃料乙醇利润比较

单位:元/吨

玉米价格	乙醇/原料	生产销售费用	乙醇成本	乙醇价格	酒精蛋白饲料
4300~5000	1/3.3	1000	6300~6900	4500	960

与玉米乙醇相比,每吨木薯乙醇的成本要低于 1800~2460 元,每吨木薯乙醇按 4500 元/吨的销售价格计算,加上生产过程中产生的副产品,在没有补贴的情况下,每吨木薯乙醇可盈利 1070 元/吨,这还不包括由于减少了二氧化碳的排放量,每年可以获得 CDM(清洁发展机制)项目资金。CDM 项目的核心内容是允许发达国家应用资金和技

术与发展中国家合作，在发展中国家实施生物质能的开发和利用，从而达到温室气体排放的目的。每吨燃料乙醇能够产生2吨的二氧化碳减排量，根据目前国际市场的平均价格，减排量约为10美元/吨，每吨燃料乙醇的减排收益为20美元/吨。那么，按乙醇销售价4500元/吨、木薯450元/吨、酒精蛋白饲料1200元/吨计，年产10万吨的木薯乙醇的毛利润为10700万元，另外还可以获得CDM项目资金1500万元。

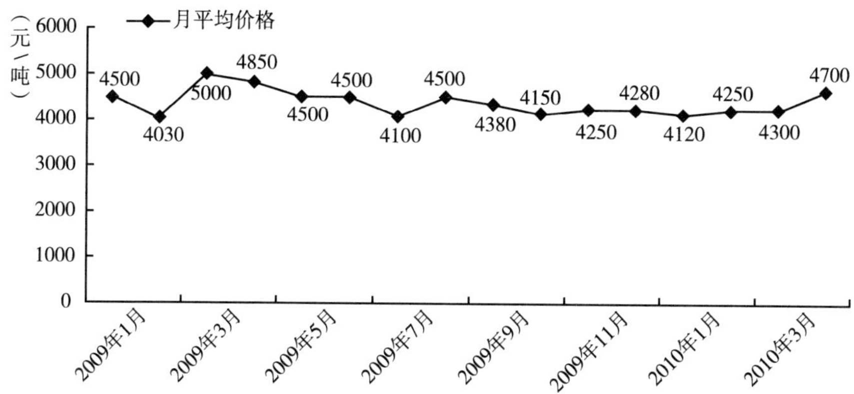

图4-11　2009年1月~2010年3月乙醇价格走势图

数据来源：石化协会，中国产业竞争网。

其他原料生产燃料乙醇生产成本如表4-14。

2. 上游的竞争

燃料乙醇的产业链上游主要是粮食生产，燃料乙醇推行缓慢的原因之一是由于“与民争粮”的担忧。

表4-14　燃料乙醇生产成本

单位：元/吨

原料	生产成本	原料	生产成本
甘蔗	3150~4140	纤维素(酸水解)	5800
甜高粱	3580~4580	纤维素(酶水解)	6500
甜高粱(茎秆)	>2600		

资料来源：庄新姝等：《中国燃料乙醇的应用及生产技术的效益分析与评价》。

（三）政策环境

国家对生物燃料乙醇生产和使用给予了强有力的政策支持，主要包括：

1. 制定标准和政府投资

我国从2002年开始生物燃料乙醇试点工作，由国家发改委联合7部委制定的关于生物燃料乙醇推广使用规划已编制完成《变性生物燃料乙醇》和《车用乙醇汽油》两项产品国家标准已经于2001年4月2日正式出台。2003年起，采用“定点生产、定向流通、封闭运行”的推广方式，黑龙江、吉林、辽宁、河南、安徽、河北、山东、江苏、湖北9省开始全面停用普通无铅汽油，改用添加10%酒精的乙醇汽油。

2. 成本补贴

随着我国生物燃料乙醇企业产量的逐年上升，起初要消化的陈化粮已基本用完。2001年，国内生产乙醇原料中玉米原料占总量的比重为59%，到2005年已经上升到76%。玉米用量在生物燃料乙醇生产中大幅度上升导致玉米价格持续上涨。由于目前生物燃料乙醇的生产成本过高，几乎所有的生物燃料乙醇企业都处于亏损状态，国家定点生产的几家企业之所以能维持，是国家出台了补贴扶持政策。按目前的加工成本和生物燃料乙醇的价格来计算，生产1吨生物燃料乙醇要亏损1000元左右，国家给予的补贴是1600元左右。国家每年要拿出20多亿元来补贴这4家生物燃料乙醇生产企业。

3. 财税支持

《可再生资源专项资金管理暂行办法》中明确了专项资金重点扶持的生物燃料乙醇是指用甘蔗、木薯、甜高粱等制取的生物燃料乙醇。经向地方及国务院申请并获得审批的企业或个人可获得该专项资金的扶持，其使用方式包括：无偿资助和贷款贴息。这些专项资金可以用于人工费、设备费、能源材料费、租赁费、鉴定验收费、项目实施过程中其他必要的费用支出。

4. 严格项目建设管理与核准

国家实行生物燃料乙醇“定点生产、定向流通、市场开放、公平竞争”相关政策。生物燃料乙醇项目建设需经国家投资主管部门核准，任何地区无论是非粮原料还是其他原料的生物燃料乙醇项目核准和建设一律要报国家审定。

国家多项法规和政策已明确支持发展农村沼气，中央财政支持资金从“十五”期间的35.34亿元增加到“十一五”的212亿元。而从沼气专项规划透露的信息来看，“十二五”期间的资金规模还将随着产业发展现状的不断改善有所扩大。从目前的产业发展现状看，近年来我国沼气工程的推广步伐极为迅猛。

四　燃料乙醇与沼气产业安全影响因素分析

（一）产业竞争力

从技术上来看，我国户用沼气技术居国际领先水平，而大中型沼气工程则起步较晚，与发达国家相比，在原料的种类广泛性、针对不同物料的沼气发酵工艺技术、微生物菌剂开发研究、规模化沼气工程的设备和装备技术、沼气发酵产品和固液残余物综合利用等方面均存在较大差距，需要进一步加强自主创新。

1. 燃料乙醇

表4-15　我国主要燃料乙醇企业

	吉林生物燃料乙醇有限责任公司	安徽丰原燃料酒精有限公司	黑龙江华润酒精公司（独家）	河南天冠集团	中粮集团广西北海木薯生产酒精项目
股　东	中石油、吉林粮食集团、中国华润总公司	安徽丰原生物化学股份有限公司、中石化安徽石油总公司	香港华润集团	河南天冠集团、中石化、河南建设投资总公司	中粮集团
年产量	30万吨	12万吨	10万吨	30万吨	20万吨

续表

	吉林生物燃料乙醇有限责任公司	安徽丰原燃料酒精有限公司	黑龙江华润酒精公司（独家）	河南天冠集团	中粮集团广西北海木薯生产酒精项目
在　建	30 万吨	32 万吨	—	—	能源基地
供应区	吉林 10 万吨，辽宁 20 万吨	安徽万吨，山东、河北、江苏等 14 个地市 27 万吨	黑龙江	河南 13 万吨，河北、湖北 13 个地市 17 万吨	广西等南方地区

资料来源：各年《中国新能源与可再生能源年鉴》。

2. 生物质沼气

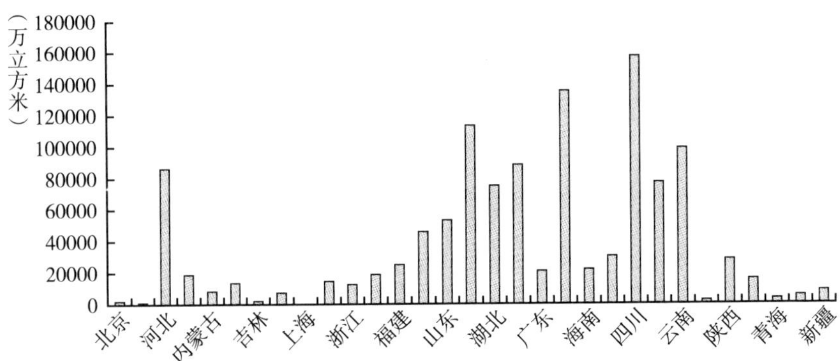

图 4－12　沼气池产气总量

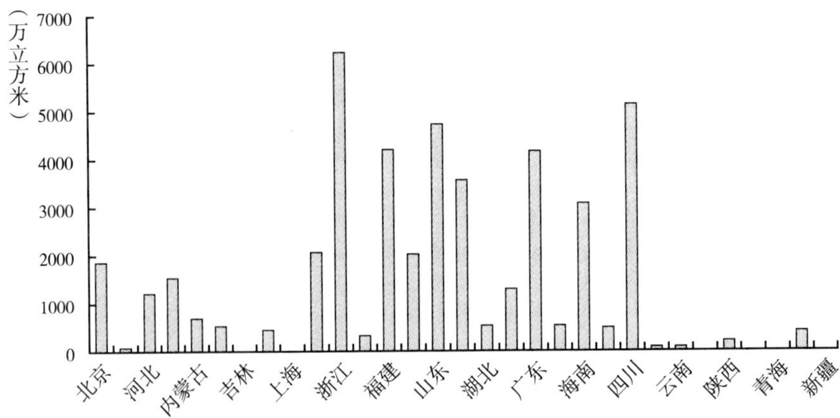

图 4－13　大中型沼气工程产量

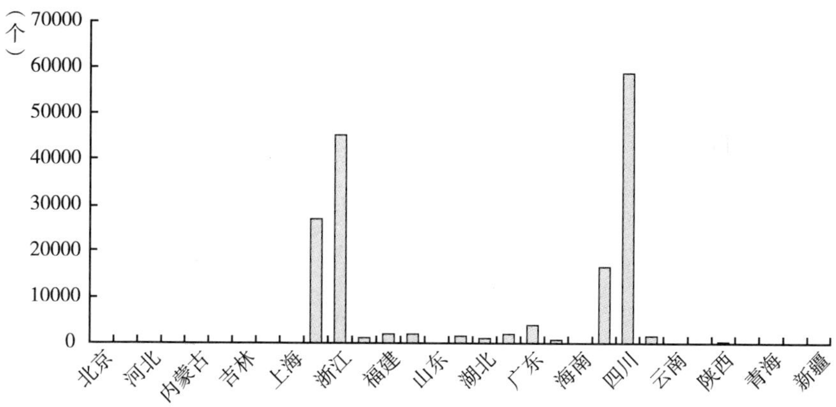

图 4－14　生活污水净化沼气池

资料来源：国家统计局相关数据统计。

（二）产业依存度

在生物质能利用方面，除了使用粮食生产燃料乙醇与沼气技术比较成熟外，其余技术仍处于产业化发展初期，特别是缺乏具有知识产权的核心技术。例如，以甜高粱、木薯、甘蔗等原料生产乙醇技术还需要在优良品种选育、适应性种植、发酵菌种培育、关键工艺和配套设备优化、废渣废水回收利用等方面做进一步研究。

（三）产业控制力

1. 2005～2009 年期间，外资在乙醇行业的投资情况

表 4－16　2005～2009 年我国生物质能产业利用外资一览

投资时间（年）	投资机构	投资形式	投资领域	项目所在地	投资规模或装置规模
2005～2009	世界银行	国际贷款	沼气工程	中国农村	3 万沼气蒸炼器
2006	丹麦诺维信公司	FDI	纤维素生物乙醇	黑龙江肇东	与中粮集团一起投资 1 亿元人民币
2006	英国石油集团公司	FDI	生物乙醇	山东滨州洲	—

续表

投资时间（年）	投资机构	投资形式	投资领域	项目所在地	投资规模或装置规模
2007	韩国米比米产业发展公司	FDI	生物乙醇	北京市	—
2008	德国利浦公司	FDI	人中型沼气工程设备	辽宁省大连市	—
2008	丹麦诺维信公司	FDI	生产用于燃料乙醇行业使用酶制剂	江苏太仓	8.3亿元人民币
2009	关国凯鹏华盈中国基金	FDI	生物乙醇	吉林省松原市	一期注资3300万美元
2009	亚行、CCF、GEF、GTZ	国际贷款、国际援助	人中型沼气工程项目	江西省	3910万美元

资料来源：中国生物质能源网等网络资源。

2. 中国液体燃料与全球的对比

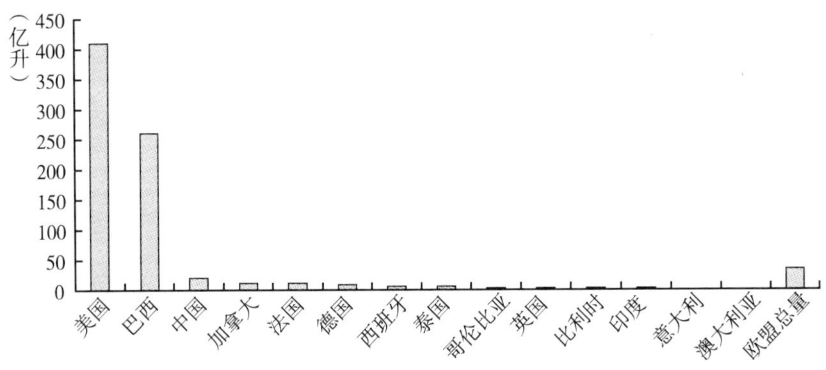

图4－15　2011年世界主要国家燃料乙醇产量

（四）产业发展力

1. 燃料乙醇

燃料乙醇产业目前处境很尴尬，一方面，它被列为新能源的范围，受到社会舆论追捧。另一方面，由于国家对粮食乙醇的控制，非

粮食乙醇又受制于技术成熟度，产业资本对其兴趣不大。在“十一五”期间，燃料乙醇的产量甚至没有达到产业规划的数量要求。这与风电、太阳能等新能源装机容量远超规划形成了鲜明的对比。

2007 年 6 月 7 日，国务院召开可再生能源会议，玉米变乙醇项目被正式叫停，今后只能“在不得占用耕地、不得消耗粮食，不得破坏生态环境”的原则下发展非粮食燃料乙醇。

然而，非食粮燃料乙醇却并未在粮食燃料乙醇受限后发展起来。受技术条件限制，目前我国的非粮食燃料乙醇技术中，主要以木薯乙醇为主。然而 2012 年，由于木薯原料供应不足，价格攀升过快，木薯乙醇相对于玉米乙醇而言已失去成本优势。我国的木薯干供应主要依靠从泰国、越南、印度尼西亚等地进口，其中 80% 以上来自泰国。近两年来，泰国政府不断加大出口木薯的政策控制，进口木薯价格一路上扬，目前价格约为每吨 250 美元，使木薯乙醇生产企业无力承受。加之国家实施货币紧缩政策，2012 年不少木薯乙醇企业资金周转困难，降低产量甚至停产现象频现，木薯乙醇企业举步维艰。受上述因素影响，“十一五”期间，国内燃料乙醇产量低于规划目标。尽管如此，2005～2009 年期间，燃料乙醇产量还在逐步增加，其增加情况如图 4－16 所示。

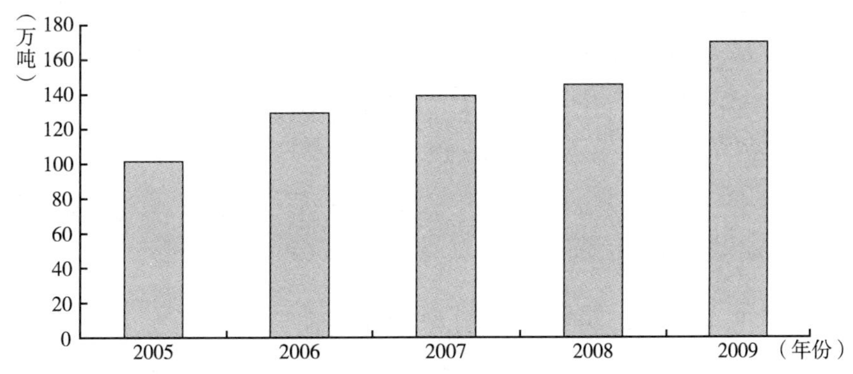

图 4－16　2005～2009 年中国燃料乙醇总产量

2. 生物质沼气

我国农村沼气已进入建管并重、多元发展的新阶段，建设数量不断扩大、投资结构不断优化、服务体系逐步健全，在全国不同区域适宜农户形成了农村户用沼气、养殖场大中型沼气工程、养殖小区和联户沼气工程、秸秆集中供气沼气工程、农村中小学校沼气工程等多种模式的建设格局，以沼气装备、施工、科技、服务为主要内容的农村沼气产业化体系也初步形成。据农业部预计，到 2012 年年底，全国户用沼气将达到 4000 万户，占全国适宜农户的 33%，受益人口达 1.55 亿。

当前我国农村沼气发展处于一个新的转折点，即从解决农村能源和环境卫生的需求向在改变农业农村发展方式中发挥基础性作用转变，从户用沼气建设为主向户用沼气与大中型沼气工程建设并重转变，从分散建设管理向产业化和社会化服务转变，迫切需要在政策、技术、服务、规范以及统筹协调上确定新的原则和措施，以利于农村沼气进一步快速健康发展。

3. 产业布局

（1）华北地区。2009 年 11 月中旬内蒙古巴彦淖尔市政府与中兴能源有限公司正式签署了建设内蒙古燃料乙醇产业基地合作框架协议，将充分利用河套平原非粮地优势，种植甜高粱生产燃料乙醇，建设内蒙古最大的生物质能源基地。目前，一个年生产能力达 3 万吨的乙醇厂正在巴彦淖尔市规划建设。计划到 2015 年全市甜高粱种植面积达到 200 万亩，年产燃料乙醇 30 万吨。

2009 年山西省将投资 1.5 亿元，用于建设以沼气为主的农村可再生能源。目前，该项目已立项开展建设。

（2）东北地区。2009 年 6 月黑龙江与瑞典合作开发名为“生物质能源综合利用”的示范项目，在宾县建设一项农业秸秆生物沼气集中供气示范工程，日产气 5000 立方米，打造“中国新能源产业基

地”。中国广东核能开发有限公司投资在明水县设立2×1.2万千瓦规模的生物质发电厂，于2009年11月，正式签订了合作协议。该项目计划投资3.2亿元，利用农作物秸秆资源发电，投产后年发电量达1.5亿度。

吉林省森林覆盖率在40%以上。目前全省大型林业生物质能源项目建成投产的有三个，分别位于辉南县、大兴沟和蛟河市。2010年10月吉林省最大的林业生物质能源项目在蛟河市投产。该项目以林业废弃物为主要原料，生产高密度木质颗粒燃料。项目分两期建设，全部达产后年可生产燃料4.5万吨。

（3）华东地区。华东地区的沼气产量名占全国总产量的17%。江苏省启动2010年农村清洁能源工程项目，省财政安排专项资金2.2亿元，计划支持建设农村户用沼气8万处，规模畜禽场沼气治理工程600处，秸秆汽化集中供气工程3Q处，用以改善农村生态环境。农村户用沼气项目省财政补助1500元/处，同时对沼气设备齐全、管理服务好的网点按3万元/个实行以奖代补；规模畜禽场沼气治理工程项目按五种规模类型省财政分别给予补助2万~170万元/处。

（4）中南地区。广西壮族自治区利用木薯生产乙醇厂家有20多家。其中，年产木薯酒精超过2万吨以上的有3家，年生产木薯酒精超过13万吨。广西壮族自治区欲将北海地区打造成全国最大的非粮生物质能源基地。到2012年，全区将培育3~5家年产值超10亿元的龙头企业。2010年9月中粮集团追加2.3亿元投资，启动建设广西壮族自治区中粮生物质能源有限公司二期项目。

（5）西南地区。西南地区的沼气产量名列全国前茅。其沼气产量占全国总产量的32%。四川省的沼气产量为156626.3万立方米，是全国沼气产量第一名。2009年底，西南再生资源产业基地（位于四川内江）一期工程全年完成基地投资总额3.12亿元，占地5000亩。

第五节　生物质能产业存在问题

通过国家多年的持续支持，我国在生物质能产业方面取得了长足的进步，但生物质能仍然任重而道远，既不能谨小慎微，又不可错失发展良机；也不能过于乐观，轻视难题和挑战。现阶段，我国大多数生物质能技术尚处于初期，产业化和商业化程度低，缺乏持续发展能力。制约我国生物质能发电快速发展的关键是原创技术缺乏。目前，我国生物质能产业安全方面还存在很多问题，主要表现如下①：

一　生物质能源技术落后

因为到目前为止，如生物质发电，由于缺乏核心技术和设备：用于生物质焚烧发电的锅炉及燃料输送系统的技术和设备都产自国外，国内尚没有制造厂家。国产生物质秸秆的破碎机器质量与国外机器质量有一定差距。我国现行的焦油去除技术不先进，燃气中焦油含量较高，造成内燃机磨损严重，机组运行一段时间后，须停机清理积聚在系统内的焦油，降低了设备利用率，增加了汽化发电成本。在清除焦油与灰分过程中，须耗用大量的水。这些含有焦油与灰分的水，在排放前应进行处理，以减少二次污染。以稻草和稻壳为燃料的固定床汽化炉，生成的灰分不仅数量较多，而且含有较多的炭。非粮燃料乙醇生产技术才刚刚开始产业化试点，而对资源潜力巨大的纤维素生物质燃料乙醇暂且处于研究阶段，离工业化生产存在较大差距；生物柴油化学法生产技术较为成熟，但环境友好的酶法核心技术仍没有突破，

① 人民政协网：生物质能发电设备要实现“国产”，http：//epaper. rmzxb. com. cn/2007/20 07 0313 /t20070313_ 126623. htm.

仍未进入商业化大规模应用。因此，亟待提高技术，解决这些限制生物质能规模化生产的瓶颈问题。

二 生物质能源产业成本过高

无论是生物质发电、生物柴油还是非粮食乙醇，其成品价格与原材料价格相差不大，很多产业依靠政策的扶持而存在。另外，生物质能建设成本、运输成本已远高于传统能源。生物质能通常是就地生产，就地消费。因此其成本与竞争力在很大程度上受到产地的限制。就成本而言，生物质能在一些特殊市场，如偏远地区具有很强的竞争力。但在偏远地区，生物质电力的入网费昂贵。再比如，利用木材和工业废弃物，为工厂自身供应能源，既降低了燃料费用又降低了废弃物处理的费用，在成本上具有较强的竞争力。

三 产业链不完善

“十一五”以来，全国建设一批生物质发电厂，面临的共同问题如下：

一是人才支撑不够。目前国内既无现成的运营企业可供借鉴，各科研单位和院校也无对口的专业设置，真正熟悉和掌握生物质直燃发电的人才较少。

二是生物质资源收集难度大。由于生物质热值较小，同等热值生物质原料的体积远大于煤的体积，而且，生物质电站一般都建于农村，道路状况和运输工具都不佳，这都限制了生物质原料的收集半径，抬高了原料运输成本。由于原料无法保证，很多电厂为了发电，只能掺烧煤，这不仅有违生物质发电的绿色初衷，对锅炉也有损害。

目前全国都没有国产的生物质电厂用秸秆破碎设备正式投入运行。无锡华光锅炉股份有限公司与锡东橡塑机械有限公司联合设计制造的一款产品在河北晋州生物电厂 2007 年春节后已经完成安装了，但是一直运转不了，在不断地改动。该公司的产品有原理性的缺陷。

国能山东单县的电厂燃料破碎采用的是切草机等造纸行业的备料设备，能耗高，维护量大，人工用得很多，工作环境恶劣，不符合电厂的生产要求。其他还有用饲料破碎设备的，也不能满足电厂的要求。由于燃料方案的不完善，国能单县生物质电厂的运行成本极高，成为国内生物质电厂的一个教训。

三是由于生物柴油提纯工艺较为复杂，加上原材料来源供应渠道不畅等问题，生物柴油在我国产业化程度不高。

四是目前我国生物质能产业链短，且常常出现原料、生产、销售等产业链脱节的现象。在上游产业链中，缺乏原料收集系统，原料收集利用率低，运输成本高，不仅导致原料价格高涨，还使得许多生物质能源因缺少原料而被迫减产或停产。在能源植物生产中的栽培、种植管理上也缺乏有效的组织；在中下游产业链中，一些相关技术尚缺乏标准体系和服务体系的保障，以及产品销售渠道，使部分生物质能产品在进入市场销售中时常受阻等。另外，对于附加值高的下游化工产品还需加大研发，提高行业的盈利能力和竞争性。

五是生物质能源的发电系统不如常规能源可靠，系统控制水平低：出于技术的考虑和它的不连续性，对私人投资来说，要冒一定风险。投入能力有限，商业运行机制不健全：在开发利用方面，传统化石燃料的投资和已经发展起来的基础设施，制约了生物质能源的发展。

四　对环境影响的质疑

欧盟科学家警告说，欧盟旨在推广生物燃料使用的目标将加速全球物种的灭绝，因为该目标鼓励将牧场、稀树草原和森林转化为新的耕地。这项研究结果对生物燃料的益处提出了新的疑问。虽然生物燃料一度被视为减少公路交通排放的最有效方式，但其对环境的保护作

用正在日益受到质疑。欧盟委员会联合研究中心的科学家在一份最近发表的报告中说，在转为用作新耕地的地区，物种灭绝的比例可能会超过 80% 。这份报告说："这一结果表明，生物能源作物的大量使用将提高生物多样性的损失比率。"该报告一名作者强调说，这一研究结果依据的是对这一问题的初步分析，还需要进行更多的研究，以便准确衡量欧盟生物燃料计划对生物多样性很可能构成的冲击。

联合研究中心的这份报告依据的是另一项关于欧盟生物燃料目标对土地使用影响的报告的研究结果，后者是位于华盛顿的国际食物政策研究所为欧盟委员会所进行的研究。

国际食物政策研究所估算，欧盟的目标将导致全球耕地增加超过 1.7 万平方公里，新增耕地将主要分布在巴西、撒哈拉以南非洲和苏联国家。

环保人士警告说，巴西热带草原等生物多样性热点地区的耕地转化可能将增加濒危物种所受到的压力，其中包括大食蚁兽和鬃狼。

欧洲地球之友社的生物燃料活动人士罗比·布莱克认为生物燃料目前正在加剧世界面临两大环境灾难——气候变化和生物多样性丧失。

国际食物政策研究所和其他研究机构进行的模型测算还表明，欧盟目标对土地使用所构成的影响可能会抵消生物燃料预计将减少的绝大部分温室气体排放。

第六节　生物质能产业安全维护建议

一　突破核心技术

我国生物质能利用技术总体水平与先进国家相比还存在着一定的差距，关键技术未能得到完全解决。必须加大对我国生物质能的技术研发投入力度，加强生物质能的新技术引进、试点和示范工作，积极引进消化、吸收国外先进生物质能利用技术，并进行生物质能利用技术的再创新与集成创新，形成从生物质生产、生物质转换机理、生物质技术开发和集成系统应用示范的研究链条，开发具有自主知识产权的关键技术与前沿技术。特别是解决产业化关键技术，降低生产成本，实现技术和设备的国产化，增强我国生物质能的市场竞争力，提高国际竞争水平。

二　注重生物质多元化利用

生物质多元化利用包含两重含义：一是生物质原料多元化。由于生物质资源丰富、成分复杂、种类繁多，原料供应受相关产业生产和季节等影响明显，所以任何一种生物质能利用技术如果原料市场单一，则其技术适应性和规模化发展必将受到限制，导致生产成本较高，市场竞争力弱。目前粮食制燃料乙醇遭遇的原料危机使人们意识到，采用原料广泛而且成本低廉的各类农业纤维废弃物替代粮食制燃料乙醇才是该技术未来的产业化发展道路。二是生物质能源产品多元化。生物质能更重要的作用是传统化石能源的替代品，因而现代社会工业发展与化石能源有关的能源产品，包括电力、液体燃料、气体燃料、固体燃料，都是生物质能源产品的目标市场，生物质能利用只有走产品多元化的道路，才有可能完成其未来的历史使命。

三　加强多学科交叉的研究与分析

生物质能研究强调多学科交叉。涵盖了植物学、微生物学、化学、热学与经济分析等学科，研究基础包括基因工程学、微生物学、生化工程、化学工程、环境工程、能源工程和经济管理等。而另一方面，生物质能源产业还只是一个新兴产业，任重道远，各种技术在应用和发展中面对层出不穷的新情况、新问题，不断地被更新、完善，甚至被淘汰。因此，不断及时地加强科学研究与分析是生物质能得以健康、

持续长足发展的重要保障。目前国内外对发展生物质能源产生很多疑问，特别是生物质能源对生态环境的影响，生物质能源对粮食安全的影响，生物质能源的投入产出等，所以目前急需加强生物质能源利用过程的科学研究，结合具体情况进行深入研究、试验和示范并提出合理的发展方向，特别需要在开发先进技术的同时，加强以下几方面的研究：①生物质能源系统中不同利用过程能量产出及其 C、H、O 循环的机理和模型的建立。②生物质能源系统中各种循环的相互制约机制及生物质能源系统运作过程对环境的影响。③生物质独立能源系统构建及优化，生物质独立能源系统能源、经济和环境的协调性研究。

四　处理好规模化发展与分散布局的问题

因为我国比较注重规模化发展，特权招标等项目动辄几百万千瓦，但与此同时，我们也不能忽视小规模的发展问题。小规模的发展也要政策扶持。分散的生物质发电，比如沼气发电、秸秆汽化发电都仅是几十千瓦、几百千瓦的规模，我们可以积少成多，尤其可以将此类电场部署在电网的末端，以辅助削减电网损失。因此，千万千瓦的基地要发展，沙漠化电站要发展，但小风电、小光电、小规模的生物质发电的发展也不容忽视。

B.5

中国地热产业发展分析

第一节　地热产业链

一　地热能介绍

地热能是指地球内部储存的热能，它一般包括两部分，即地球深层由地球本身放射性元素衰变产生的热能和地球浅层由接收太阳能而产生的热能。

人类很早以前就开始利用地热能，如利用温泉沐浴、医疗，利用地下热水取暖、建造农作物温室、水产养殖及烘干谷物等。但真正认识地热资源并进行较大规模的开发利用却始于20世纪中叶。近些年来，由于资源环境的约束越来越强化，地热能的开发与利用也越来越引起各国的重视。地热资源按温度分为高温、中温、低温三类（见表5－1）；按地热田规模分为大、中、小型三级（见表5－2）。

表5－1　地热资源温度分级*

温度分级		温度 t 界限，℃	主要用途
高温地热资源		$t \geq 150$	发电、烘干
中温地热资源		$90 \leq t < 150$	工业利用、烘干、发电
低温地热资源	热　水	$60 \leq t < 90$	采暖、工艺流程
	温热水	$40 \leq t < 60$	医疗、洗浴、温室
	温　水	$25 \leq t < 40$	农业灌溉、养殖、土壤加温

＊《地热资源地质勘查规范》（GB/T11615—2010）

注：表中温度是指主要热储代表性温度。

表 5－2　地热田规模分级

规模分级	高温地热田		中、低温地热田	
	电能/兆瓦	能利用储量计算年限年	热能/兆瓦	能利用储量计算年限年
大　型	>50	30	>50	100
中　型	10～50	30	10～50	100
小　型	<10	30	<10	100

地热能主要分布在构造板块边缘带，特别是火山和地震分布区，其能量载体主要有地下水、岩石等。地热能具有以下几方面特点：

一是具有地域性：开发利用地热能可以缓解人类对传统能源的依赖，实现能源资源的多元化利用，对加强国家在能源问题上的安全和独立有重要意义。

二是属于清洁能源：相对于煤、油等传统化学能源，开发地热能对环境所造成的污染少。

三是具有可再生性：如果开发得当，地热能可以被长期稳定利用。

四是利用上具有多样性：既可以用于发电，也可以直接利用。

五是投入产出比高：其运行、维修费用相对较低，它不但可以长期供热，而且供热时温度稳定，无昼夜之分，是很好的热泵热源。①

二　地热能的利用方式

目前地热能的开发和利用主要表现在以下几个方面：

（一）地热发电

地热发电是地热利用的最重要方式。地热发电和火力发电的原理一样，都是利用蒸汽的热能在汽轮机中转变为机械能，然后带动发电机发电。不同的是，地热发电不像火力发电那样需要装备庞大的锅炉

① 陈少玲：《低温地热水用于供暖方案研究》，哈尔滨工业大学硕士学位论文，2010 年 6 月。

和消耗燃料，它所用的能源就是地热能。地热发电过程，就是先把地下热能转变为机械能，再把机械能转变为电能。从世界各国利用地热能的经验表明，高温地热资源（150℃以上）主要用于发电。我国地热资源丰富，已发现的地热区有3200多处，其中可用于发电的高温地热有255处，主要是高温地热发电和中低温地热。现在我国西藏自治区已建成3座地热电站，全国总装机容量29兆瓦。

（二）地热供热

将地热能直接用于采暖、供热和供热水，其利用方式简单、经济性好，备受各国重视，特别是位于高寒地区的西方国家，其中冰岛开发利用得最好。该国早在1928年就在首都雷克雅未克建成了世界上第一个地热供热系统，现今这一供热系统已发展得非常完善，每小时可从地下抽取7740吨80℃的热水，供全市11万居民使用。由于没有高耸的烟囱，冰岛首都已被誉为“世界上最清洁无烟的城市”。

此外，利用地热给工厂供热，如蒸煮纸浆、蒸发海水制盐、海水淡化、各类原材料和产品烘干食品和食糖精制、石油精炼、生产重水、制冷和空调等。目前世界上最大两家地热应用工厂就是冰岛的硅藻土厂和新西兰的纸浆加工厂。我国利用地热供暖和供热水发展也非常迅速，在京津地区已成为地热利用中最普遍的方式。

（三）地热务农

地热在农业中的应用范围十分广阔。如利用温度适宜的地热水灌溉农田，可使农作物早熟增产；利用地热水养鱼，在28℃水温下可加速鱼的育肥，提高鱼的出产率；利用地热建造温室，育秧、种菜和养花；利用地热给沼气池加温，提高沼气的产量等。将地热能直接用于农业在我国日益广泛，北京、天津、西藏和云南等地都建有面积大小不等的地热温室。各地还利用地热大力发展养殖业，如培养菌种、养殖非洲鲫鱼、鳗鱼、罗非鱼、罗氏沼虾等。

（四）地热行医

地热在医疗领域的应用前景乐观。目前热矿水被视为一种宝贵的资源，世界各国都很珍惜。由于地热水从很深的地下提取到地面，除温度较高外，常含有一些特殊的化学元素，从而使它具有一定的医疗效果。如合碳酸的矿泉水供饮用，可调节胃酸、平衡人体酸碱度；含铁矿泉水饮用后，可治疗缺铁贫血症；氢泉、硫水氢泉洗浴可治疗神经衰弱和关节炎、皮肤病等。由于温泉的医疗作用及伴随温泉出现的特殊的地质、地貌条件，使温泉常常成为旅游胜地，吸引大批疗养者和旅游者。在日本就有1500多个温泉疗养院，每年吸引1亿人到这些疗养院休养。我国利用地热治疗疾病的历史悠久，含有各种矿物元素的温泉众多。因此，充分发挥地热的医疗作用，发展温泉疗养行业大有可为。

此外，现在许多国家为了提高地热利用率，采用梯级开发和综合利用的办法，如热电联产联供、热电冷三联产、先供暖后养殖等。

三　地热产业链

随着地热能的开发与利用，地热产业对其他产业发展的直接拉动主要表现在以下几个方面：一是地热能取暖、制冷，将形成地热勘探、地热泵、管材等发展潜力巨大的产业链；二是地热在农业中的广泛应用，将推动生态农业、高效农业的发展；三是地热在医疗领域的应用，将带动旅游业和饮食业的发展（见图5－1）。另外，“十二五”时期要加快转变经济发展方式、调整经济结构，客观上也要求进一步促进地热产业的蓬勃发展。地热产业科技含量高，资金投入大，产业融合度高，对技术突破和经济发展的带动效应明显，在新一轮经济发展时期，已步入快速发展阶段。

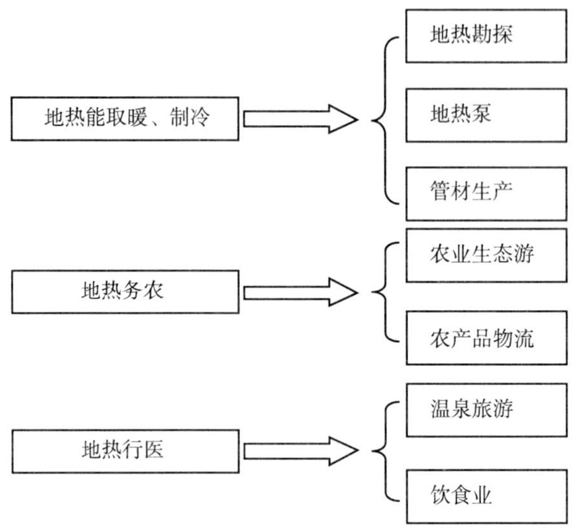

图 5-1 地热产业链

第二节 国际地热产业发展状况分析

一 全球地热资源分布状况

地球是一个巨大的能源宝库。其内部储存的地热能远比化石能源丰富，据粗略估算约是世界上化石资源提供能量的 5 万倍。全世界的地热储量（140×10^6 艾焦/年）相当于 4968×10^{12} 吨标准煤，如按全世界年消费 100×10^8 吨标准计算，可满足人类数 10 万年的能源需要。

世界上已知的地热资源分布在比较集中的三个主要地带：一是环太平洋沿岸的地热带；二是从大西洋中脊向东横跨地中海、中东到我国滇、藏地热带；三是非洲大裂谷和红海大裂谷的地热带。这些地带都是地壳活动的异常区，多火山、地震，为高温地热资源比较集中的地区。而在世界范围内，大量存在的却是中低温地热资源，尤其是随

着热泵技术的采用，使得地热资源不再受地域分布的局限，广泛存在于世界各地（两极除外）。

二　世界各国地热产业发展概况

（一）各国积极推进地热发电

地热能在世界很多地区应用相当广泛。地热能的利用可分为地热发电和非电直接利用两大类。地热发电是地热利用的最重要方式。将地热能直接用于采暖、供热和供热水是仅次于地热发电的地热利用方式。在1990年底，世界地热资源开发利用于发电的总装机容量为588万千瓦，地热水的中低温直接利用约相当于1137万千瓦。到2005年底，全世界地热发电总装机容量约900万千瓦，主要在美国、冰岛、意大利等国家。近5年来全世界地热能热利用年均增长约13%。另据美国地热资源委员会（GRC）1990年的调查，当时世界上有18个国家进行地热发电，总装机容量为5827.55兆瓦，装机容量在100兆瓦以上的国家有美国、菲律宾、墨西哥、意大利、新西兰、日本和印度尼西亚。但是到2010年，世界上具有地热发电的国家已有24个，进行地热直接利用的国家和地区已达到65个。

根据2010年4月下旬在印度尼西亚巴厘岛召开的世界地热大会的资料，表5－3列出关于2010年24个地热发电的国家地热发电情况和它们的直接利用规模。

表5－3　2010年24个国家地热发电和地热直接利用*

国别	地热发电		地热直接利用	
	装机容量（MWe）	产能（吉瓦时）	设备能力（兆瓦吨）	产能（吉瓦时/年）
美国	3093	16603	12611.46	15711.1
菲律宾	1904	10311	3.3	11.0
印度尼西亚	1197	9600	2.3	11.8

续表

国别	地热发电		地热直接利用	
	装机容量（MWe）	产能（吉瓦时）	设备能力（兆瓦吨）	产能（吉瓦时/年）
墨西哥	958	7047	155.82	1117.5
意大利	843	5520	867	2761.6
新西兰	628	4055	393.22	2653.5
冰岛	575	4597	1826	6767.5
日本	536	3064	2099.53	7138.9
萨尔瓦多	204	1422	2	11.1
肯尼亚	167	1420	16	35.2
哥斯达黎加	166	1131	1	5.8
尼加拉瓜	88	310		
俄罗斯	82	441	308.2	1706.7
土耳其	82	490	2084	10246.9
巴布亚新几内亚	56	450	0.1	1
危地马拉	52	289	2.31	15.7
葡萄牙	29	175	28.1	107.3
中国	24	150	8898	20931.8
法国	16	95	1345	3591.7
埃塞俄比亚	7.3	10	2.2	11.6
德国	6.6	50	2485.4	3546
奥地利	1.4	3.8	662.85	1035.6
澳大利亚	1.1	0.5	33.33	65.3
泰国	0.3	2.0	2.54	22.0
24 国合计	10715	67246	31954.06	77506.6
全世界合计	10715	67246	50583（63 国）	121696

* BERTANI R.，“Geothermal Power Generation in The World 2005 – 2010 Updat Report”//Proceeding World Geothermal Conference，Indonesia，Bali，2010：0008.；LUND T W，FREESTON D H，BOYD T L.，“Direct Utilization of Geothermal Energy 2010 World Review”//Proceeding World Geotherm al Conference，Indonesia，Bali，2010：0007.

从表5－3可以看出：

一是上述进行地热发电的国家绝大部分都位于地壳板块的聚敛地带或板块内部的裂谷，有着丰富的高温地热资源。

二是进行地热发电的发达国家，地热发电的装机容量和和地热直接利用的设备规模都比较大，如：美国、日本、意大利、新西兰、冰岛等。

三是一些发展中国家由于有着丰富的高温地热资源，地热发电发展很快，但是地热直接利用的发展速度较慢，不能与地热发电的发展速度相匹配，特别是赤道附近的一些国家，如菲律宾、印度尼西亚、巴布亚新几内亚和中南美诸国。

四是一些发达国家虽然没有高温地热资源，但也积极探索地热发电，更热衷于地热直接利用，如德国、奥地利和法国等，其地热直接利用的设备能力很高。

五是24个地热发电国家的地热直接利用的设备能力占65个地热直接利用国家的设备能力的63%。其余41个国家中地热直接利用的设备能力为18629兆瓦吨。这个值的69%又集中于7个发达国家和较发达国家中：瑞典4460兆瓦吨，挪威3300兆瓦吨，荷兰1410.3兆瓦吨，加拿大1126兆瓦吨，瑞士1060.9兆瓦吨，芬兰857.9兆瓦吨，匈牙利654.6兆瓦吨，总和为12869.5兆瓦吨。它占全世界地热直接利用设备能力的25.4%。也就是说41个国家中所剩的34个国家所占份额只有12%。

（二）地热发电技术日益先进

综合各国地热发电情况，主要有三种方式：一是利用高温地热蒸汽发电；二是利用中低温地下热水发电；三是增强型地热系统的开发。

1. 高温地热蒸汽发电

意大利于1904年首次试验成功利用高温地热蒸汽推动汽轮机发

电。100 多年来，该技术已得到不断改善和发展。2007 年世界上共有 24 个国家建立了地热电厂，总装机容量 9700 兆瓦。美国的地热发电居世界第一，为 2687 兆瓦装机容量。意大利的拉德瑞罗地热田和美国的盖依瑟斯地热田都是干蒸汽地热田，即从井口喷出的是 100% 高温蒸汽，不含水分，直接用输送管送往汽轮机就能发电了。另外，新西兰、日本、冰岛等都是湿蒸汽地热田，井口喷出高温两相流体，既有蒸汽又含水，这种情况要先实行汽、水分离，然后蒸汽去发电，热水另作利用。世界上的高产地热井，温度能达 300℃，甚至 350℃，井口工作压力能达 7～17（1＝0.1，下同），流量能达 500 吨/小时，单井地热发电潜力能达 30 兆瓦。

2. 中低温地热水发电

中低温地热水发电主要是应用双工质循环法，即利用地下热水加热某种低沸点的有机工质，该工质的沸点仅 30℃左右，因此靠中低温地下热水加热后，就能产生 3～5 的压力，就可以推动汽轮机发电。从汽轮机流出的发电后的有机工质气体，可由压缩机再转化为液态，再去参与下一轮循环。近 30 年来，世界上中低温地热水发电技术不断研究进步，使整套发电系统的效率得以提高，成本得以降低。

3. 增强型地热系统的开发

2008 年 3 月，一份名为《地热资源的将来》的研究报告引起美国能源部的震惊。美国马萨诸塞理工学院完成了这份历时 3 年的研究报告，该报告的副标题是“美国 21 世纪增强型地热系统的冲击”。这项研究计划的主要目的，是面对美国的人口增长、社会电气化的发展，考虑美国长期能源供应的安全，对抗可能因油价波动或供应中断而招致的经济不稳定，提出地热能能否在 2050 年提供 1×10^8 千瓦发电的基础容量。研究结果发现，增强型地热系统，或称工程型地热系统（即以前所称的干热岩），可以提供这样的电力和热量供应。

增强型地热系统在世界上已有30多年的研究历史，但只局限在美国、英国、法国、德国、日本、澳大利亚等少数国家。为达到商业性开发目标，3000～5000米钻井技术和热电转换技术等都有过研究。在这种俗称“干热岩”的岩体中，通常是只有热，没有裂隙或孔隙，没有渗透性，没有地热流体，所以需要靠井下“压裂”，在高温岩体中造出人造裂隙，连通地下网络，便可以从一眼井灌入冷水，从另一眼井产出高温流体。

增强型地热系统是潜力巨大的本土化资源，不像现在开发的水热型高温地热资源那样受地域限制，而且这种清洁能源导致的环境影响最小，还可做到合理的开发投资和有竞争性优势的运行成本，该技术的商业化规模可望在10～15年内实现。研究报告估算全美国增强型地热系统的资源基础超过 1300×10^4 艾焦（1艾 $= 1 \times 10^{18}$，下同），还估算了其可开采量超过 20×10^4 艾焦，这是美国2005年基本能源消费量的2000倍①。

（三）地热直接利用发展较快

将地热能直接用于采暖、供热和供热水是仅次于地热发电的地热利用方式。因为这种利用方式简单、经济性好，备受各国重视，目前，地热能的直接利用发展很快，全世界78个国家的地热直接利用量为50583兆瓦吨，年利用热能121696吉瓦时，平均利用系数为0.27%。其中冰岛开发利用得最好。该国1928年早在首都雷克雅未克建成了世界上第一个地热供热系统，现今这一供热系统已发展得非常完善。由于没有高耸的烟囱，冰岛首都已被誉为“世界上最清洁无烟的城市”。此外，利用地热给工厂供热，如用作干燥谷物和食品的热源，用作硅藻土生产、木材、造纸、制革、纺织、酿酒、制糖等生产过程的热源也是大有前途的。目前世界最大两家地热应用工厂就

① 郑克棪、潘小平：《中国地热发电开发现状与前景》，《中外能源》2009年第2期。

是冰岛的硅藻土厂和新西兰的纸浆加工厂。

地热在医疗领域的应用也有诱人的前景。目前热矿水就被视为一种宝贵的资源，世界各国都很珍惜。由于地热水从很深的地下提驳到地面，除温度较高外，常含有一些特殊的化学元素，从而使它具有一定的医疗效果。正是温泉的医疗作用及伴随温泉出现的特殊地质、地貌条件，使温泉常常成为旅游胜地，吸引了大批疗养者和旅游者。在意大利的亚平宁山系西缘约有 20 余所温泉疗养所，供成千上万的游客观光疗养。日本位于环太平洋火山活动带上，地下热水资源得天独厚，这里的地下热水资源不仅用于发电和农牧副渔业，而且在这些地方还广泛建立了许多旅游疗养胜地。目前日本已有 1500 多个温泉疗养院，每年吸引 1 亿人到这些疗养院休养。

在利用低温地热过程中，热泵技术的应用和发展是关键。目前，全世界地热直接利用中，结合热泵技术利用形式已占49%（近10 多年全球地热直接利用类型比例见表 5 -4）。数据表明，当今世界地热直接利用中，地热直接供暖明显减少，地热热泵供暖和空调快速发展。

表 5 -4　地热直接利用能量分类统计

单位：%

地热用途	1995 年	2000 年	2005 年	2010 年
供　　暖	33	37	20.1	14
洗浴、游泳	15	22	28.8	25
水产养殖	13	7	4.2	2.6
热　　泵	12	14	33.2	49
温　　室	12	12	7.5	5.3
工　　业	10	6	4.2	2.7
农　　业	1	1	0.8	0.4
融雪空调	1	1	0.7	0.5
其　　他	3	—	0.4	0.2

三　世界主要国家地热产业发展状况

1. 日本

日本是世界上最著名的火山国家之一，有100多座活火山，地热资源储量排在印度尼西亚、美国之后位居世界第三，换算成发电能力超过2万兆瓦，约为日本风力发电的2倍，太阳能发电的3倍，相当于15座原子能发电站。

日本新能源开发组织（NEDO）就日本地热资源野外的勘测数据（温泉、喷气坑、地温、热源、热辐射量、蚀变地带、地热测量仪）表明，日本有34个较大型地热异常区，20世纪20年代中期曾在Beppu和Otak进行小型地热发电利用实验，第一座商业性地热电站在岩手县的松川建成，装机容量为20兆瓦。1967年以后，相继建成大沼、八丁原、葛根田等地热电站；1980年后又建成山川、大雾等地热电站。现正运行的地热电站有18座，总装机容量为600多兆瓦，约占国内总发电量的0.2%。全部采用蒸汽透平技术，每年因地热发电可减少CO_2排放达310万吨。日本地热电站主要集中在东北部和九州地区，东北地区主要地热电站有：大沼电站、澄川电站、松川电站、葛根田电站、上之岱电站、柳津西山电站、鬼首电站等。九州地区主要地热电站有：大岳电站、八丁原电站、山川电站、大霸电站、淹上电站等。

日本为实现削减温室气体排放目标，树立环保节能的世界形象，树立“低碳经济”长远竞争力，三菱（Materials）公司和日本电源开发公司于2009年开始投资约400亿日元，建设总功率6×10^4千瓦的地热发电设备。日铁矿业和九州电力也投资约200亿日元用来建设地热发电站。2010年初，日本政府公布了“新能源利用特别措施法（RPS）”，并敦促各电力公司购买“地热发电”的电量，使之义务化、商业化。

2. 美国

据美国地热能源协会（GEA）的报告显示，截至2010年初，美国有144个新的地热项目正在开发中，装机容量为315万千瓦，年发电量约为150亿千瓦时。在低温地热利用方面，美国现有60万台地热热泵在运转，占世界总数的46%。

在地热开发技术不断进步的情况下，美国地热产业向更广阔空间发展。2010年在西弗吉尼亚州发现高达18900兆瓦的地热资源，烃类物质生产过程中的伴生地热水生产技术的发展，带动了德州、路易斯安那州、密西西比州等一系列油田油气伴生地热资源的联合开发工程。

美国地热产业化发展获得政府空前的支持。2009年，美国能源部资助50个州的地热研发项目和示范工程。总共得到经济恢复法案框架内4亿美元贷款的支持。美国国会拓展了由经济恢复法案确定的减税计划，确定2016年地热投资减税30%的延伸法案已在参众两院做了介绍。对地热工程占地的补偿款来自地热项目的收益，相关立法已在美国众议院通过。地热资源开发尤其是地热发电明显的经济、社会效益得到广大选民和参、众两院领导者的认可和支持。

目前，美国地热技术的研发更趋向于区域及州际间的合作。2011年，美国地热发电又有了新的进展，全国用于地热开发资金投入达21亿美元，有500~700兆瓦的地热电站工程建设即将竣工。

美国地热资源的蕴藏量巨大，只要几十年，美国就能依靠地热能提供20%~25%的能源。美国土地管理局对美国西部11个州和阿拉斯加州展开地热资源的调查结果表明，大约80.9×10^{4}平方公里的公共土地蕴藏有地热资源，美能源部也对地热资源的巨大潜能做出肯定。美国复苏和再投资法（ARRA）中有3.38亿美元用于开发新的地热田和开发先进地热技术研究。美国最大的地热能生产州加利福尼亚州和内华达州，均提高了本州的可再生能源标准：加利福尼亚州到2020年将提高到33%，内华达州到2025年将提高到25%。随着经济

的快速发展，西部的一些州也在积极开发地热资源，但美国目前的地热能利用规模远不能满足快速发展的社会需求。

3. 德国

德国地热能的发展在政府政策的强力推动和支持下，依靠技术进步发展尤为突出。他们主要利用地下土壤埋盘管的地源热泵，用于室内地板辐射供暖及提供生活热水等。截至 2007 年底，德国新修的建筑中供热系统采用热泵技术的占 15%。图 5－2 显示了德国 1996～2008 年历年新增热泵单元数，数据表明，德国新增热泵单元数 2008 年约为 1998 年的 10 倍。从 2007 年底起，第一座地热发电站已开始无污染排放地为 6000 户家庭供电，为约 300 户家庭供暖。德国联邦政府环境部称，另有约 150 座地热电站正在规划中。

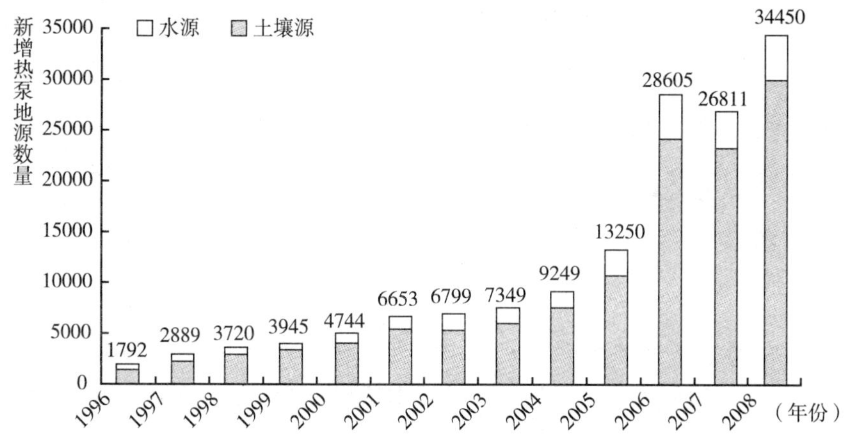

图 5－2　德国 1996～2008 年历年新增热泵单元数

4. 冰岛

冰岛国内地热资源丰富，人均占有量大，地热能直接利用人均世界第一。全国分布有高温蒸汽田 26 个，低温地热田约 250 个，天然温泉 800 余处。冰岛地壳厚度 0～10 公里范围内的地热资源总量为 3 亿太瓦时（1 太瓦时相当于 1 亿度电）；地壳厚度 0～30 公里范围内的总量为3000万太瓦时；技术上可利用的为100万太瓦时。若将全部地热能用来发电，每年可发电800多亿度。冰岛地热资源的勘查与开发由国家统一管理，不允许私有公司参与其中。冰岛87%的家庭使用地热取暖全国每年由此节约燃料开支上亿美元。地热能在一次能源中所占的比例已经达到66%。

冰岛已建成的3兆瓦的比加拉夫莱格地热电站、60兆瓦的卡拉夫拉地热电站、60兆瓦的奈斯亚威里尔地热电站和17兆瓦的斯瓦辛基地热电站，保证了28.6万冰岛人的用电。

全冰岛约有160个游泳池，其中有130个利用地热能加热，大多数是全年开放的露天游泳池，主要用于娱乐和游泳训练，依赖独特的地貌和众多温泉疗养区，每年吸引着逾百万外国游客。冰岛现今约有50个渔业养殖场，利用20~50℃的地热水，通过热交换将淡水温度保持在5~12℃之间，用于鱼卵孵化和养殖。冰岛还直接利用地热资源进行生产海藻、烘干鱼产品、宠物食品的烘干等行业。此外，冰岛还利用地热水进行融雪、温室种植等。目前，全国融雪系统的总面积约为74万平方米，首都的约为55万平方米（具体开发利用结构见5-3）。

由于地热资源廉价清洁，自1975年冰岛大规模使用地热资源后，石油等能源进口量大大减少，不仅为国家节约了大量外汇，CO_2等温室气体排放量也提前达到国际标准。冰岛现在已成为世界上最洁净的国家之一，并计划在不久的将来成为世界上第一个完全使用清洁能源的国家。

5. 印度尼西亚

印度尼西亚地热资源已探明储量达2700×10^4千瓦，占全球地热资源总量的40%。但目前印度尼西亚政府的地热发电装机容量仅为99.2万千瓦，印度尼西亚地热发电能力仅占地热总潜力的3%，不到全国能源用量的4%。为此，印度尼西亚政府大力倡导使用地热能，计划到2025年地热用量将增至国家能源总量的5%。

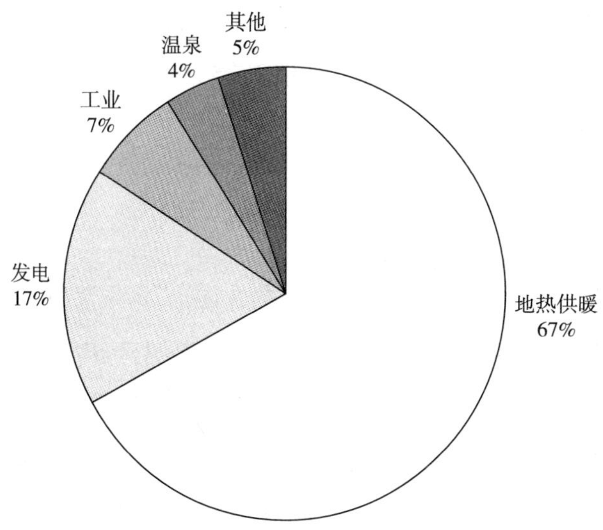

图 5－3　冰岛中低温地热资源利用结构比例图（不包含热泵）

为了加快地热能源的开发利用，印度尼西亚不仅出台了专门的法令，同时也积极吸引投资。2009 年，苏西洛总统宣布塔拉查特、卡摩昌、拉亨通和希巴雅克 4 座地热发电站正式启动，总投资额 3.26 亿美元。印度尼西亚矿物与能源部指定的地热能源开发利用规划中明确规定：到 2020 年，地热发电的最终指标为 600 万千瓦，到 2025 年，地热发电达 950 万千瓦①。

6. 意大利

意大利是最早利用地下热能发电的国家之一，也是目前地热发电总装机容量比较大的国家。在意大利中部沿阿尔卑斯山脉西侧 500 公里长的地带内有 9 个地热田，拉德瑞罗地热田与蒙特阿米阿塔地热田就在这个带的西北端。

拉德瑞罗地热田在罗马西北 200 公里处，面积约为 400 平方公里，在生产中心地区地热梯度是 30℃/公里，为正常梯度的 15 倍，

① 满娟：《全球地热开发热流涌动》，《中国石化》2010 年第 3 期。

且底下温度基本不变，开发期间温度还有增加。

在拉德瑞罗东南70公里的蒙特阿米阿塔地热田面积仅有5平方公里，目前已打了20多个钻孔，有11口生产钻井，平均每口井生产蒸汽35.5吨/小时①。

7. 菲律宾

菲律宾是世界第二大地热能源开发大国。2008年菲律宾地热发电设备容量是200万千瓦，地热能源占其总能源产出的17%，准备在2013年利用“地热-1”计划，使地热发电超过美国，成为世界第一。

菲律宾政府给予可再生能源项目的优惠政策包括赋税优惠期和免税政策。目前该国政府就10处地热资源开发项目进行招标，同时还有9项合作正在与公司直接进行商讨，这些合作总共将开发62万千瓦的地热能源。

8. 墨西哥

墨西哥利用地热发电在世界上处于先进地位。2008年，墨西哥地热发电设备容量是95万千瓦，地热发电占总发电量的比例为3.3%。2010年初，墨西哥地热发电装机容量为958MWe，产能为7047吉瓦时，地热直接利用产能达到1117.5吉瓦时/年。

四　世界各国地热产业发展迅猛的原因分析

世界各国之所以地热开发利用如此迅猛发展，主要是基于以下几个方面的原因。

（一）规划清晰

为了促进地热等可再生能源的发展，许多国家制定了相应的发展战略和规划，明确了可再生能源发展目标。如欧盟，1997年提出可

① 关锌：《借鉴国外经验，促进我国地热产业政策发展》，《水文地质工程地质》2011年第3期。

再生能源在一次能源消费中的比例将从1996年的6%提高到2010年的12%，可再生能源发电量占总发电量的比例从1997年的14%提高到2010年的22%。2007年年初，欧盟又提出了新的发展目标，要求到2020年，可再生能源消费占到全部能源消费的20%，可再生能源发电量占到全部发电量的30%。

又如美国，2008年金融危机后，为了引领美国经济走出危机，创造新的经济增长点，美国提出了史无前例的清洁能源复苏战略。其中一个重点目标就是大幅提升可再生能源在能源消耗中的比例。2009年初，美国的可再生能源生产能力为27.8吉瓦。美国政府提出的目标是，到2010年可再生能源生产能力翻一番，达到或超过55.6吉瓦，足以为400万至500万个家庭供电。

再如德国，近些年来关于可再生能源利用的法律法规涵盖供电、采暖、交通、建筑等各个领域，并在法律法规中明确可再生能源利用的目标和任务。如供电领域的《可再生能源法》明确提出，到2020年利用可再生能源发电比例至少达到35%，2050年达到80%。同期可再生能源占最终能源消费从18%提高到60%。采暖方面的《可再生能源热能法案》规定：到2020年可再生能源供热占全部供暖的14%（2009年为8.8%）。《生物燃料配额法》规定：为实现交通领域的减排目标，必须利用生物燃料达到一定比例①。

再看看英国，早在2007年5月，英国政府在其公布的《英国能源白皮书》中就为英国可再生能源的开发提出了具体目标。即到2020年，煤炭在英国能源总量中的比重将降低到20%，石油和天然气的比重将保持在40%左右，而可再生能源的比重将扩大到35%（2005年，在英国的能源总量中，煤炭的比重为35%，石油和天然气占40%，可再生能源仅占6%）。

---

① 郑慧：《德国利用可再生能源的措施与启示》，《行政管理改革》2011年第4期。

此外，日本2009年6月宣布，到2020年的温室气体减排中期目标为在2005年的水平上削减15%，比基准年1990年减排8%。日本凭借其领先的节能及新能源开发技术优势，加速抢占全球新能源市场，加快步伐争夺新能源开发的主导权。资源短缺的日本多年来一直积极开发太阳能、风能、核能等新能源，利用生物质发电、地热发电以及制作燃料电池作为新能源，特别是对太阳能的开发利用寄予厚望。2008年4月，日本推出新一轮经济刺激计划，新能源技术将成为日本中长期的经济发展方向，该计划目标在2020年将太阳能发电的装机容量提高到现在的20倍。德国通过了温室气体减排新法案，使风能、太阳能等可再生能源的比例从现在的14%增加到2020年的20%，到2020年之前减少40%的二氧化碳排放量。

法国环境部于2008年11月公布了一项旨在发展可再生能源的计划，政府希望能够通过一系列举措，大幅提高可再生能源在能源消费总量中的比例，使法国在该领域取得世界领先地位。该计划共包括50项措施，涵盖风能、太阳能、地热能、生物能以及水力发电等多个领域，总体目标是到2020年将法国可再生能源在能源消费总量中的比例至少提高到23%。

澳大利亚于2008年12月公布了可再生能源立法草案，要求到2020年该国可再生能源占总能源的比例升至20%。

韩国将在2030年前投资1030亿美元用于开发可再生能源，把化石能源比例从目前的83%减少到61%，把可再生能源比例从目前的2.4%提高到11%。

据国际能源署不完全统计，以欧洲、美国、日本等国家和地区为首，已有50多个国家和地区制定了激励可再生能源发展的政策。

（二）政策激励

为了确保可再生能源发展目标的实现，许多国家制定了支持可再生能源发展的法规和政策。如德国为了支持可再生能源的利用，出台

了《可再生能源法》、《可再生能源热能法案》、《可再生能源发电并网法》、《生物燃料配额法》等法律法规，并在《可再生能源发电并网法》中规定电网运营商必须以法律规定的优惠的固定费率收购可再生能源供应商的电力。

与德国相同，法国在《新电力法》中规定风能等可再生能源发电可享受国家定价的收购政策，法国电力公司和其他的私人电力公司都必须按照此价格进行收购。丹麦、西班牙等国也均采取优惠的固定电价收购可再生能源发电量。

而英国的做法不同于上述国家，早在 1999 年 7 月，英国政府就制定并通过了《可再生能源义务令》，其中心内容是确立可再生能源义务制度，该制度的实质是对可再生能源的开发利用实行配额制。即供电商有义务购买一定比例的可再生能源电力。可再生能源电力的比例由政府每年根据可再生能源的发展目标和市场情况等来确定[①]。澳大利亚、日本等国也实行这种可再生能源强制性市场配额政策。

美国在 2005 年以来，出台了《2005 年能源政策法案》、《2007 年能源独立与安全法案》、《2008 年紧急经济稳定法案》，以及《2009 年经济复兴与再投资法案》、《美国清洁能源安全法》等法律法规，对可再生能源开发利用实施税收抵扣、减税、免税和特殊融资等财政优惠政策。与美国相同，巴西、印度等国也对可再生能源实行投资补贴和税收优惠等政策，为其发展提供强有力的政策保障。

（三）产业扶持

为了促进可再生能源技术进步和产业化发展，许多国家十分重视可再生能源人才培养、研究开发、产业体系建设，建立了专门的研发机构，支持开展可再生能源科学研究、技术开发和产业服务等工作。发达国家不仅支持可再生能源技术研究和开发活动，而且特别重视新

① 国家电力监管委员会办公厅：《英国可再生能源有关法律政策》，《农村电气化》2008 年第 2 期。

技术的试验、示范和推广，经过多年的发展，产业体系已经形成，有力地支持了可再生能源的发展。

如德国，政府实施“高科技战略”规划，投入40亿欧元用于支持和奖励企业可再生能源创新。德国可再生能源发展报告显示，其在能源利用技术研发经费投入实现了高速的持续增长。

又如美国，在金融危机后实施的一揽子经济刺激计划中，有300亿美元资金提供给美国能源部用于可再生能源和提高能源使用效率方面的研发。在2009年，美国能源部资助50个州的地热研发项目和示范工程，总共得到经济恢复法案框架内4亿美元贷款的支持。目前，美国地热技术的研发更趋向于区域及洲际间的合作。2011年，美国全国用于地热开发资金投入达21亿美元，有500～700兆瓦的地热电站工程建设即将竣工。与此同时，各地方政府也积极打造新能源产业链，推广全新的员工培训制度。

（四）资金支持

为了加快可再生能源的发展，许多国家为可再生能源发展提供了强有力的资金支持，对技术研发、项目建设、产品销售和最终用户提供补贴。

如美国，在《2005年国家能源政策法》中明确规定支持可再生能源技术研发及其产业化发展的年度财政预算资金。在《2007年美国能源独立及安全法》中规定，到2025年时清洁能源技术和能源效率技术的投资规模将达到1900亿美元，其中900亿美元投入到能源效率和可再生能源领域，600亿美元用于碳捕捉和封存技术，200亿美元用于电动汽车和其他先进技术的机动车，再划拨200亿美元用于基础性的科学研发。在《2009年恢复与再投资法》中规定，将划拨约500亿美元用来开发绿色能源和提高能效，其中140亿美元用于可再生能源项目，45亿美元用于改造智能电网，64亿美元用于清洁能源项目，63亿美元用于对提高州一级能效的拨款，50亿美元用于改

造家庭住房的越冬防寒性能，45亿美元用于帮助提高联邦政府的建筑能效，1890万美元用于打造“绿色交通”。在年初发表的首次国情咨文中，奥巴马提出从2011年起，除国家安全、医疗和社会保障以外的政府开支将被冻结3年，但将继续在新能源、教育和基础设施等方面增加投资。

又如德国，政府制定了完善的配套措施，主要表现在：一是对新设备投资予以补偿。《再生能源法》规定：可再生能源发电新设备可获得政府的投资补偿，补偿幅度是以设备投产的年度确定，补偿期限为20年。为使企业不断创新，提高设备利用率，降低成本，补偿幅度每年降低1.5%。其中，地热发电设备补偿标准为7.16欧分至15欧分。二是对可再生能源利用予以补贴。政府对以各种方式利用可再生能源给予补贴。如对使用生物原料和发电——供热联合设备给予补贴，对采用可再生能源取暖给予补贴等。为提高可再生能源利用率，不同类型的补贴还可以累加。三是实行税收优惠政策。如对矿物能源、天然气等征收生态税，对使用风能、太阳能、地热、水力、垃圾、生物能源等可再生能源发电则免征生态税。四是进行融资政策支持。对可再生能源利用效果好的企业，政府给予国家担保贷款或低息优惠。德国复兴银行对于开发利用可再生能源的企业可以100%提供贷款。

（五）社会参与

为了更好地利用可再生能源，需要社会广泛参与，充分发挥民众和社会组织的作用。在德国，普通民众有较高的环保意识和利用可再生能源的积极性。德国政府组建了400多家专门的能源能效信息咨询服务机构，确保社会参与的制度化。政府研究机构对民众的可再生能源消费行为进行调查，认真分析，并强调从战略高度总结哪些是可再生能源利用的关键领域。联邦能源署还在其主页上提供了二氧化碳计算器，人们可以计算其二氧化碳排放量。政府通过各种宣传媒体告知民众，在供暖、供电、行走、食物等方面如何提高可再生能源的利用率。此外，许多协会和公益组织通过媒体宣传、评奖活动、巡回展出等多种形式，向公众传达如何利用可再生能源的详细信息，提供行动建议，发动全社会参与到利用可再生能源的行动中。许多民众积极参加绿色和平组织，如德国自然环境与保护联盟协会，其80%以上为个人会员，他们经常义务为利用可再生能源宣传①。

第三节　我国地热产业发展状况分析

一　地热资源开发利用的历史

我国是世界上利用地热资源较早的国家之一，直接利用地热资源的历史，可以上溯至2000多年以前。早在公元前500年至公元前600年的东周时代，孔子弟子所著的《论语先进篇》就记载有“暮春者，春服既成，冠者5～6人，童子6～7人，洛乎沂，风乎午之，泳而归……”公元前100年左右（汉代），天文学家张衡所著的《温泉赋》记载：“天气谣错，有疾病兮，温泉泊焉……”公元300年左右（晋代），郦道元所撰《水经注》称：“鲁山皇女汤，可以熟米，饮之愈百病，道士清身沐浴，一只三次，多么自在，四十日后，身中百病愈。”在这以后的历代文人著作及著名温泉的碑文中都有不少这方面的文字记载。

我国历史上对地热资源的开发利用大多是对温泉的直接利用，而且主要集中于医疗和洗浴两个领域。有目的地进行地热资源勘查与开发，是在新中国成立以后。20世纪70年代初期，我国就开始对隐伏地热资源的勘查与开发。以北京、天津地区开展隐伏地热田

① 郑慧：《德国利用可再生能源的措施与启示》，《行政管理改革》2011年第4期。

资源的普查勘探为先导，相继在天津市近郊、北京城东南地区 1000 米左右深度内打出了温度在 40～90℃的地热水，随即在城市地区开始了地热供暖、医疗洗浴、水产养殖、工业洗涤等疗面的应用。在此期间，还为发展地热发电的需要，相继在河北后郝窑、广东邓尾、湖南狄汤等地热进行了地热资源勘查评价，建立了一批试验性的地热电站。

进入 20 世纪 80 年代，地热资源开发利用快速发展。地热资源勘查开发工作中的国际合作与科技交流得到加强，引进了一些先进地热理论和勘探技术方法，开展了对地区经济发展有影响的地热田的勘查评价和区域地热资源评价，对我国地热资源的分布、形成与开发利用条件等有了一些规律性的认识。尤其是 20 世纪 90 年代以来，地热资源开发利用更加蓬勃发展，开采地区已遍及除上海市外的全国各省（自治区、直辖市），开采深度已从 20 世纪 70 年代初期的千余米到现在的 4000 米以上，开采利用最高温度已达 250℃（西藏羊八井 ZK2001 井）。

二　地热资源开发利用概况

目前，在我国的地热资源开发中，经过多年的技术积累，地热发电效益显著提升。除地热发电外，直接利用地热水进行建筑供暖、发展温室农业和温泉旅游等利用途径也得到较快发展。全国已经基本形成以西藏羊八井为代表的地热发电、以天津和西安为代表的地热供暖、以东南沿海为代表的疗养与旅游和以华北平原为代表的种植和养殖的开发利用格局。在地热利用规模上，我国近些年来一直位居世界首位，并以每年近 10% 的速度稳步增长。通过应用地源热泵每年减少近 4000 万吨二氧化碳排放，为我国低碳经济发展作出了贡献。到 2010 年末，全国浅层地热能供热（制冷）面积达到 1.4 亿平方米，全国地热供热面积达到 3500 万平方米，全国高温地热发电总装机容量24兆瓦，沐浴和种植利用地热热量约合50万吨标准煤；各类地热能总贡献量合计500万吨标准煤。

（一）地热发电

20世纪70年代初爆发的石油危机，使得世界各国开始普遍重视新能源的开发。当时我国也掀起了地热能开发的热潮，在全国建成了7个中低温地热发电厂，并先后都试验发电成功。它们分别是：广东丰顺县邓屋，92℃，300千瓦；湖南宁乡县灰汤，98℃，300千瓦；河北怀来县后郝窑，87℃，200千瓦；山东招远县汤东泉，98℃，300千瓦；辽宁盖县熊岳，90℃，200千瓦；广西象州市热水村，79℃，200千瓦；江西宜春县温汤，67℃，100千瓦。这些中低温地热资源发电，利用的是扩容闪蒸法或双工质循环法。全部发电系统设备主要是利用废旧的小发电机组改造，又自行设计了地热管路系统，既没有采用进口设备，也没有聘请外国专家，使地热发电首次在我国自主试验成功。虽然发电量较小，没有连接地区电网，仅供当地使用，但至少都成功运行了几年。至70年代后期，除上述前2家电厂外，其余的5处陆续关停。

与此同时，高温地热的蒸汽发电于20世纪70年代中期开始在西藏自治区进行。1976年成立了西藏自治区地热地质大队，开始在羊八井地热田勘探，地热电厂的设计和筹建工作也在同步进行。随着第一批高温地热井的钻成，井口喷出150～160℃的两相（蒸汽+热水）地热流体，1977年国庆节前夕，1000千瓦高温地热发电试验机组试验发电成功。由此，地热勘探和电厂建设同时进行，至1991年期间，陆续完成8台机组安装，使羊八井地热电厂达到25.18兆瓦的总装机容量。自1993年以来，年发电均保持在1亿度左右。羊八井地热电厂被誉为世界屋脊上的一颗明珠，在西藏自治区地区传统能源如油气、煤炭缺乏的情况下，全年供应拉萨的电力为41%，冬季超过60%，在解决当地能源供应问题上发挥了很大作用。

除羊八井之外，西藏阿里地区朗久地热电厂于1983年建厂，1985年投产2兆瓦装机；那曲地热电厂于1993年建厂，1994年投产1兆瓦装机。前者因地热井产汽量不足，后维持1台机组400千瓦出力间断运行；后者1999年因井口结垢堵死而停运。

截至目前，我国地热发电装机容量88%集中在西藏自治区，全国地热发电能力维持24.78兆瓦装机容量，年发电量近1.3×10^{8}千瓦时，居世界地热发电排名第18位。

纵观我国地热发电情况，主要有两种方式：一是利用高温地热蒸汽发电；二是用中低温地下热水发电。

1. 高温地热蒸汽发电

我国西藏羊八井地热田ZK4001地热井，井口工作压力15bar，工作温度200℃，汽水总流量302吨/小时，其中蒸汽流量37吨/小时，单井发电潜力12.58兆瓦。高温地热资源是高品位的能源，我国西藏羊八井一眼井具有12.58兆瓦的发电能力，属世界上资源潜力的中上水平，这样的品位优势是其他可再生能源望尘莫及的。地热电厂一年可以运行6000小时以上，是太阳能和风能年运行小时的2倍以上。

我国西藏另一处已经勘探评价的羊易地热田，最高温度207℃，工作温度105～190℃，闭井压力2.8～9.4bar，工作压力0.95～11.3bar，单井汽水总流量32～373吨/小时，其中蒸汽流量3.5～100吨/小时，热田目前可建厂的地热发电潜力30兆瓦。

我国西藏南部经四川西部至云南西部，属于全球性地中海—喜马拉雅地热带的东段，带内有温泉1000余处，其中高于当地沸点的有81处。目前开发用于发电的仅羊八井地热田1处，完成勘探评价的有羊易地热田1处，其余丰富的高温地热资源仅在青藏铁路沿线的谷露、董翁、续迈、吉达果等10余处进行过详细勘查，所有这些勘查过的地热田其地热发电潜力为13.75×10^{4}千瓦。西藏地热资源普查

估算的资源总量为 2.99×10^8 千瓦。

2. 中低温地热水发电

我国20世纪70年代的中低温地热水发电已具备相当水平，至少创造了67℃世界最低温度发电的实例。但是，30年来这一技术领域没有扩大应用，在跨入市场经济后，没有市场需求，因此技术上未取得新的进步。近些年来，我国还在研究开发另一种中低温地热水发电技术，叫做螺杆膨胀动力机。其发电原理是螺杆压缩机的逆向应用，即压缩机靠电力驱动而产生压力，现在将中低温地热水（也可以是工厂余热水、含污热液热水等）或气液混合物以一定压力送入螺杆膨胀动力机，就能使动力机运转而发电。这一技术在国外也属于探索性的创新技术。我国自20世纪80年代起开始研究，制成了5千瓦的试验机组。1993年又作为国家“八五”攻关项目开始工业试验机的技术研究，并通过国家级专家评审验收。此后，深圳市某公司接手进一步研究开发，已实现300千瓦机组在工厂余热发电应用，现还能生产1500千瓦机组。

我国有3000多处天然温泉，其中温度在60℃以上的占24%，即730余处，我国还有3000多眼地热井，其中温度高于80℃的至少有百余眼，这些资源可以用作中低温地热水发电考虑。实际上，发电只是利用这些地热流体的高温段资源，例如将90℃热水用于发电至70℃排出，而这些排出的70℃热水仍可应用于目前的综合地热直接利用①。

（二）非电直接利用

1. 以浅层地热能为热源（或冷源）的地源热泵供暖（或供冷）

浅层地热能是指蕴藏在地壳浅部变温层以下200米以内的岩土体和地下水中，在当前技术条件下具备开发利用价值的地热资源，其能量主要来源于太阳辐射和地球梯度增温，温度一般稳定在18℃左右。

① 郑慧：《德国利用可再生能源的措施与启示》，《行政管理改革》2011年第4期。

地源热泵利用埋管温差传递，通过压缩机启动，能送上60℃的热水和8℃的冷水，向建筑物供暖和制冷。浅层地热能受四季气候影响较小，具有再生迅速、可循环使用、分布广泛、储量巨大、采集方便的特点，而且清洁无污染。从成本上看，使用浅层地热取暖，比燃煤每平方米便宜50元，比天然气每平方米便宜30元。

利用浅层地热能供暖（或供热）主要采取的技术是地源热泵技术。我国关于热泵研究始于20世纪50年代天津大学热能研究所的吕灿仁教授，1965年研制成功国内第一台水冷式热泵机组。但由于多种原因，发展缓慢，直到80年代末90年代初，相关领域开始了新一轮的研究。进入21世纪以来，我国在热泵模型仿真、试验装置、能耗评价以及系统材质研究等方面取得了一批显著成果。随着传统能源的紧缺和人们对开发新能源和再生能源的重视以及热泵技术的日益成熟，热泵技术及浅层低品位地热能的开发利用得到了快速发展。

截至2010年10月底，地源热泵技术在学校、医院等公共建筑领域应用面积已超过1亿平方米。目前热泵技术已经实现了“三联供”，即用常温地下水冬季供暖，夏季制冷，四季供应生活用热水。热泵技术是目前可最大限度减少二氧化碳减排量的单项技术，相比较常规供热，可减排二氧化碳6%。北京从2000~2005年间的热泵供暖面积已达400万平方米，2008北京奥运会新闻中心也选用了“三联供”热泵技术；鸟巢也使用了地源热泵；上海世博会的标志性和永久性保留建筑物——世博轴，采用的就是我国目前最大规模应用地源热泵和江水源热泵技术的中央空调。也正是基于此类技术创新，世博轴整体设计还获得了亚洲国际地产投资与开发博览会的“最佳城市综合体奖”。由于地源热泵的节能、减排优势已被广泛认知和普及，成为新的投资热点，地源热泵的增长已远远超过了地热直接利用和高温地热发电的发展速度：2009年，地源热泵的年利用能量达到了214782TJ（1012焦耳），比2005年增长了2.45倍，平均年增长率达到了19.7%；地源热泵的设备容量，5年间增长了2.29倍，平均年增长率为18.0%；使用地源热泵供暖面积达1.07亿平方米[①]。

2. 温室种植

我国的地热农业温室分布面很广，规模较小，其中包括蔬菜温室，花卉温室，蘑菇培育、育种温室等。在我国北方，主要种植比较高档的瓜果菜类、食用菌、花卉等；在南方，主要用于育秧。其中花卉温室的经济效益较明显，发展潜力巨大，是地热温室发展的方向。据统计，全国现共有地热温室和大棚133万平方米，其中仅河北省就占47万平方米。利用地热水进行农业种植灌溉，不仅可以促进早熟，而且还有明显的增产效果。随着国民经济的迅速发展和人民生活水平的提高，农业逐步走向现代化进程，各种性能优良的温室将逐步建造，室内采用地热供暖，以提高室温，既安全经济又无污染。

3. 地热工业利用

地热能在工业领域应用范围很广，工业生产中需要大量的中低温热水，地热用于工艺过程是比较理想的方案。我国在干燥、纺织、造纸、机械、木材加工、盐分析取、化学萃取、制革等行业中都有应用。其中温泉区地下热水在纺织工业及化工工业方面均获得较好的利用和效益。我国地热资源的开发利用仅2008年就使全国二氧化碳减排1987万吨，大大减少了二氧化碳的排放量。充分地保护了环境。

4. 水产养殖

地热水产养殖是地热直接利用项目中的重要内容，水产养殖所需的水温不高，一般低温地热水都能满足需求，同时它又可将地热采暖、地热温室以及地热工业利用过的地热排水再次综合梯级利用，使

① 吴炳乾、刘学峰：《发展地热产业打造清洁能源》，《中国石化》2011年第6期。

地热利用率大大提高。地热水产养殖可以分为大规模生产性养殖和建立观赏区。生产性养殖一般采用地热塑料大棚，以鱼苗养殖越冬为多；观赏游乐区可以放养金鱼、热带鱼及锦鲤等品种供游人观赏。目前，我国地热资源丰富的省份都不同程度地利用地热资源进行水产养殖业。如天津，地热资源已成为该市节能减排和改善城市环境质量不可多得的清洁能源，为天津打造“蓝天工程”起到保障作用。如今，利用地热资源建设集生产、观光、科教于一体的一流农业生产园，拓展了地热资源开发运用的范畴。天津在宝坻区周良庄地热异常区中心地带建成我国最大的血鹦鹉养殖基地，同时，该中心利用地热资源还能种植瓜果蔬菜，成为天津市利用地热资源取得经济和社会效益的示范园区。

5. 温泉旅游

温泉是一种绿色能源，含有多种对人体有益的微量元素及矿物质，温泉历来都有三养之称：即消除疲劳的“修养”、保持健康，预防疾病的“修养”与治疗疾病的“疗养”。常洗温泉浴，可起到调节人体新陈代谢，保持身体健康，使人感觉身心舒畅，精神焕发。

我国是地热温泉资源大国，开发潜能很大。地质部门已经探明的温泉有3700多处，已开发的约有1600多处，温泉地热资源丰富的省市依次是：西藏、云南、广东、河北、重庆、湖北、天津、福建、北京、海南、辽宁、湖南等。纵观我国温泉旅游产业，从20世纪80年代初期开发到90年代末的大规模商业运作，竞争日益激烈，至今，各种形式、各种规模的温泉旅游企业遍布全国，取得了较好的经济效益和社会效益。资料显示，2008年我国温泉企业一共接待游客2130多万人次，销售收入近45.7亿元，其产业链产值为510多亿元。

6. 地热孵化

地热孵化是地热农业利用中的一个分支，指利用地热孵化家禽种蛋、育雏和种鸡喂养生长的整个过程。随着我国家禽业的发展和养殖场规模的不断扩大，大型孵化机的需求日益增加。目前，我国使用的孵化机均以电为能源，不仅能耗大，如果孵化过程中途停电，将会对孵化产生严重后果，而地热孵化机不仅可以节省电力，合理利用低品位能源，还可以减少电加热器加热时对胚蛋热辐射的影响。地热水温度恒定，一般在50～80℃为多，有利于孵化机内温度控制，地热孵化机的运用可以为有地热资源的地区开辟一条孵化的新途径。

地热直接利用要求的热水温度较低，中低温地热资源都可以加以利用，我国中低温地热资源分布广泛，数量大，直接利用所能提供的能量和所起的作用不比地热发电差。目前我国中低温地热水利用已有采暖、育种育苗、花卉栽培、水产养殖、蔬菜种植、洗浴、医疗、孵化育雏、皮革加工、物料干燥、洗染、缫丝、空调、地震观测、发酵、矿泉水饮料等二十余项，其中，供热采暖占18.0%，医疗洗浴与娱乐健身占65.2%，种植与养殖占9.1%，其他占7.7%。

三　主要地区地热发展状况

1. 西藏自治区

西藏是我国地热活动最强烈的地区，地热蕴藏量居全国之首。被誉为“地热之光”的西藏羊八井地热资源非常丰富，它位于拉萨市以西九十公里（当雄县境内）的一个群山环抱的峡谷之中，热田面积为15平方公里，地势平坦，海拔4300米，南北两侧的山峰均在5500～6000米以上。热田盆地中水热活动十分强烈，地热显示丰富多样，规模宏大，有温泉、热泉、沸泉、喷泉孔、热地、水热爆炸穴、热水上升的间歇喷汽井、热水塘、热水沼泽等。1976年我国大陆第一台兆瓦级地热发电机组在这里成功发电。目前电厂已有8台3000千瓦机组，总装机容量2.5万

千瓦，年发电量在拉萨电网中占45%。热田的周围是冰天雪地的高寒风光，而热田内却是沸水翻滚，热水飞溅，蒸汽柱冲天的另一番灼热景象[①]。

2. 天津市

天津市具有一定规模利用地热已有30多年的历史。据不完全统计，至2003年，天津共有地热井184眼，供暖面积863万平方米，提供150多家居民采暖和生活热水，无论从开发总量还是开发规模均居全国第一[②]。至2007年底，全市共有地热井320余眼，年总开采量2583.8万立方米。地热资源用于建筑供暖（占63%）、居民生活热水（占20%）、温泉度假（占7%）、农业种植养殖（占6%）等领域。目前，天津市有106家单位利用地热进行供暖，供暖81.6万户，面积1200万平方米，位列全国第一，为天津蓝天工程作出了重大贡献[③]。

3. 吉林省

吉林省深部地热资源勘查始于20世纪70年代，根据地质构造情况和现有的资料分析，吉林省深部地热资源预测总资源量相当于每年26亿吨标准煤，但分布不均，其主要分布在三个地区：①东部地热田。主要包括长白山天池温泉群、抚松县仙人桥镇地热田和临江市花山镇温泉群等。据推算，其地热资源量相当于0.45亿吨标准煤。②中部地热田。主要分布在吉林市西部和长春市，包括公主岭市、农安县、德惠市、九台市和伊舒断陷盆地。据推算，其地热资源量相当于4.94亿吨标准煤。③西部地热田。

---

① 张英杰：《地热及其利用》，《科技与生活》2011年第19期。

② 地热——取之不尽的地热能源（2003），http://www.shkp.org.cn/upload/html/2003110335862/dr11htm。

③ 穆春一、靳宝珍：《天津地热资源开发利用及其供暖实例浅析》，《中国国土资源经济》，2009。

主要分布在长岭、乾安、通榆和扶余等地，是松辽盆地的主体，面积约6万平方公里，属大型沉积盆地型地热田，成矿条件好，但地质工作程度更低。据推算，其地热能相当于26.9亿吨标准煤。

目前，吉林省的多数地热田尚未进行专门性的地质勘查工作，资源条件不清，限制了资源的合理开发利用。现开发利用的地热资源总量约2000立方米/天，且多为季节性的、粗放式开发，缺少科学性，综合利用程度也较差，主要为温泉洗浴和医疗保健等初级利用项目。近年来，吉林省在一些市县开始尝试采用地下水源热泵技术，利用浅层地能进行供热，如大安市已有10万多平方米的住宅建筑利用这一技术供暖[①]。

4. 江西省

江西地热发电的开发利用始于20世纪70年代初期，宜春温汤地热电站即为我国第一批7个中低温地热试验电站之一。宜春温汤地热电站采用降压扩容中间介质法发电，设计地热温度66℃，2台设计功率为50千瓦机组，分别于1972年、1974年投产发电，当时创造了世界最低温度发电的实例，但因可利用的地热水温度偏低，运行数年后即关停。虽然宜春温汤地热电站在当时创造了世界最低温度发电的实例，但是我国后来在该技术领域没有扩大应用，技术上未取得新的进步，而世界上中低温地热水发电技术却在不断研究进步，使整套发电系统的效率得以提高，成本得以降低。因此，当江西省鄱阳湖生态经济区上升为国家战略后，2010年3月组织有关地热专家在南昌召开“鄱阳湖生态经济区地热及浅层地热能找矿”研讨会，提出加快开发地热资源的开发利用，除了在温泉疗养、洗浴、农副业生产、水

① 何宝海、商福民、孙石：《吉林省新能源产业发展现状与前景展望》，《改革与战略》2011年第3期。

产养殖、温室种植、生活用水等方面加以充分利用，还应加快中低温地热发电的开发利用①。

5. 河北省霸州市

河北省霸州市地热资源丰富，现有的8口地热井中2口均为基岩地热井，位于霸州西北南孟镇（牛驼镇地热田内），其中霸9井是一口石油废弃井改造成的地热井，目的热储层为蓟县系雾迷山组，井深2680米，出水温度达92℃，水量83.2立方米/小时，地热资源开发主要为冬季居民区供暖和花卉温室种植。另一口是霸热5井，于2007年10月30日成井，目的热储层为蓟县系雾迷山组，井深3440米，出水量127立方米/小时，出水温度高达104℃，由于水温高，出水量大，目前该井处于封井状态。另6口地热井主要分布在霸州市城区（城区地热田内）及胜芳镇（文安斜坡地热田），均以上第三系明化镇组、馆陶组为热储层。

目前，以温泉洗浴、水疗养生旅游休闲项目开发较成熟的为茗汤温泉水疗养生有限公司，它利用地热（霸热2）井建立了茗汤温泉旅游度假村，景区占地面积70亩，建有108个室内和室外SPA温泉泡池、两个游泳池及相应洗浴、足疗保健、餐饮、住宿、会议等配套设施，周围以热带植物为衬托，环境幽雅，设施高档，2006年被国家旅游局评为4A级旅游景区②。

四 地热产业发展良好的原因分析

（一）具有良好的金融环境

近些年来，我国政府对地热等可再生能源的重视，在金融环境上

① 钟志勇、温志华：《江西地热发电的开发前景及对策》，《能源研究与管理》2011年第2期。

② 李琴王、跃伟、王海云：《霸州地热资源特征与开发利用前景》，《河北地质》2011年第1期。

的主要表现是关于可再生能源专项资金的设定和有关规定上。2006年，财政部和建设部出台了《可再生能源建筑应用专项资金管理暂行办法》，就可再生能源专项资金的使用原则、支持重点领域、使用范围、补助形式等做出了明确的规定。其中，①专项资金的使用原则是：政府公共财政引导、企业投资为主体；有利于促进可再生能源与建筑一体化及相关产业的发展；有利于可再生能源建筑应用的推广机制的形成；有利于促进建筑能效的提高；有利于进一步增强全民的节能意识。②将专项资金支持的重点领域确定为：与建筑一体化的太阳能供应生活热水、供热制冷、光电转换、照明；利用土壤源热泵和浅层地下水源热泵技术供热制冷；地表水丰富地区利用淡水源热泵技术供热制冷；沿海地区利用海水源热泵技术供热制冷；利用污水源热泵技术供热制冷；其他经批准的支持领域。③专项资金的使用范围为：示范项目的补助；示范项目综合能效检测、标志，技术规范标准的验证及完善等；可再生能源建筑应用共性关键技术的集成及示范推广；示范项目专家咨询、评审、监督管理等支出；财政部批准的与可再生能源建筑应用相关的其他支出。

同时，建设部、财政部在《关于推进可再生能源在建筑中应用的实施意见》以下简称《意见》中明确指出国家重点在八个技术领域中支持可再生能源的示范工程、技术集成及标准制定，并完善相应的政策激励机制。这八个技术领域包括：一是与建筑一体化的太阳能供应生活热水、采暖空调、光电转换、照明。二是地表水及地下水丰富地区利用淡水源热泵技术供热制冷。三是沿海地区利用海水源热泵技术供热制冷。四是利用土壤源热泵技术供热制冷。五是利用污水源热泵技术供热制冷。六是农村地区利用太阳能、生物质能等进行供热、炊事等。七是先进适用，具有自主知识产权的可再生能源建筑应用设备及产品产业化。八是培育相关能效

测评机构，建立能效标志、产品认证制度及建筑节能服务体系。在完善政策激励机制方面，《意见》明确提出，国家发挥财政、税收等经济政策的引导和调控作用，促进可再生能源在建筑中应用和相关产业的发展。在安排使用可再生能源专项资金时，加大对利用可再生能源的建设项目及技术含量高、推广价值大的可再生能源建筑应用设备研发和产品生产企业的支持力度。并要求各级建设、财政主管部门根据本地区实际，积极推广可再生能源建筑应用的扶持政策，切实解决影响可再生能源推广应用的问题，通过地方财政补贴或利用城市公用事业附加、城市配套费资助等方式对可再生能源在建筑中应用给予支持①。

为了进一步促进可再生能源的开发利用，2011 年底，财政部会同国家发展改革委、国家能源局共同制定了《可再生能源发展基金征收使用管理暂行办法》（以下简称《办法》），办法于 2012 年 1 月 1 日起实施。《办法》提出，可再生能源发展基金包括国家财政公共预算安排的专项资金（以下简称可再生能源发展专项资金）和依法向电力用户征收的可再生能源电价附加收入等。可再生能源发展专项资金由中央财政从年度公共预算中予以安排（不含国务院投资主管部门安排的中央预算内基本建设专项资金）。各省、自治区、直辖市纳入可再生能源电价附加征收范围的销售电量包括：省级电网企业（含各级子公司）销售给电力用户的电量；省级电网企业扣除合理线损后的趸售电量（即实际销售给转供单位的电量，不含趸售给各级子公司的电量）；省级电网企业对境外销售电量；企业自备电厂自发自用电量；地方独立电网（含地方供电企业，下同）销售电量（不含省级电网企业销售给地方独立电网的电量）；大用户与发电企业直接交易的电量。省（自治区、直辖

① 《经济日报》2006 年 9 月 19 日。

市）际间交易电量，计入受电省份的销售电量征收可再生能源电价附加。

《办法》明确，我国可再生能源电价附加由目前每千瓦时4厘上调至8厘。[①] 根据可再生能源开发利用中长期总量目标和开发利用规划，以及可再生能源电价附加收支情况，征收标准可以适时调整。可再生能源电价附加由财政部驻各省、自治区、直辖市财政监察专员办事处（以下简称专员办）按月向电网企业征收，实行直接缴库，收入全额上缴中央国库。之所以将可再生能源电价附加标准由现行每千瓦时4厘提高至8厘，其主要原因是资金缺口过大：目前，我国可再生能源电价附加征收标准为每千瓦时4厘，每年征收金额100亿元左右。随着可再生能源发电迅猛发展，可再生能源电价附加资金已入不敷出。2010年度，缺口20亿元左右；2011年缺口100亿元左右。

《办法》规定，可再生能源发展专项资金主要支持可再生能源的开发利用活动，包括：可再生能源开发利用的科学技术研究、标准制定和示范工程；农村、牧区生活用能的可再生能源利用项目；偏远地区和海岛可再生能源独立电力系统建设；可再生能源的资源勘查、评价和相关信息系统建设；促进可再生能源开发利用设备的本地化生产；《可再生能源法》规定的其他相关事项。同时规定，可再生能源电价附加收入用于补助的方面包括：电网企业按照国务院价格主管部门确定的上网电价，或者根据《可再生能源法》有关规定通过招标等竞争性方式确定的上网电价，收购可再生能源电量所发生的费用，高于按照常规能源发电平均上网电价计算所发生费用之间的差额；执行当地分类销售电价，且由国家投资

① 我国2006年通过的《可再生能源法》规定，电网企业按照中标价格收购风电、光电等可再生能源，超出常规火电上网标杆价格的部分，附加在销售电价中分摊。可再生能源电价附加的征收标准最初为2厘/千瓦时，2009年11月起调至4厘/千瓦时，此次是第二次上调。

或者补贴建设的公共可再生能源独立电力系统，其合理的运行和管理费用超出销售电价的部分；电网企业为收购可再生能源电量而支付的合理的接网费用以及其他合理的相关费用，不能通过销售电价回收的部分。

（二）具有良好的生产要素环境

大力推进地热能开发利用，是减少温室气体排放、提高能源效率、支持环保和经济协调发展、持续研发和技术改进、探索商业机会（将地热能源与其他可再生能源相结合）的必然选择。我国是地热资源大国，浅层地温能可利用量巨大。其中，在藏南、滇西、川西和中国台湾地区蕴藏着丰富的高温地热资源；而在渤海盆地、松辽盆地、四川盆地、鄂尔多斯盆地等中新生代盆地中，中低温地热资源广泛分布。据我国 738 处地热勘查资料统计表明，中低温地热田中，温度在 90～150℃的中温地热田 26 处，占地热田勘查总数的 3.8%；90℃以下的低温地热田（点）708 处，占地热田勘查总数的 96%。全国已勘查地热田的平均温度约为 55.5℃，以中低温地热资源为主。另据国土资源系统多年的调查评价工作成果估算，全国地热资源储量折合标准煤 8530 亿吨，每年可开采的地热总量相当于 6.4 亿吨标准煤，每年可减少排放二氧化碳等 13 亿吨。这一成果不仅打破了以往以为全国浅层地温能开发利用潜力仅为 6000 万吨至 8000 万吨标准煤的结论，而且有力证明了我国浅层地温能的开发利用具有广阔的空间。

由于我国中、低温地热资源分布广泛，因此在广大农村的大面积农田之中，就可能蕴藏着丰富的地热资源，这就为就地开发利用，建立适当规模的现代化地热温室，种植高档蔬菜、花卉与发展水产养殖业提供了要素资源。此外，我国广大油田区普遍蕴藏着丰富的地热资源，油区的许多废弃油井经过适当改造可成为极有价值的地热井。开发地热还有可能成为老油田的替代产业。

另外，从干热岩赋存的地质条件看，我国琼北、滇西、藏南、东南沿海等地都有希望发现干热岩资源，可能成为我国重要的地热能源开发基地。

（三）具有良好的政策环境

地热作为一种洁净的新能源，近年来受到我国政府的高度重视。在这些年国家颁布的法规、规划中，对于浅层地热能开发利用的政府政策扶持力度逐步加大。

其中，在《节能中长期专项规划》（2004 年）中指出，加快太阳能、地热等可再生能源在建筑物的利用。

《可再生能源法》（2005 年 2 月 28 日由中华人民共和国第十届全国人民代表大会常务委员会第十四次会议通过、自 2006 年 1 月 1 日起施行）第二十四条规定：国家财政设立可再生能源发展专项资金，用于支持以下活动：①可再生能源开发利用的科学技术研究、标准制定和示范工程；②农村、牧区生活用能的可再生能源利用项目；③偏远地区和海岛可再生能源独立电力系统建设；④可再生能源的资源勘查、评价和相关信息系统建设；⑤促进可再生能源开发利用设备的本地化生产。

在《可再生能源中长期发展规划》（2007 年 8 月）中指出：①今后 15 年我国可再生能源发展的总目标是提高可再生能源在能源消费中的比重，解决偏远地区无电人口用电问题和农村生活燃料短缺问题，推行有机废弃物的能源化利用，推进可再生能源技术的产业化发展。②要加快发展水电、生物质能、风电和太阳能，大力推广太阳能和地热能在建筑中的规模化应用，降低煤炭在能源消费中的比重，是我国可再生能源发展的首要目标。③积极推进地热能和海洋能的开发利用。合理利用地热资源，推广满足环境保护和水资源保护要求的地热供暖、供热水和地源热泵技术，在夏热冬冷地区大力发展地源热泵，满足冬季供热需要。在具有

高温地热资源的地区发展地热发电，研究开发深层地热发电技术。在长江流域和沿海地区发展地表水、地下水、土壤等浅层地热能进行建筑采暖、空调和生活热水供应。到2010年，地热能年利用量达到400万吨标准煤，到2020年，地热能年利用量达到1200万吨标准煤。④加大财政投入和税收优惠力度。中央财政根据《可再生能源法》的要求，设立可再生能源发展专项资金，根据可再生能源发展需要和国家财力状况确定资金规模。各级地方财政也要按照《可再生能源法》的要求，结合本地区实际，安排必要的财政资金支持可再生能源发展。国家运用税收政策对水能、生物质能、风能、太阳能、地热能和海洋能等可再生能源的开发利用予以支持，对可再生能源技术研发、设备制造等给予适当的企业所得税优惠。

此外，在我国《国民经济和社会发展第十一个五年规划纲要》中明确提出："实行优惠的财税、投资政策和强制性市场份额政策，鼓励生产与消费可再生能源，提高在一次能源消费中的比重。"在《国务院关于鼓励和引导民间投资健康发展的若干意见》（国发〔2010〕13号）中指出：鼓励民间资本参与电力建设。鼓励民间资本参与风能、太阳能、地热能、生物质能等新能源产业建设，这些都为地热产业的发展提供了良好的政策保障。

随着地热能技术的成熟，地热能的应用也越来越普及。目前，我国已经将地热能纳入"十二五"能源规划，提出地热能的发展目标是：到2015年末，地热能年利用量要达到1500万吨标煤，地热能发电装机要达到10万千瓦。国家初步计划在未来五年完成地源热泵供暖（制冷）面积3.5亿平方米，预计总市场规模至少在700亿元左右。由此可知，"十二五"期间，地热资源开发利用将掀起一轮高潮，除地源热泵设备制造和销售行业会进一步发展外，有关地热利用的能源服务产业也会获得长足发展。

第四节 我国地热产业发展存在的主要问题及对策建议

一 存在的主要问题和安全隐患

（一）对地热产业发展重视不够，国际竞争力较低

地热是新能源中最为现实并最具竞争力的能源之一。我国的地热能源总量是一个巨大的数字，但是，长期以来，我国没有把地热的位置摆到应有的地位，对地热能的开发利用未给予足够重视。在风能、太阳能、核能等能源形式快速发展的今天，地热仅仅只是新能源家族当中的一个小兄弟，在新能源排行榜中处于末位状态。重视不够导致地热产业缺乏如税收减免、政府补贴以及获得优先贷款等方面的扶持政策。再加上地热产业本身属于资本密集型行业，行业产业链长，从地质勘探、产品研发、制造、系统设计安装到收益、售后服务等过程较为漫长，每个环节都需要较大资金投入，一般来说较难吸引到商业投资。据统计，2005~2009年间，地热产业投入资金私人占97.7%，政府仅占2.3%。这些原因就导致地热产业开发度不足。目前我国地热开发利用量以每年10%的速度增长，但地热在整个能源结构中所占比例还很小，不足0.5%；尽管我国对地热非电直接开发利用已居世界首位，但地热发电装机容量却排名全球第16位；全球已有24个国家建有地热电站，其装机总容量和年发电分别为10715兆瓦和612兆瓦，但我国仅为25兆瓦。由此可见，我国地热产业发展的国际竞争力还比较低。

（二）地热利用技术发展严重失衡，与国际相比有一定差距

和其他可再生能源起步阶段一样，技术瓶颈是地热能形成产业的过程中面临的一大问题。我国20世纪70年代的中低温地热水发电已具备相当水平，至少创造了67℃世界最低温度发电的实例。但是，

30 年来这一技术领域没有扩大应用，在跨入市场经济后，没有市场需求，因此技术上未取得新的进步。然而，在这 30 年中，世界上中低温地热水发电技术却在不断研究进步，使整套发电系统的效率得以提高，成本得以降低。

同时，我国高温地热利用与国际相比还有一定差距。在地热发电上，我们 30 年徘徊不前。我国大部分地热资源属中低温地热，高温地热主要集中在西藏羊八井和云南西部腾冲等地。现在羊八井的热力发电系统可利用 150℃到 170℃左右的地热资源，而 ZK4001 井口温度高达 200℃左右，必须降温降压才能发电。自然条件好的羊八井，配上效率低、装机容量非常小的发电系统，导致我们现在只能利用浅层资源，真正的优质资源还没有利用起来，这无疑是巨大的浪费。

再次，地热能的利用在技术层面上有待发展的主要是对于开采点的准确勘测，以及对地热蕴藏量的预测。由于一次钻探的成本较高，找到合适的开采点对于地热项目的投资建设至关重要。现在，地热产业采取引进石油、天然气等常规能源勘测设备，为地热能寻找准确的开采点。

此外，地热能开发利用需要成套技术，从主机的研发制造到工程的设计、安装、调试，是一个紧密关联的高技术产业链。虽说目前除离心机机组以外的技术，我国都已经熟练掌握，但要整合整个产业链技术集中应用于每一项工程，对绝大多数企业来说都是一道难以逾越的门槛，尤其是工程设计、安装难度大。业内有“三分产品、三分设计、四分安装”之说。从工厂里出来的产品都是“半成品”，需要根据项目的地质条件、环境、位置等细节进行二次设计，每一个项目都有“因地制宜”的设计要求，技术和管理复杂度高。这也是国内大多数同行只做产品、不做安装的重要原因。

最后，随着节能减排力度的加大，特别是地源热泵取暖在全国居民住宅市场的推广，地源热泵技术的应用也面临一系列问题。一是从技术的角度看，地源热泵供暖空调系统主要分为三部分：室外地能换热系统、水源热泵机组和室内采暖空调末端系统，涉及建筑、机械、电能、水能等多个领域和学科，急需标准对接和统一。二是从产业自身发展看，目前我国还缺乏完善的地源热泵制造标准和应用规范，而上述标准的缺失又容易导致很多地源热泵项目在系统设计方面缺乏长期运行可靠性，也达不到节能要求，不能发挥其节能效果，不利于大规模推广。同时，我们还缺乏光热、光电、地源热泵与建筑一体化设计规范，包括这些系统在应用过程中也没有很好地按照气候分区以及城市、农村的差别进行划分。据了解，在我国北方的一些城市的地源热泵系统出现了前 3 年应用较好，后 3 年供热效率大大降低的事情。三是从产业政策看，政府的补贴、奖励资金管理制度也不够完善，对地源热泵项目的建设及运营监管不严格，导致地方政府和业主盲目上马大规模地源热泵项目，项目技术风险大增。

（三）全国地热资源勘查程度较低

据了解，至今我国尚未开展对地热资源的摸底调查。我国西藏南部经四川西部至云南西部，属于全球性地中海—喜马拉雅地热带的东段，带内有温泉 1000 余处，其中高于当地沸点的有 81 处。目前开发用于发电的仅羊八井地热田 1 处，完成勘探评价的有羊易地热田 1 处，其余丰富的高温地热资源仅在青藏铁路沿线的谷露、董翁、续迈、吉达果等 10 余处进行过详细勘查，所有这些勘查过的地热田地热发电潜力为 13.75×10^4 千瓦。西藏地热资源普查估算的资源总量为 2.99×10^8 千瓦。如此丰富的地热资源正等着我们去勘探查明，以供投入开发。

（四）地热开发利用对生态环境具有破坏作用

1. 地热尾水排放不当对环境构成污染

温度较高的地热尾水排放到地表水中，会使水体水温增高，破坏原水体中水环境指标及自然生态，致使一些藻类和水草蔓延，水域荒

芜。排放到下水道等排污管道，会造成细菌等各种微生物的大量繁殖。所以我国环保部门规定地热排水的水温不得高于35℃。地热水中的硫化氢、二氧化碳等气体对人体和畜禽有一定的影响。地热排水的温度越高，可能造成的大气污染问题就越严重。高温尾水还会使土壤盐渍化，改变土壤成分结构，影响植被发育。有些含有铀、镭、氡等元素的地热水，可能产生放射性污染。

2. 地热利用过程中存在结垢和腐蚀问题

结垢物质主要有氧化铁、硫酸钙、碳酸钙和硫酸盐等。水垢的传热性能差，管道结垢大大地降低换热器的传热性能，使得地热能利用率下降；另外，结垢使水的流动阻力增加，增大了流体输送的能耗。在地热的直接利用中，地热水对输水管道、抽水设备有严重腐蚀作用，所产生的氢氧化铁浸染和沉淀破坏生态环境。

3. 地热利用过程的回灌问题

回灌开采可维持热储压力，延长热田寿命，减缓或避免地面沉降，防止地热热污染和化学污染，是地热开发的理想模式。地热资源作为重要的能源矿产，只有采取合理开发利用方式，才能成为取之不尽，用之不竭的清洁能源。但是，如果只开采利用而不回灌就会带来一系列问题：引起地面下沉，这在我国地热开采利用较早的地区已表现出来；造成环境污染，地热水的排放一般在40～50℃，不回灌会造成热污染，而且地热水中的砷、汞、氟等有害元素也会污染环境；大量开采地热资源而不采用回灌技术还会影响地下结构的稳定性。

（五）人力资源缺乏、研究力量薄弱

拥有一支掌控核心技术的人才和队伍，将会为我国新能源产业发展指明方向。目前我国地热人才面临青黄不接的困境，特别是缺乏既懂地面技术、又懂地下勘探的高层次、复合型的地热人才。

二　主要对策

地热能的开发利用已逐渐在我国兴起，并呈快速增长之势。为促进我国地热资源特别是浅层地热能资源的合理开发利用，需要采取如下对策措施。

（一）合理规划地热资源的开发利用，引导和规范产业发展

我国政府已经承诺，到2020年单位国内生产总值二氧化碳排放比2005年下降40%~45%。要达成这一目标，必须大幅提高可再生能源利用率。但是从目前可再生能源的利用开发情况看，我国的风电设备、多晶硅、光伏等产业都出现了重复建设倾向，表明可再生能源产业链发展并不健康。地热能资源虽属可再生资源，但再生需要一定条件，而且不能无限再生。要保持能源的长期稳定性，让人民群众永享大自然的福赐，就必须把节约性保障措施放在优先位置统筹考虑，大力倡导“在保护中开发、在开发中保护”的发展模式。为此，要合理开发利用地热资源，就需要有关部门做好地热产业产能布局和产业链的规划工作，重点放在高精尖技术的突破上。避免地热产业链盲目集中于技术含量不高的环节，造成局部产能过剩、全行业整体竞争力不强。同时，在五年经济社会发展规划中明确地热资源的利用率比例、地热资源在能源消费中的比例等，并与节能减排目标、特别是单位GDP二氧化碳排放下降的目标结合起来。计入地方政府考核目标，并列入政府预算。此外，要协调好地方政府发展规划和地热发展的相关规划，使之与国家的总体规划保持一致。避免地方政府在地热资源对GDP的拉动下盲目上项目，引导产业有序健康发展，避免一哄而上、过度投资。

（二）积极开展浅层地热能资源勘查评价，促进产业可持续发展

“十二五”是我国可再生能源大发展的关键时期，国家科技部一直对“十二五”可再生能源的战略规划研究不断进行调整，对建筑

节能、热泵空调、中低温地热发电等项目均有考虑。针对地热目前还没有各种准确的数据，科技力量分散、不集中，不能打硬仗的问题，我国地热能开发应向太阳能、风能学习，摸清资源家底、找准定位、从示范做起，促进产业可持续发展。

1. 部署开展区域浅层地热能资源勘查评价工作

浅层地热能资源普遍存在于地球表部，分布广泛、取用方便，具有广阔的利用前景已是不争的事实，但采用何种方式开发、可能利用的量、长期利用后对环境的影响程度等，则受到当地具体水文地质条件（地下水埋藏条件，地层结构、含水地层的渗透性、地下水水质等）的限制，只有这些条件查清楚，才能对浅层地热能的利用方式做出正确的选择。就一个地区而论，也才能对适宜浅层地热能开发利用的地区、不同利用方式的地段、可能的利用规模、潜在的环境地质问题等做出合理的判断。因此，当前应先从平原区的重点城市起步，开展以1:10万比例尺精度为主体的勘查评价工作。以原来开展的水文地质勘查成果为基础，补充必要的获取岩土体热传导率、渗透率等参数的勘查工作。勘查工作深度一般控制在200米以浅。在勘查评价的基础上，编制浅层地热能开发利用规划，进行合理布局，确定适宜开发利用的地区、圈定不同利用方式（地下水、地埋管）的地段、提出合理的开发利用规模、防治地质灾害和环境地质问题的措施等。

2. 推动示范工程的建设，带动地区浅层地热能资源的开发利用

我国南北差异大，地质条件复杂，浅层地热能在一个地区成功应用的经验受地区具体条件的限制，并不能完全适用于其他地区。不同方式的利用经验，也有其特性和相应的利用模式。浅层地热能在一个地区的推广应用，除了吸收普遍的经验外，更重要的是应结合地区具体的条件，建立符合本地实际的示范性工程，摸索方法、总结经验，推广应用，带动面上的开发利用。目前，我们可以在西藏建立高温地热开发利用的示范基地，利用高温地热发电，如利用羊八井深部高温

地热资源，以此带动云南、福建、海南、中国台湾等地区的高温地热开发利用。

3. 开展浅层地热能开发利用示范工程地下换热系统动态监测工作

在已开发利用浅层地热能的地区，选择不同类型的开发利用典型地区，开展地下换热系统的动态监测，进行地下场地水、热均衡动态长期监测和研究，积累数据，为浅层地热能的评价、地下换热系统工程的优化设计、完善标准、保护资源环境提供依据。

4. 建立和完善浅层地热能开发利用数据库及信息系统

浅层地热能开发利用的地下换热系统工程深埋地下，是永久性工程，有的地面建筑物消失了，地下换热系统（地埋管、水源井等）还将长期保存于地下深处，对当地环境和后人的生产、生活等活动有潜在的影响。为加强浅层地热能开发利用的管理与资源的保护，应及早建立全国及省（自治区、直辖市）浅层地热能开发利用地下热交换工程数据库及信息系统。

据悉，天津市浅层地热能资源调查工作基本完成，该市查明了浅层地热能资源赋存条件和开发利用现状，编制了开发利用方案，总结完善了浅层地热能地源热泵场地勘查技术，开展了典型地区环境地质影响评价，并初步建立了浅层地热能资源开发利用动态监测网和数据库。调查评价首次建立了大规模现场热响应试验场，实施了浅层地热能资源开发利用适宜性分区，对全市浅层地热能资源地埋管地源热泵系统可利用资源量进行了评价，研制出具有自主知识产权的地层温度精细测量、数字采集传输系统。天津浅层地热能调查评价工作形成的技术方案，总体达到国际先进水平，对推进我国城市浅层地热能调查评价具有重要借鉴意义。

（三）创造良好的政策环境，支持地热产业发展

地热能特别是浅层地热能开发利用，最初投资较高，但运行管理

费用低并具有清洁、高效、节能的特点，是具有很好的开发前景和可持续利用的清洁能源。《可再生能源法》对地热能明确认定属可再生新型能源，这就首先要求政府应出台相关政策、法规，支持、鼓励浅层地热能资源的开发利用。即中央和各级地方财政应根据《可再生能源法》的要求，建立地热能资源专项资金，通过补贴降低前期资金成本，通过投资退税或生产减税降低资金和运营成本。各级地方政府可以参照北京市政府的做法，对用地热能供暖（或供冷）的，可以按照建成的供暖（或供冷）的建筑面积，财政上给予补贴，以此支持和鼓励热泵技术的推广应用，推进浅层地热能的开发和利用；开展地热资源勘查，摸清地热资源潜力，开展地热地质基础研究，地热应用基础研究，尽快实现科技创新突破，推进产业化建设，如地热成井工艺、热储工程测试、资源评价、发电热力系统防结垢、回灌、防腐蚀等关键技术。当然，从地热产业的可持续发展考虑，这些支持措施既要适度又要适时，促使地热产业从依靠政策扶持，发展到具有自身竞争机制的成熟产业。所以要根据产业发展周期采取不同的优惠措施。如在行业幼稚期和成长期给予较大的优惠和补贴，进入成熟期可逐步减少优惠。

其次，要吸引民间资本、社会资本和国际资本，参与地热能资源利用的投入和市场竞争。直接融资上，政府要鼓励地热企业在境内外上市，企业也要善于利用资本市场实现产业升级和技术改造。间接融资上，既可以争取国际组织，如全球气候合作基金的支持，也可以争取国内金融机构的支持。国家应鼓励银行等金融机构支持地热资源的利用开发项目。亦可以设立地热产业发展产业基金，用于支持投资额较大的项目。引导金融机构通过开辟地热资源的委托贷款、担保等业务，进行制度创新以适应新的发展需求。

再次，要理顺体制机制，建立良好的制度环境。地热产业发展涉及多个部门，为加强部门协调，避免多头管理，应加强政府各部门的组织协调，明确各部门的任务和权责。管理方式上，要政府引导和市场推动相结合，形成有利于行业可持续发展的制度环境。如进一步完善地热能资源利用的市场机制，提供充分公开的市场供需信息，使企业正确决策其市场进入或退出、产能增加或减少。

（四）加大地热开发利用的技术创新，完善技术支撑体系

我国可再生能源利用的研究开发费用占 GDP 的比例只有发达国家的几十分之一，更不用说地热资源的研发投入了。由于投入太少，导致产业化、商业化程度低，利用效率不高。为此：

一要尽快建立国家级研发平台，加强技术研发工作以提高创新能力。

二要将地热资源的有效利用列入各级政府的产业发展和科研攻关计划，增加投入，纳入预算。政府要对关键部件的国产化和先进技术的自主创新研发提供资金和政策支持。

三要促进企业和科研单位结成战略伙伴关系、建立创新联盟，使创新覆盖整个产业链的所有重要环节。政府通过财政资金资助创新联盟的研发工作，动员和带动企业和社会资金投入。创新联盟的设立可确保科研成果的应用前景和资金投入，将大大提高企业的投资安全感，保护其研发投入积极性。同时，由政府资助，联合企业和可再生能源协会在全国建立几个大型的、有影响力的产学研基地。根据基地研究成果，每年发布地热资源发展和利用报告，对比国际和国内情况提出对策建议。追踪前沿的地热资源利用技术，开展创新和高端研究。

四要加强国际地热科技合作与交流，靠自身的财政能力和技术水平，很难满足能源由潜在优势向现实竞争优势转变的需要，这是我国能源企业发展的共同难题。积极寻求国际间的务实合作，加强与世界先进领域的对接，不失为一条便捷的破茧之路。如河北雄县瞄准这一

方向，紧紧盯住京津以及国内外高新技术企业集团，广泛寻求合作，大力招商引资，实现了由量变到质变的飞跃。2009 年 8 月，雄县与中石化集团新星石油公司和冰岛恩莱克斯有限公司携手开发地热能源。在首期工程中，三方合作采用处于国际领先水平的冰岛换热技术实施供暖，使单井供暖强度提高一倍，当年新增供热面积超过 40 万平方米；同时，在全国率先实现了尾水 100% 无压回灌，这种采灌结合、换热利用的开发模式，极大提高了能源利用率，并有效解决了尾水污染等问题，被媒体誉为推进国际间务实合作的成功范例。鉴于良好的合作开局和广阔的发展前景，中石化集团新星石油公司和冰岛恩莱克斯决定将华北地区地热开发总部建在雄县，冰岛驻华大使亲自视察并推动该项目进程，这标志着中冰地热能源领域合作的进一步加深。

五要制定相关的技术标准、规范，规范浅层地热能资源的开发利用。2005 年 11 月，建设部、国家质检局已联合发布了 GB50366—2005 地源热泵系统工程技术规范，该规范适用于以岩土体、地下水、地表水为低温热源，以水或添加防冻剂的水溶液为传热介质，采用蒸汽压缩机热泵技术进行供热、空调或加热生活热水的系统工程设计、施工及验收。它的发布与实施，将有利于浅层地热能开发利用工程设计质量的统一。当前，亟须制定和出台浅层地热能勘查评价、浅层地热能地质环境影响评价等技术规范和标准，以规范浅层地热能资源的勘查评价、地源热泵埋管设计、地质环境影响评价等行为，提高浅层地热能的开发利用水平。

六要依靠科技进步和创新，提高浅层地热能应用技术水平。浅层地热能利用涉及资源勘查评价、地下换热、热泵、建筑物内供热（供冷）系统、自动控制等诸方面的配套技术，涉及多学科相互联系、借鉴的应用技术，既需要自身的提高，也需要相互协调配合方面的强化和提高。当前，尤其应加强地下换热技术，适合我国特点和需要的地源热泵产品研制及产品的系列化、标准化、系统设计优化和相关仪器的研制等，以推动整体技术水平的提高。

（五）保护生态平衡，走可持续发展之路

开源节流、研究利用各种可再生能源是实现我国经济可持续发展的关键。地热资源作为一种清洁能源具有广阔的应用前景，我国地热能的直接利用已居世界首位。从节约能源和环境保护的角度出发，地热供暖在我国（尤其在北京、天津、西安等一些大、中城市）已掀起新一轮高潮。在地热资源开发利用中，除了国家、地方政府要从政策、资金上加以扶持，从制度上加以引导，以免一哄而上，乱开乱采，造成资源的浪费甚至污染环境外，要在技术上吸收国外成功的先进经验（如开采与回灌技术、发电与热利用技术），引进用于中低温地热利用的热泵技术，实现地热资源的梯级综合利用，提高地热能源的利用率，进而保护生态平衡，走可持续发展之路。具体说来，一要适当降低供暖排水温度，提高地热能的利用效率。降低地热水供暖的尾水排放温度，必须要考虑供暖系统的初始投资。因为降低尾水排放温度就要增加散热器的面积。据有关专家分析，散热器的进出口温差每增加5℃，散热器面积需增加12%，因此，地热供暖尾水排放温度的降低与散热器面积的增加存在一个优化问题。为充分利用地热水的热能，可对供暖排水再次利用，实现地热资源的多业态梯级综合利用。供暖尾水可用于养殖、温室大棚和洗浴等。在地热能的开发利用中热泵技术是目前世界上的一个热点，近5年来，全世界地热热泵容量以平均30%的年增长量在发展。因此，对低温地热或地热供暖尾水可利用热泵技术提升其热能品位，使地热资源得到充分利用。二要采取适当的措施减少或防止腐蚀，保证供暖设备的可靠性和使用寿命。可利用非金属材料解决腐蚀问题；从开采到利用采用密闭系统，防止空气（氧）进入系统中；对含腐蚀性元素的地热水可采用前置换热器，使用间接供暖方式，这样，前置换热器采用耐腐蚀材料而供

暖管道和设备可采用普通碳钢。

此外，加强立法是继技术创新之后保护环境的一项重要举措。地热资源是矿产资源，又是一种可再生能源，它不同于一般矿产资源，又不同于其他可再生能源。由于其特殊的“双重属性”，因此，首先应依据《矿产资源法》和《可再生能源法》制定《地热资源法》，对地热资源开发利用行业做出原则性的规定；其次，应在《地热资源法》的基础上，制定《地热资源管理办法》，对地热资源的科技研发、行政管理和产业发展做出明确规定；再次，制定《地热资源管理办法实施细则》，对涉及地热调查、勘查、评价、地热井设计审查、施工管理、开采监测、水量控制、回灌管理、排放水标准等作出详细规定。以上构成三个层面的地热开发法律体系，《地热资源法》是基本法，《地热资源管理办法》为地热科技研发、产业发展及科技转化为生产力提供行政管理支持，《地热资源管理办法实施细则》是地热勘查、开发利用、排放或回灌过程中应遵循的规范和标准。同时，国家和地方政府还应结合实际情况制定配套法律法规。主要涉及财政预算、地热资源勘探、资质管理、开发利用规划、地热采矿许可证办理、地热水取水许可证办理、地热资源补偿费征收与管理、市场供应价格、环境保护措施以及奖励与处罚等方面内容。

立法的法律要点需体现以下几个方面：一是要通过立法，把合理利用地热资源、资源节约与保护、环境保护落到实；二是重视地热资源的保护。首先是地热资源的开发利用，在客观上应有一定限度，若超越限度将会影响经济、社会、资源、环境的协调发展，这个限量就是通过地热资源勘查后评价的允许开采量；其次是地质条件允许的地区在开发的同时应同步进行回灌；三是应注意地热资源的梯次循环利用，节约能源，提高能源的使用效率，可根据经济技术条件，设定一温度值，规定地热废水排放温度不得高于该设定温度；四是应重视地热资源的可持续发展，引导企业将地热资源的开采所获取的利润中的一部分，重新投入到地热资源的勘探开发中，使其取之于资源、用之于资源，形成良性循环；五是要注意环境保护。总的来说，地热资源的环境污染较少，但其中的某些化学成分会对地表环境产生危害。应制定排放标准，避免地热资源开发，造成环境污染。

（六）加强人才队伍建设，为地热产业发展提供智力支持和人才保障

拥有一支掌控核心技术的人才和队伍，是我国地热产业发展的重要保障。为此，要建立高校、科研机构创新人才向企业流动的机制，发挥高校、科研院所的支撑和引领作用。要加强地热产业等新能源产业相关专业学科建设，加强本科教育，培养既懂地面技术、又懂地下勘探的高层次、复合型的地热人才。要加强组织在职人员的技能培训，提高实际操作本领。

第三部分 新能源产业发展趋势

Development Trend of The New Energy Industry

B.6

新能源产业发展趋势

第一节 风能产业发展趋势

根据目前的发展形势，预测风电产业的发展趋势是：

一 风力发电机组容量的大型化

大型机组的优点是有利于降低造价，提高运行可靠性使风电机组大型化成为世界风能产业发展的大趋势。经过长期研究努力，目前单机容量500千瓦、600千瓦、750千瓦的风电机组技术研究达到批量化商业化生产的水平。同时，更大型、性能更好的机组也已得到开发并投入生产试运行。如德国正在北海建设近海风电场，单机功率为5000千瓦。

二　风力发电机组重量的轻型化

大型机组固然有利于降低造价，提高运行可靠性，但机组越大，重量也越大。如225千瓦风力机的重量约为9吨，而500千瓦和1500千瓦机组的重量则可达21吨和58吨。显然这将给风机的运输和安装带来困难，同时还可能导致机组造价的上升。因此，采取措施降低机组重量是未来风机发展的趋势。可以选择的措施包括优化风机系统的设计，采用轻质柔性材料，采用可变速的微机控制系统等。

三　风力发电机组容量的高可靠性

目前风力发电机组仍未达到完全的技术商业化，技术寿命只有10~15年。因而，采取选用新材料，利用可变速转子、广泛运用电子技术和计算机技术，从而有效地改善了风力发电总体设计水平，增强了风电设备的保护功能和控制功能。

四　风力发电机组的高效率

目前风力发电系统普遍存在效率较低、成本较高的问题，因此未来的风电发展必须在提高效率的同时降低成本。一些国家研究在进行探索和研究，如美国和澳大利亚进行过建立高空发电站，以便充分利用高空中稳定的风能，从而达到提高效率、降低成本试验研究。伦敦海上工程公司已研制成功一种海上风力发电系统，风力发电机置于海上，把风机放在浮动钢制平台上，让工作塔随风而动，发电能力达到4.5兆瓦。另外一个措施是在控制技术上采用自适应控制设备，以便使风机能自动地根据风的特性调整系统的工作参数，达到最佳运行状态，增加输出功率。

五　风力发电机组的低成本

由于生产开发规模的扩大，以及新技术的应用和机组大型化的发展，风电成本正在不断下降。如美国风电机组的造价已由1990年的133万美元降至2000年的790美元，相应的发电成本由8美分/千瓦时减少到4美分/千瓦时。丹麦风力发电成本也已经降到了0.26丹麦克朗/千瓦时。成本下降的原因除了技术进步和规模化生产以外，还与各国对该产业普遍采取的政策支持和引入竞争机制密不可分。

风能是一种取之不尽，用之不竭的可再生能源，不存在资源衰竭问题；同时，在风能电能的转换过程中，基本不消耗化石能源，因而不会对环境构成严重威胁。可以说，适时建立风力发电产业是未来中国调整能源结构，保障能源安全的迫切要求和最现实的选择之一。

第二节　太阳能产业发展趋势

一　太阳电池技术发展趋势

随着多晶硅材料价格下降、电池转换效率的提高和生产成本的降低，光伏组件成本将不断下降，保守估计，从中国的整体情况来看，到2015年成本可以降低50%，效率提升2%，每年提高0.3%～0.4%，多晶硅能耗降低50%。由于资本的趋利，非垄断技术最终走向社会的平均利润率，目前发电装备制造的利润为10%～15%，太阳能电池厂商的毛利率为30%，今后五年可能降到10%～15%。五年之内，晶硅电池成本有望降到1美元/瓦，销售价格降到每瓦1.15～1.20美元，加上其他的安装成本（占系统成本的30%～50%），光伏系统价格将降到1.3～1.5美元/瓦。

对薄膜电池来说，存在效率低、制造技术与相应设备不够完善、开发经验不足等问题，研发力度尚需要加大。2010 年，碲化镉薄膜电池的产量已经达到 1.4 吉瓦，成本已经下降到 0.6 美元/瓦。由于欧洲立法限制了硫化镉的浓度，碲又是稀缺原材料且价格呈上升趋势，因此碲化镉薄膜电池的发展有局限。

我国的非晶硅或微晶硅薄膜电池的年产量为 75 万千瓦，由于工艺复杂、设备昂贵，技术需要进一步完善。国产薄膜电池的成本虽然一直有下降趋势，但进展缓慢。铜铟镓硒薄膜电池受到追捧，但尚未实现量产，没有一家公司进行大规模的商业化生产。作为第二代电池技术，薄膜晶硅生产技术仍有发展空间，在实现更高的转换效率和更低的成本之前仍然需要加大技术研发力度。

二　我国光伏发电市场发展判断

纵观我国的可再生能源资源情况，要实现 2020 年非化石能源比例达到 15% 的目标，就必须大力发展光伏发电。光伏发电的发展面临新的挑战和机遇，根据国家“十二五”规划发展目标和当前发展形势，今后五年，风电将以每年 15~20 吉瓦的速度增长，已经接近发展上限；水电的开发已经接近增长的极限，到 2020 年所有的水电资源将开发殆尽；核电因为受到日本福岛核事故的影响，发展放缓已成定局，因此光伏发电将承担更大的责任。光伏产业的发展要满足不断增长的国际和国内需求。根据国家“十二五”规划的发展目标，到 2015 年，非化石能源在能源消费的比重达到 11.4%，光伏发电规模至少要达到 10 吉瓦或更高，到 2020 年需要达到 50 吉瓦或更高，2010~2015 年，每年有 2 吉瓦的市场，集中电站和分布式入网的应用方式都有自己的市场。多项利好政策将推动光伏发电在我国未来五年内的快速发展。

依据我国风电发展的经验，在年装机容量突破 500 兆瓦之后，

只要有明确的政策支持，市场容量连续倍增是可能的。预计 2011 ~ 2015 年，我国光伏发电的市场每年约为 2 吉瓦，2016 ~ 2020 年将会提高到约 10 吉瓦，而 2020 年以后的年装机容量很有可能突破 20 吉瓦。

第三节　生物质能产业发展趋势

生物质能虽然不是主要的商品能源，但它在我国生产的一次能源中占 15% 左右，居第二位，特别是在农村仍是主要的能源之一，所以在我国的能源体系中有重要的地位。随着社会的发展，农村生物质能的消耗的比例会有所下降，但由于它具有分散性和独立性，可以确保能源系统的安全性和灵活性，在未来的能源体系中将显得越来越重要。

一　未来生物燃料产量增长步伐将比预期减慢

据报道，国际能源机构预测说，未来五年全球生物燃料产量增长步伐将比预期减慢，由于巴西生物乙醇生产前景放慢，加上美国市场趋于饱和。据国际能源机构最新预测报告称，从 2010 年至 2016 年全球生物燃料的增长仅为 40 万桶/天，此前报告预测为增长 50 万桶/天。

按最新预计，2016 年生物燃料供应将达到 222 万桶/天，2010 年的供应量为 182. 2 万桶/天。2011 年巴西乙醇产量预计下降 7. 5 万桶/天至 37. 5 万桶/天，由于甘蔗收成减少和糖价居高，国际能源机构说。未来五年巴西乙醇产量平均预期减少 10 万桶/天，2016 年达到 53 万桶/天。

在美国，中期来看乙醇产量增长速度也可能放缓，美国政府为乙醇提供的 45 美分/加仑优惠补贴到 2012 年底将到期，由于在美国市场乙醇趋于饱和使得投资积极性降低。IEA 表示，2016 年美国乙醇产量仍可能达到 98 万桶/天，预计 2012 ~ 2014 年期间乙醇产量将平均减少 2 万桶/天。国际能源机构也调低了欧洲 2010 ~ 2016 年生物燃料产量 1 万桶/天，主要是由于生物柴油产量下降。

二　生物质能技术预测

新型原料的培育、产品的综合利用、高效低成本的转化技术将成为我国“十二五”时期生物质能技术三大发展趋势。生物质能技术发展的总趋势，一是原料供应从以传统废弃物为主向新型资源选育和规模化培育发展；二是高效、低成本转化技术与生物燃料产品高值利用始终是未来技术发展核心；三是生物质全链条综合利用是实现绿色、高效利用的有效方式。“十二五”时期生物质能科技重点任务包括：微藻、油脂类、淀粉类、糖类、纤维类等能源植物等新型生物质资源的选育与种植，生物燃气高值化制备及综合利用，农业废弃物制备车用生物燃气示范，生物质液体燃料高效制备与生物炼制，规模化生物质热转化生产液体燃料及多联产技术，纤维素基液体燃料高效制备，生物柴油产业化关键技术研究，万吨级的成型燃料生产工艺及国产化装备，生物基材料及化学品的制备炼制技术等。

三　融资需求预测

截至 2010 年 1 月，我国拟建在建的生物质能发电项目的总装机容量在 600 万千瓦以上，每个项目的建设期在两至三年，平均投资成本为 1 万元/千瓦，再加上不断有新的生物质发电项目获得批准，因此预计 2010 ~ 2012 年生物质发电行业所需的投资额在 80 亿元以上。其中，主要投资项目为秸秆直燃发电和垃圾焚烧发电。预计二者所需投资额在整个行业中的比例分别为 56% 和 23%。生物

质能发电行业属于资金密集型行业，巨大的资金需求对相关企业的融资能力提出了更高要求。就生物质能发电企业来说，存在融资渠道不畅，融资手段单一，融资缺口压力大等问题。就融资渠道来说，一直以来银行贷款是生物质能发电企业的主要融资渠道，所占比例达到了60%以上。主要上市公司除了银行贷款外，也通过股票来募集资金。未来三年，生物质能发电行业的盈利状况不会有大幅提高，预计股票募集资金仍然有限，银行贷款依然是相关企业的主要融资渠道。

第四节　地热产业发展趋势

地热是一种新的洁净能源，在当今人们的环保意识日渐增强和能源日趋紧缺的情况下，对地热资源的合理开发利用会越来越受到人们的青睐，地热能在未来几十年能源生产中将起到重要的作用，成为可再生的绿色选择。

一　国际地热产业发展趋势

（一）环保的地热发电将有强劲的发展前景

据统计，世界用于发电的地热总储量（温度超过150℃）是11000～13000（太瓦时）/年，直接利用的潜在地热（温度低于150℃）390000太瓦时/年。以上关于地热能储量的数据包括已探明和未探明的地热能。目前用于发电的地热能是49太瓦时/年，直接利用的地热能是53太瓦时/年，很明显目前地热能的利用量占已探明地热能储量的很小一部分。无论是用于发电还是直接利用，地热能的利用还有相当大的发展空间。瑞士能源学家威利·格尔甚至认为，地热发电量在20年后将占世界总发电量的10%。值得一提的是，在清洁能源之中，地热发电的成本也比较低。根据国际地热协会的分析，地热发电的成本也仅为风力发电成本的一半左右。

另据美国地热能源协会 2010 年发布的统计数据，地热发电已使美国总装机能力达到 3.15 吉瓦，使美国成为世界最大地热发电生产国。2011 年，美国地热产业继续加快发展，地热能源协会（GEA）2011 年 4 月发布的信息表明，在未来几年内，美国得克萨斯州地热能源生产可望翻两番，地热发电也将从 9 个州扩展到 15 个州。加州是美国利用地热发电最多的州。而爱达荷州则紧随其后。预计到 2015 年，爱达荷的地热发电量将达到 855 兆瓦，2025 年前将达到 1670 兆瓦。根据最新研究，在不到 10 年的时间，美国将成为全球领先的生产地热能。该报告预测，到 2020 年，美国的地热产量将达到 4.2 万千瓦，而亚太地区有望在同一时间内生产大约 5.9 亿千瓦的地热能。

此外，根据 2010 年印度尼西亚巴厘岛会议的资料，到 2015 年，还有 11 个国家要加入地热发电国家的行列。这些国家和装机容量（MWe）是：智利 150MWe，西班牙 40MWe，洪都拉斯 35MWe，列维斯 35MWe，阿根廷 30MWe，希腊 30MWe，加拿大 20MWe，荷兰、斯洛伐克、匈牙利和罗马尼亚都是 5MWe，总和为 360MWe。原来的 24 个国家发电潜力也要增加，估计增加量为 7425MWe，则到 2015 年时全世界地热发电装机容量总共为 18500MWe。到那时，美国的装机容量将为 5400MWe，依然居首位；印度尼西亚将增加到 3500MWe，跃居第二位；菲律宾将为 2500MWe，屈居第三；新西兰为 1240 MWe，升至第四；墨西哥将为第五，为 1140MWe；意大利却只有 920MWe。而肯尼亚地热开发公司计划到 2014 年前完成 120 眼地热井的钻探任务，预计该国的地热装机容量至少增加 400 兆瓦。按照他们的设想，中国地热发电装机容量到 2015 年将为 60MWe。

（二）热泵应用越来越受到重视

美国、德国、瑞士、瑞典和法国等国家都在加紧推广热泵的应用，使热泵应用走上科学的和可持续的轨道。美国利用地热产生的能量在所有可再生能源中排名第三，仅次于水力发电和生物质能，但比太阳能和风能利用得广泛。据美国利用地热资源协会统计，美国利用地热发电的总量已达2200兆瓦，相当于4个大型核电站的发电量。如今，地热泵在美国正开始逐渐流行起来。每年安装地热泵的用户大约在5万户。这一数字还将随着美国地热泵市场的不断发展成熟继续增长。随着宣传力度的加大，越来越多的民众开始了解这种在美国储量丰富但过去却一直不受重视的能源。在如今电力需求不断增长、经济状况却不容乐观的前提下，能够节约开支的供暖方式绝对是每个家庭都十分欢迎的。

（三）地热开发与保护环境相结合

根据在里约热内卢（1991年）和京都（1997年）召开的联合国关于环境的会议，规定欧洲共同体在2008～2012年期间，引起温室效应气体的排放要低于1990年排放水平的8%。这样促使欧洲加紧对包括地热能、太阳能、水力和风能在内的新清洁能源进行开发研究。地热开发将结合地区的地理环境和经济特点，以市场为导向，以科技为基础，不断创新、上水平、上档次，形成产业化规模，达到社会、经济和环境效益最优化。

二　我国地热产业发展趋势

（一）地热开发前景广阔

现今，全球面临能源危机，石油、煤等重要能源储量急速减少，人们迫切需要寻找一种新的能源，以满足生产和生活的需要，这为地热资源的开发提供了很大的机遇。就我国而言，地热开发前景广阔有良好的基础，主要表现在以下几个方面：

1. 我国地热资源丰富，为开发利用提供了物质基础

据初步估算，全国287个地级以上城市每年浅层地温能资源量相当于95亿吨标准煤，在现有技术条件下，可利用热量相当于每年3.5亿吨标准煤。如果能有效开发利用，扣除开发利用的电能消耗，每年可节约标准煤2.5亿吨。全国12个主要地热盆地地热资源储量折合标准煤8530亿吨，全国2562处温泉排放热量相当于每年452万吨标准煤，在现有技术条件下，每年可利用热量相当于6.4亿吨标准煤，可减少排放二氧化碳13亿吨。我国大陆3000～10000米深处干热岩资源相当于860万亿吨标准煤，是我国目前年度能源消耗总量的26万倍，潜力巨大。

2. 我国能源缺口较大的实际状况及开发新能源和可再生能源的优惠政策，为地热资源的开发利用营造了一个良好环境

根据国家发展和改革委员会能源研究所提供的数据，我国2003年商品能源生产为16亿吨标准煤，而消费总量则已达到16.8亿吨，预计今后几年缺口会更大。即使在充分考虑技术进步、经济结构调整、多种措施并举的前提下，到2020年，我国的能源年消耗总量仍有可能突破30亿吨标准煤。为保证我国发展所需能源，减少对外依赖，保护生态环境，优先开发利用新能源和可再生能源将是我国长期执行的一项政策。作为新能源和可再生（在一定条件下）能源的地热资源将成为21世纪逐步替代化石能源、改善传统能源结构的重要能种之一。

3. 清洁无污染或少污染是地热资源的特点，有广阔的应用前景

对一些赋存有地热资源的城市，都期盼通过开发利用地热资源替代常规能源，以减少大气污染，提高城市品位。如北京、天津、西安、大庆、东营等城市均大力发展地热资源采暖，建设生态型城市。此外，我国北方地区利用地热发展生态、高效和无公害农业的需求亦较高。

4. 地热既是一种能源矿产，也是一种十分珍贵的纯天然的医疗资源，在康复、疗养、娱乐、度假、旅游等方面利用价值很高

随着我国经济社会的持续发展和人民生活水平的不断提高，地热资源独特的开发利用价值受到人们的重视。许多投资商抓住这一商机，大力开发温泉住宅区、温泉度假村、温泉康乐中心等，使地热房地产、地热旅游业成为方兴未艾的朝阳产业。

根据我国地热开发利用现状、资源潜力评估和国家、地区经济发展预测，地热产业规划目标、任务分初期、中期和远期三个阶段[①]。

（1）长期目标与任务。

①高温地热发电装机达到75～100兆瓦。主要藏滇高温地热勘探开发200～250℃以上深部热储。力争单井地热发电潜力达到10兆瓦以上，单机发电10兆瓦以上。

②地热采暖达到2200～2500平方米。主要在北方京、津、冀地区，环渤海经济区、京九产业带、东北松辽盆地、陕中盆地、宁夏银川平原地区发展地热采暖、地热高科技农业，建立地热示范区。单井地热采暖工程力争达到15万平方米。

（2）中期目标与任务。

①高温地热发电装机达到40～50兆瓦。主要在西藏羊八井开发利用已有深部高温热储，使ZK4001地热井得以利用（温度250℃以上，发电10兆瓦）；积极建设西藏羊易地热电站，拟定装机12兆瓦；在滇西腾冲高温地热田力争完成250℃以上1～2口地热生产井施工，发电潜力12兆瓦以上。

②地热采暖达到1500万平方米。主要在京津冀，京九沿线的山

---

① 中投顾问产业检测中心：《地热能迎政策红利700亿市场待启》，《中投顾问》，2011年第2期。

东西部，松辽盆地的大庆地区建立地热示范区。

单井地热采暖达10万～15万平方米，单个地热采暖区50万～100万平方米。在已开发的地热田建立生产回灌系统。

（3）初期目标与任务。

①高温地热发电。主要在羊八井地热电站，对现有地热发电装备进行完善、优化，稳发25兆瓦；力争利用ZK4001孔高温地热流体，增发、满发、达到总装机30兆瓦；努力完成滇西腾冲高温地热井施工，打出250℃地热流体，力争发电潜力达到12兆瓦。

②地热采暖达到950万平方米。主要在京津地区、京九沿线的山东西部，松辽盆地的大庆地区，完善、优化已有地热供热工程，选点建立示范区。

总之，至2010年地热开发利用总量：地热发电装机达到75～100兆瓦，地热采暖达到2500平方米。热能利用总计约相当于1500万吨标煤当量。

（二）地热能日渐成为继太阳能、风能等之后的又一新能源投资亮点

当前我国的能源利用效率仍明显低于世界平均水平，随着我国国民经济的继续快速发展，能源的供需矛盾将会日益尖锐。现在，我国已超过日本成为继美国之后的世界第二大石油进口国，而我国的人均GDP只及日本的1/6，这说明很多能量都由低效使用而浪费掉了。为此，我国提出开发利用可再生能源。目前政策上对于未来五年可再生能源发展的思路已基本清晰，“十二五”期间，全国商品化可再生能源占全部能源消费总量的比重要达到9.5%以上。政策还首次提出地热能的发展目标是：到2015年末，地热能年利用量要达到1500万吨标煤，地热能发电装机要达到10万千瓦。到2015年，预计全国地热能利用总量相当于6880万吨标准煤，届时占中国能源消耗总量的1.7%，每年可以减少排放二

氧化碳1.8亿吨。

（三）地热产业发展将面临激烈的竞争

近年来，我国重视能源结构调整，大力发展低碳能源，水电、核电、风电和太阳能利用取得长足发展。2009年水电装机达到1.97亿千瓦，居世界第一；风电装机连续4年翻倍增长，超过2200万千瓦，跃居世界第三；在上海东海大桥建成了亚洲第一座100兆瓦海上风电场，安装运行了34台3兆瓦风电机组；核电投运机组11台、装机容量910万千瓦，占整个电力装机比重1%，比例并不高，但在建23台、2540万千瓦，占世界在建57台机组的40%，在建规模居世界第一；太阳能热水器总集热面积达到1.45亿平方米，沼气年产量约130亿立方米，均居于世界前列。非化石能源累计利用规模达到2.4亿吨标准煤，占一次能源消费总量的7.8%[①]。显然在中国的新能源发电中，排位是水电、核电、风电、太阳能光伏发电，地热能却排不上位置。换句话说，尽管地热能的潜力最大，但是其发电装机容量是最少的。

在“十二五”规划期间，全国已有18个省区、近100个市把发展太阳能、风能等作为支柱产业。无论是地方政府，还是能源巨头都越来越看重地热资源开发。据悉，中石油高管曾表示，到2020年公司将投入100亿元开发包括地热资源在内的6个方面的新能源。而《承德市“十二五”新能源产业发展规划》提出，积极推动地热能等新能源的开发，“十二五”期间，要开展包括温泉工程、采暖工程、地源热泵推广在内的地热综合利用工程。安徽省“十二五”可再生能源建筑应用规划中也提出，要推广可再生能源建筑应用面积8000万平方米以上，对地源热泵产业及配套产业形成刺激。据统计，截至2010年底，安徽全省，浅层地能应用建筑面积已经达732.6万平方米，这就不可避免地使地热产业在发展的同时又面临与其他新能源竞争的压力。

---

① 廖志杰：《中国低碳地热发电的回顾与展望》，《自然杂志》2011年第2期。

（四）地源热泵发展前景广阔

地源热泵是一种利用地球表面浅层水源或地下土壤热源的低品位热源，通过热泵、制冷循环，制取冷量供夏天空调使用、制取热量供冬天取暖使用。地源热泵制热要比常规的电制热或燃油、燃气制热经济，通常制取相同的热量，地源热泵的耗电量只有电热耗电量的1/5到1/4。随着地下水资源保护的不断加强，地热水的直接利用将受到更多的限制，地源热泵将是未来的主要发展方向。据悉，地热能特别是浅层地温能开发已经纳入到“十二五”能源发展规划，国家初步计划在未来五年，完成地源热泵供暖（制冷）面积3.5亿平方米，预计总市场规模至少在700亿元左右。预计“十二五”期间，地热资源开发利用将掀起一轮高潮，除地源热泵设备制造和销售行业会进一步发展外，有关地热利用的能源服务产业也会获得长足发展。从目前市场来看，全国地源热泵市场销售额已超过80亿元，并以每年20%以上的速度在增长。同时，地源热泵系统的初装费也大幅度下降，由最初的建筑面积每平方米需要400到450元，降低到目前的220到320元，公众对地源热泵的认知度也有了很大提高。

目前全国涉足地源热泵的企业有1500家，如果加上小的安装运营企业，总数会超过一万多家。由于前期地源热泵产业利润高、门槛低，很多非专业企业纷纷加入这个产业，造成了市场恶性竞争。再加上我国缺乏不同形式地源热泵系统的综合评价体系和严格的市场准入制度，无法有效开展系统可靠性及节能效果评价工作，市场操作不规范，以牺牲工程质量为代价的恶性竞争大有加剧之势。因此，在2010年国务院下发《关于加快推行合同能源管理促进节能服务产业发展意见的通知》的大背景下，在“十二五”期间，我国地热市场将由产品销售型向节能服务型转型。创建合同能源管理机制新模式，充分发挥地热节能效果，是未来必须加强的管理手段

之一。预计整个市场将逐步分化为两个阵营：一个是自用用户市场，其特点是用户通过购买、安装和运行地源热泵系统达到自身节能的目的；另一个则是新兴的节能服务产业市场，其特点是购买和安装地源热泵系统的用户是能源服务公司，他们通过运行地源热泵系统为最终用户提供制冷和供暖的建筑供能服务，并通过该技术的节能特性获取盈利。节能服务公司对地源热泵技术和产品的需求将逐渐超过自用用户的需求。这样的变化应引起业界的高度重视，及时调整企业发展战略。除了开展合同能源管理，完善新型管理机制外，构建统一的地源热泵标准体系，从源头上提高系统的可靠性和节能性，也被业内认为是促进地热利用产业健康发展的新途径。

（五）启动地热资源调查与开发利用工程，推进地热能开发利用

地球内部是一个巨大的热库，蕴藏着丰富的地热能。地热能是可再生的清洁能源，我国是地热资源大国，大力推进地热能开发利用，是减少二氧化碳排放，应对全球气候变化的必然选择。2009 至 2010 年，国土资源部与天津市联合开展了天津市浅层地温能调查评价与开发利用的试点工作，取得重要成果。据估算，全国 287 个地市级以上城市浅层地温能可利用资源能量相当于每年 3.5 亿吨标准煤，如有效开发利用，每年可以节约标准煤 2.5 亿吨，减少排放二氧化碳 5 亿吨。这一成果不仅打破了以往以为全国浅层地温能开发利用潜力仅为 6000 万至 8000 万吨标准煤的结论，而且有力证明了中国浅层地温能的开发利用具有广阔的前景。我国地处地中海——喜马拉雅地热带东段，在藏南、滇西、川西和中国台湾地区蕴藏着丰富的高温地热资源。同时，在渤海盆地、松辽盆地、四川盆地、鄂尔多斯盆地等中新生代盆地中，中低温地热资源广泛分布。据国土资源系统多年的调查评价工作成果估算，全国地热资源储量折合标准煤 8530 亿吨，每年可开采的地热总量相当于 6.4 亿吨标准煤，每年可减少排放二氧化碳等13亿吨。另外，从干热岩赋存的地质条件看，中国琼北、滇西、藏南、东南沿海等地都有希望发现干热岩资源，可能成为中国重要的地热能源开发基地。

“十一五”期间，中国地质调查局在国土资源部的大力支持下，组织完成了西藏、山东和安徽等省（自治区）地热资源现状调查、天津市浅层地温能调查评价、关中盆地地热勘查评价等试点工作，编制了系列技术规范，为全面推进地热资源调查评价提供了较充分的技术准备。国土资源部组织培训浅层地温能调查评价技术骨干600余人，评选出4个温泉之都和32个温泉之城（乡），有效推动了全国地热资源勘查、开发利用和保护工作。

为推进地热能的开发利用，“十二五”期间，国土资源部将启动地热资源调查与开发利用工程：一是开展全国浅层地温能调查评价，查明浅层地温能分布特点和赋存条件，评价浅层地温能资源量及开发利用潜力，编制浅层地温能开发利用规划，大力推进浅层地温能开发利用；二是开展全国重点地区资源潜力调查，查明区域地热资源潜力，加强中低温地热资源开发利用；三是启动干热岩资源潜力评价，积极推进高温地热发电与干热岩开发利用；四是开展浅层地温能、中低温地热资源、高温地热资源及干热岩开发利用示范，优化地热资源开发利用模式。国土资源部预计，到“十二五”末，我国地热能开发利用总量相当于6880万吨标准煤，占我国能源消耗总量的1.7%，占非化石能源的15.1%，减少二氧化碳排放1.8亿吨，并初步建成干热岩资源开发利用示范工程。

（六）梯级利用地热能将成为主要发展趋势

直接利用方式具有50%~70%的热利用效率，而地热发电仅为5%~20%[①]，剩余的热能则伴随地热水回灌到地下或者直接排放到

① 詹麒、崔宇：《我国地热资源开发利用现状与前景分析》，《理论月刊》2010年第8期。

自然环境中，不但浪费资源而且造成热污染。若实行地热梯级利用方式则会在最大程度上利用地热水热量，减少环境污染。地热梯级利用是指根据地热流体不同温度进行地热逐级利用，根据温度需求，由高到低进行利用。高温地热水首先用来发电，之后被用作工业烘干、农业育秧养殖、建筑供暖等，最后较低温度地热水用来洗浴等。经过一系列的利用，尾水达到20℃左右，这样就最大限度地利用了地热资源，因此梯级利用技术拥有广阔的前景。

B.7

参考文献

BERTANI R. , Geothermal Power Generation in the World 2005 – 2010 Updat Report//Proceeding World Geothermal Conference, Indonesia, Bali, 2010: 0008.

LUND T W, FREESTON D H, BOYD T L. , Direct Utilization of Geothermal Energy 2010 World Review//Proceeding World Geotherm al Conference, Indonesia, Bali, 2010: 0007.

Ingvar B. Fridleifsson, *Geothermal Development in Iceland and China*.

《地热资源地质勘查规范》(GB/T11615—2010)。

陈少玲:《低温地热水用于供暖方案研究》,《哈尔滨工业大学硕士学位论文》2010 年 6 月。

郑克棪、潘小平:《中国地热发电开发现状与前景》,《中外能源》2009 年第 2 期。

廖志杰:《中国低碳地热发电的回顾与展望》,《自然杂志》2011 年第 2 期。

R. Curtis、J. Lund、B. Sannet、L. Rybach、G. Hellstrom、《地热热泵——适合于任何地方的地热能源:当前世界发展状况》,《浅层地热能论文集》,2007。

满娟:《全球地热开发热流涌动》,《中国石化》2010 年第 3 期。

关锌:《借鉴国外经验》,《促进我国地热产业政策发展》,《水文地质工程地质》2011 年第 3 期。

郑慧:《德国利用可再生能源的措施与启示》,《行政管理改革》2011 年第 4 期。

国家电力监管委员会办公厅:《英国可再生能源有关法律政策》,《农村电气化》2008 年第 2 期。

吴炳乾、刘学峰:《发展地热产业　打造清洁能源》,《中国石化》2011 年第 6 期。

李华、周勇：《开发地热资源促进低碳生活》，《中国国土资源经济》2010 年第 4 期。

张英杰：《地热及其利用》，《科技与生活》2011 年第 19 期。

《地热——取之不尽的地热能源（2003）》，http://www.shkp.org.cn/upload/html/2003110335862/dr11htm。

穆春一、靳宝珍：《天津地热资源开发利用及其供暖实例浅析》，《中国国土资源经济》，2009。

何宝海、商福民、孙石：《吉林省新能源产业发展现状与前景展望》，《改革与战略》2011 年第 3 期。

钟志勇、温志华：《江西地热发电的开发前景及对策》，《能源研究与管理》2011 年第 2 期。

李琴王、跃伟、王海云：《霸州地热资源特征与开发利用前景》，《河北地质》2011 年第 1 期。

《经济日报》2006 年 9 月 19 日。

中投顾问产业检测中心：《地热能　迎政策红利 700 亿市场待启》，2011。

詹麒、崔宇：《我国地热资源开发利用现状与前景分析》，《理论月刊》2010 年第 8 期。

高学伟、李楠、康慧：《地热发电技术的发展现状》，《新能源》2008 年第 3 期。

朱家玲：《地热能开发与应用技术》，化学工业出版社，2006。

刘雪玲、李宁：《低温地热水源热泵供暖技术》，《煤气与热力》2004 第 24 期。

张永贵：《热泵供暖系统技术经济比较》，《煤气与热力》2003 年第 3 期。

卢予北：《地热资源开发与问题研究》，地质出版社，2005。

张克冰、赵素萍、薛江波：《国内外地热资源开发利用的现状及发展思路》，《科技与教育》2008 年第 8 期。

刘延忠：《中国地热资源开发与利用的思考》，《中国矿业》2001 年第 10 期。

中国可再生能源发展战略研究项目组：《中国可再生能源发展战略研究项目组丛书》（综合卷），中国电力出版社，2008。

周大地主编《2020中国可持续能源情景》，中国环境科学出版社，2003。

郑天航：《光伏产业的能耗、投资经济性及其社会效益分析》，上海电力出版社，2006。

张嵎喆、王俊沣：《培育光伏战略性新兴产业的对策研究》，《经济纵横》2011年第2期。

苑国良：《保定天威英利能源有限公司发展掠影》，《太阳能》2006年第1期。

王鹏、石静：《论中国能源的节约利用及新型能源的开发生产力研究》，《生产力研究》2007年第3期。

李华：《中国光伏产业发展战略研究》，上海交通大学硕士论文，2009。

周娟：《中国太阳能光伏产业发展问题分析》，河北大学硕士论文，2011。

张耀明：《中国太阳能光伏发电产业的现状与前景》，《能源研究与利用》2007年第1期。

崔选民主编《2007年中国能源发展报告》，社会科学文献出版社，2007。

昌金铭：《国内外光伏发电的新进展中国建设动态》，《阳光能源》2007年第1期。

南映景：《可持续发展战略中的太阳能——太阳能评价》，《甘肃科学学报》1999年第1期。

张军：《国际能源展望－未来国际能源市场分析与预测》（至2025年），社会科学文献出版社，2006。

王仲颖、李俊峰：《中国可再生能源发展展望2007》，化工出版社，2007。

张晓峒：《计量经济学软件EViews使用指南》，南开大学出版社，2004。

冯飞、杨建龙：《2006中国产业发展报告》，华夏出版社，2006。

王鹏：《产业链视角下中国光伏产业发展分析》河北工业大学硕士论文，2009。

张兵红：《江西光伏产业发展问题研究》，南昌大学硕士论文，2009。

吴桂仁：《江西光伏产业国际竞争力研究》，南昌大学硕士论文，2009。

靳冬：《安阳市光伏产业发展模式研究》，北京化工大学硕士论文，2008。

赵争鸣、刘建政、孙晓英等：《太阳能光伏发电及其应用》，科学出版社，2005。

严陆光：《对我国能源可持续发展的战略思考》，《战略与决策研究》2006 年第 21 期。

赵玉文、吴达成等：《2006～2007 中国光伏产业发展研究报告》，《中国能源》，2007。

魏一鸣：《中国能源报告（2006）：战略与政策研究》，科学出版社，2005。

中国科学院可持续发展战略研究组编《2006 中国可持续发展战略报告》，科学出版社，2006。

李孟刚：《产业安全理论研究》（第二版），经济科学出版社，2010。

李孟刚：《新能源安全观需要新思考》，《新华文摘》2009 第 2 期。

国家信息中心宏观政策动向课题组：《新能源产业 2010 年回顾与 2011 年展望》，《中国科技投资》2011 第 2 期。

贺德馨：《对中国风能产业的思考》，《高科技与产业化》2008 年第 7 期。

黄薇、王泽：《 聚焦风能产业》，《技术创新》2009 年第 9 期。

王凤华：《2009 年新能源行业投资策略报告》，《中国能源》2009 年第 2 期。

崔选民：《中国能源行业的国际竞争力分析》，《科学导报》2006 年第 29 期。

张岚：《大力推进风电标准体系建设势在必行》，《特别报道》2010年第8期。

张淑谦、韩伯棠：《低碳经济时代我国风电产业发展对策研究》，《经济问题探索》2010年第5期。

张勇：《我国FDI技术外溢及对策》，《经济纵横》2006年第11期。

张锦、张泽光、闫永、王宝钧：《风电产业对张家口经济发展的影响》，《产业观察》2010年第10期。

张依：《风电行业面临整合》，《新财经》2010年第6期。

李杰超：《我国风力发电政策及其对上网电价的影响》，《广东科技》2008年第20期。

孟卫东、张艳东：《河北省风电市场SWOT分析及战略选择》，《科技管理研究》2010年第8期。

陈伟：《基于SCP范式的我国风电产业分析》，《网络财富》2010年第6期。

中国可再生能源发展战略研究项目组编《中国可再生能源发展战略研究丛书》（综合卷），中国电力出版社，2008。

中国能源中长期发展战略研究项目组：《中国能源中长期（2030、2050）发展战略研究：可再生能源卷》，科学出版社，2011。

穆献中、刘炳义等编著《新能源和可再生能源发展与产业化研究》，石油工业出版社，2009。

中国可再生能源发展战略研究项目组编《中国可再生能源发展战略研究丛书：太阳能卷》，中国电力出版社，2008。

李俊峰、王斯成等著《中国光伏发展报告》，中国环境科学出版社，2011。

李孟刚著《产业安全理论研究》，经济科学出版社，2012

施正荣：《中国太阳能光伏产业的发展分析》，第八届光伏会议论文集。

张耀辉：《产业创新的理论探索——高新产业发展规律研究》，中国计划出版社，2002。

中国可再生能源学会风能专业委员会:《2010 年中国风电装机容量统计》，2010。

《中华人民共和国可再生能源法（修订版)》，2009。

郝德海:《生物质发电技术产业化研究》，山东大学硕士论文，2009。

首页 数据库检索 学术资源群 我的文献库 皮书全动态 有奖调查 皮书报道 皮书研究 联系我们 读者荐购

权威报告　热点资讯　海量资料

当代中国与世界发展的高端智库平台

皮书数据库 www.pishu.com.cn

皮书数据库是专业的社会科学综合学术资源总库，以大型连续性图书皮书系列为基础，整合国内外其他相关资讯构建而成。包含七大子库，涵盖两百多个主题，囊括了十几年间中国与世界经济社会发展报告，覆盖经济、社会、政治、文化、教育、国际问题等多个领域。

皮书数据库以篇章为基本单位，方便用户对皮书内容的阅读需求。用户可进行全文检索，也可对文献题目、内容提要、作者名称、作者单位、关键字等基本信息进行检索，还可对检索到的篇章再作二次筛选，进行在线阅读或下载阅读。智能多维度导航，可使用户根据自己熟知的分类标准进行分类导航筛选，使查找和检索更高效、便捷。

权威的研究报告，独特的调研数据，前沿的热点资讯，皮书数据库已发展成为国内最具影响力的关于中国与世界现实问题研究的成果库和资讯库。

皮书俱乐部会员服务指南

1. 谁能成为皮书俱乐部会员？

- 皮书作者自动成为皮书俱乐部会员；
- 购买皮书产品（纸质图书、电子书、皮书数据库充值卡）的个人用户。

2. 会员可享受的增值服务：

- 免费获赠该纸质图书的电子书；
- 免费获赠皮书数据库100元充值卡；
- 免费定期获赠皮书电子期刊；
- 优先参与各类皮书学术活动；
- 优先享受皮书产品的最新优惠。

社会科学文献出版社 SOCIAL SCIENCES ACADEMIC PRESS (CHINA) 皮书系列

卡号：2806109359709693

密码：

（本卡为图书内容的一部分，不购书刮卡，视为盗书）

3. 如何享受皮书俱乐部会员服务？

（1）如何免费获得整本电子书？

购买纸质图书后，将购书信息特别是书后附赠的卡号和密码通过邮件形式发送到pishu@188.com，我们将验证您的信息，通过验证并成功注册后即可获得该本皮书的电子书。

（2）如何获赠皮书数据库100元充值卡？

第1步：刮开附赠卡的密码涂层（左下）；

第2步：登录皮书数据库网站（www.pishu.com.cn），注册成为皮书数据库用户，注册时请提供您的真实信息，以便您获得皮书俱乐部会员服务；

第3步：注册成功后登录，点击进入“会员中心”；

第4步：点击“在线充值”，输入正确的卡号和密码即可使用。

皮书俱乐部会员可享受社会科学文献出版社其他相关免费增值服务

您有任何疑问，均可拨打服务电话：010-59367227　QQ:1924151860

欢迎登录社会科学文献出版社官网(www.ssap.com.cn)和中国皮书网（www.pishu.cn）了解更多信息

“皮书”起源于十七、十八世纪的英国，主要指官方或社会组织正式发表的重要文件或报告，多以“白皮书”命名。在中国，“皮书”这一概念被社会广泛接受，并被成功运作、发展成为一种全新的出版形态，则源于中国社会科学院社会科学文献出版社。

皮书是对中国与世界发展状况和热点问题进行年度监测，以专家和学术的视角，针对某一领域或区域现状与发展态势展开分析和预测，具备权威性、前沿性、原创性、实证性、时效性等特点的连续性公开出版物，由一系列权威研究报告组成。皮书系列是社会科学文献出版社编辑出版的蓝皮书、绿皮书、黄皮书等的统称。

皮书系列的作者以中国社会科学院、著名高校、地方社会科学院的研究人员为主，多为国内一流研究机构的权威专家学者，他们的看法和观点代表了学界对中国与世界的现实和未来最高水平的解读与分析。

自 20 世纪 90 年代末推出以经济蓝皮书为开端的皮书系列以来，至今已出版皮书近 800 部，内容涵盖经济、社会、政法、文化传媒、行业、地方发展、国际形势等领域。皮书系列已成为社会科学文献出版社的著名图书品牌和中国社会科学院的知名学术品牌。

皮书系列在数字出版和国际出版方面成就斐然。皮书数据库被评为“2008~2009 年度数字出版知名品牌”；经济蓝皮书、社会蓝皮书等十几种皮书每年还由国外知名学术出版机构出版英文版、俄文版、韩文版和日文版，面向全球发行。

2011 年，皮书系列正式列入“十二五”国家重点出版规划项目；2012 年，部分重点皮书列入中国社会科学院承担的国家哲学社会科学创新工程项目；一年一度的皮书年会升格由中国社会科学院主办。

法律声明